对比语言学

（中文版）

［韩］许龙　　［韩］金善贞｜著

金红莲　李羡　辛博　林明　李石哲｜译

赵新建｜审订

外语教学与研究出版社
北京

京权图字：01-2020-6685

图书在版编目（CIP）数据

对比语言学：中文版／（韩）许龙，（韩）金善贞著；金红莲等译 . -- 北京：外语教学与研究出版社，2021.5（2023.3 重印）
ISBN 978-7-5213-2625-3

I . ①对… II . ①许… ②金… ③金… III . ①对比语言学 IV . ①H0

中国版本图书馆 CIP 数据核字（2021）第 105286 号

出 版 人　王　芳
责任编辑　王　媛
责任校对　高　静
助理编辑　张梦蕊
封面设计　水长流文化
出版发行　外语教学与研究出版社
社　　址　北京市西三环北路 19 号（100089）
网　　址　https://www.fltrp.com
印　　刷　北京盛通印刷股份有限公司
开　　本　787×1092　1/16
印　　张　20.5
版　　次　2021 年 6 月第 1 版　2023 年 3 月第 3 次印刷
书　　号　ISBN 978-7-5213-2625-3
定　　价　60.00 元

如有图书采购需求，图书内容或印刷装订等问题，侵权、盗版书籍等线索，请拨打以下电话或关注官方服务号：
客服电话：400 898 7008
官方服务号：微信搜索并关注公众号"外研社官方服务号"
外研社购书网址：https://fltrp.tmall.com

物料号：326250001

前　言

本书是一本介绍对比语言学的概论书。2006年，我们共同撰写了《对外韩语发音教育学》一书，回想起来已是七年前的事。动笔前，笔者的内心充满了疑惑与顾虑，因为对比语言学体系非常庞大，且与语言学、外语教学息息相关，而国内外相关学术专著却寥寥无几。在这种情况下，撰写一本对比语言学的专著实属不易。

即便如此，也不能轻言放弃。因为概论书对于某一学科领域起着至关重要的作用，如果没有概论书，教师就会面临教学上的焦急与无奈。当初，我们只是为了促进教学，互通信息，共享教案，从未想过此书会出版。我们在不同高校工作，教案的编写都是基于教学中的核心课题。编写好的教案会相互借鉴以取长补短，此外还会持续更新相关语言资料。

经过五六年的不懈努力，我们收集到了许多有价值的资料，于是就有了将这些资料整合成资料集并出版的想法。但是，这本资料集属于什么类型呢？这是一大难题。如果仅是对比两种语言间的差异，则不需要特定的标准。但这类研究方法对研究语言本质意义不大，语言学家通过SPE的规则研究已深有体会。语言研究，特别是语言间的对比研究应立足于语言现实或现象本身在某一特定标准下的差异表现。因此我们决定，本书并非仅立足于语言间的单纯对比，而是侧重于用普遍性原理和语言类型学的观点来描述。另一大难题是，本书的目的究竟是偏于传授有关语言间差异性的知识，还是偏于探讨对自然语言的展望与个别语言的理解？毋庸置疑，前者是非常重要的，但这一领域还需要由其他专家进一步探讨，本书则从后者观点进行论述。

本书的目录框架以及各章节所涉及的标题、语种也是基于上述观点。由于涉及语言数量庞大，资料集中的不少语言并未体现在本书中，本书仅探讨我们最为熟知的英语、日语和汉语，考虑到韩国社会的需要，必要时会添加部分东南亚国家的语言。

本书大致分为理论导入和对比研究两部分。其中，第一章和第二章为理论导入部分，其余章节为对比研究部分。第三章至第六章为音系对比研究，第七章至第八章为形态对比研究，第九章至第十一章为句法对比研究，第十二章为词汇对比研究，第十三章为语用表达对比研究。各章节主要内容将在第一章进行简述。

各章节又分为引言、韩语学习者偏误分析和各种语言的区别特征三部分。引言主要简单介绍各个主题下自然语言的普遍特征，其次简单观察韩语教学中出现的偏误类型，最后描述各个主题下每种语言的特征。

在编写过程中，我时常感激不已。因为我从未想过，该领域能出现这么多后继之才，以至于我们经常会被其他学科领域教授们所羡慕。衷心希望本书能为他们的发展献出绵薄之力。

虽然本书筹备已久，也经过多次修改，但在出版之际仍不免担心会有纰漏之处。笔者撰写过程中虽已尽最大努力，但从不同的角度看，或许仍会发现不足。我们深知纰漏责任完全在于作者，不足之处我们今后将通过更多研究不断完善。

本书在出版过程中，得到了许多专家学者的帮助。首先，请允许我向参考文献中的各位作者表示深深的感谢。他们的研究成果对本书有很大的借鉴作用和参考价值。由于篇幅所限，书中未能一一列出参考文献的出处，希望得到各位作者的谅解。对比语言学和语言类型学需要大量的语言资料，在此要特地感谢构建The World Atlas of Language Structures（WALS）和UCLA Phonological Segment Inventory Database（UPSID）语言资料库的学者们。此外，还要感谢SoTong（소통）出版社的최도욱社长及各位编辑，正因为各位的付出，本书才能顺利出版。

本书在编写过程中还得到了下列老师和同学的帮助：首先感谢启明大学的Michael Finch教授、민경모教授，韩国外国语大学的김의수教授、임형재教授、김민영博士，大邱大学的우창현教授对本书内容提出了宝贵的修改意见。此外，还要感谢韩国外国语大学的诸多教授，他们对非通用语种部分提供了诸多帮助，正是因为他们的帮助，我们才能更加直观、近距离地观察非通用语种的语言特征。同时，还要感谢이영주（日语）、야마모토 미사키（日语）、柳杨（汉语）、이은희（汉语）、장혜선（汉语）、강현자（德语）、김성수（法语）、분마릿 껀나파（泰语）、유혜정（泰语）、웬 티옥（越南语）等老师们的帮助，他们为本书的编写提供了不少研究资料，并对相关语种表述进行了细致的修改。还要特别感谢启明大学的강진숙、박은정两位老师，为了让本书更加完美，他们辛辛苦苦反复阅读了多遍底稿。韩国外国语大学的정진희、조소연老师也为本书的校正付出辛勤努力。在此，请允许我向各位老师表示深深的感谢。此外，还要感谢姜薇、김목아、김지영、김희진、류선영、박성심、이소영、장근영、채경진、최효선等诸位老师和同学为本书搜集语言资料并提供校正，没有他们的帮助，本书也不可能出版。

最后，还要感谢在编写过程中时刻影响着笔者的诸位学者。他们是Robert Robins、Neil Smith、Ruth Kempson、Deirdre Wilson、Theodora Bynon、Jonathan Kaye、John

Wells教授等伦敦大学（University of London）亚非学院（School of Oriental and African Studies）和伦敦大学学院（University College London）的语言学教授们。是他们让我们了解到不为人知的Nupe、Wolof、Igbo、Bantu等非洲语言，及日常生活中较陌生的American Indian等语言，感谢他们让我们感受到这些语言的无穷魅力，他们在课上介绍了许多语言的不同现象，加深了我们对语言认识的深度和广度。那一刻，我仿佛踏入了一个全新的世界，像在观看《动物世界》一样倍感新奇。因此在撰写每一章的过程中，我的脑海中总会浮现出"原来老师当时是要教这个啊！"的想法。回想起来，那时还没有渊博的语言学知识，也没有那么深爱语言，真让人惭愧不已。

虽然本书有诸多不足之处，但是万事开头难，希望本书能为后续研究略尽绵薄之力。

[韩]许龙、[韩]金善贞

2013年3月

译者序

《对比语言学概论》一书自2013年出版之后，引发了韩国学界的广泛关注，随后不久便被韩国出版文化产业振兴院评选为2014年韩国学术领域推荐图书。如今不仅是韩国各大高校图书馆的馆藏书目，也是韩国外国语大学、东国大学等知名高校研究生院国语国文系、翻译系等的授课教材或必读书目。

此书与以往国内外对比语言学相关著作相比，具有以下特点：首先，语料的多样性。本书不是基于两种语言间的对比研究，而是以韩语为基准，同时与汉语、英语和日语进行对比研究，并且，为了突出语言的普遍性和特殊性原则，部分章节还涉及泰语和越南语等语言。其次，视角的独特性。本书不仅仅站在对比分析的角度来研究韩语和其他三门语言的差异，还充分利用偏误分析的研究方法，系统地分析出不同国家留学生在韩语学习中出现的误用现象，并针对该现象提出偏误原因及相关解决方案。再次，对比方法的系统性。本书从音系结构、词汇、句法结构和语用表达等语言学四大领域入手，逐一对比分析韩语和其他三门语言在这些领域的差异。通过语言现象中存在的异同点，总结出困扰留学生的疑难问题。最后，研究方法的科学性。本书不只是强调单种语言的特殊性，而是透过这些特殊性来考察语言的普遍性原理。所以，书中的观点都是源于自然语言普遍性规律下的研究与分析：一方面，利用这些普遍性规律，我们可以判断出留学生出现误用现象，到底是因为韩语缺乏普遍性，还是因为该留学生母语偏离自然语言普遍性规律；另一方面，通过这些普遍性规律，教师可以实际掌握并预测留学生在学习过程中可能出现的问题，从而及时调整教学方法，制定更加合理完善的教学方案。

2018年4月，我在韩国外国语大学与李羡博士、辛博博士、李石哲博士和林明博士组建翻译团队，正式开启对该书的翻译工作。回想起长达7个月的翻译历程，与其说是翻译工作，还不如说是一次系列学术研讨会。每隔两周大家便聚在一起，针对该章节出现的翻译重点和难点进行讨论，找出解决方案。当时，团队成员除了我以外，李羡博士和辛博博士的研究方向也是语言学，李石哲博士和林明博士的研究方向则是翻译学。大家取长补短，充分发挥自己的学术专长。在翻译工作前期，张亚楠、张琼和贾杨帆三位翻译硕士也一同参与本书的专业术语整理和翻译，使得前期工作进展很顺利。不得不说，本书的中文译本顺利问世，离不开团队成员之间的团结合作。

2019年8月末，外语教学与研究出版社申请2020年度韩国国际交流财团资助，并有幸获批。值此出版之际，我代表翻译团队所有成员向外语教学与研究出版社和韩国国际交流财团表示衷心的感谢。同时，向精心审稿的赵新建教授和付出心血的外研社编辑老师们表示衷心的感谢！

译者代表：金红莲

于桂林　2021年1月

目 录

第一章　对比语言学概述

■□□ 1. 引言

有过外语学习或教学经验的人，想必都曾思考过母语和目的语之间的关系。而有一点毋庸置疑，即学习者的母语是影响外语学习最主要的因素之一。学习者的母语不同，外语教学的难点也不尽相同。譬如，以英语为母语的韩语学习者，在学习韩语的敬语和助词时比较吃力，而以日语为母语的学习者，在掌握上述内容时则相对容易。因此，如果外语教师能清楚地认识到学习者母语和目的语之间的异同，并将其运用到实际教学中，将提高教学效果。换句话说，我们需要思考以下两个问题：一是两种语言有何不同；二是如何将其运用到实际语言教学中。鉴于此，我们需要对语言展开全面系统的对比研究。从这一点来看，运用对比语言学理论（contrastive linguistics）考察学习者的母语与目的语是极为必要的。

本章将简要介绍外语教学实践中所需的对比语言学知识及其在教学中的主要作用。

■■□ 2. 对比语言学及其相邻学科

任何语言都有普遍性（principles）与特殊性（parameters）。语言学中，通过比较、对比的方式研究语言普遍性与特殊性的领域有比较语言学、语言类型学和对比语言学。下面简单梳理一下这些学科的特点。

2.1 比较语言学与对比语言学

比较语言学（comparative linguistics）也称历史比较语言学，是研究语言的历史变迁，并将各种语言放在一起加以历时（diachronic）比较的学科。它不仅比较同一语言早期与后期的形态，还比较同一谱系下的不同语言，并研究特定语言之间的相关性。本书第二章中出现的"印欧语系""阿尔泰语系"等术语，都是比较语言学领域的研究成果。而对比语言学（contrastive linguistics）则是从共时角度出发，揭示某种语言的特征，并研究该语言与其他语言间的差异。比较语言学旨在研究语言本身，探讨语言的历史演变过程，以及与其他语言间的异同，性质偏向于理论语言学（theoretical linguistics）。而对比语言学更具实用性，主要服务于外语教学等领域，其性质更偏向于应用语言学（applied linguistics）。比较语言学与对比语言学的特征可简要概括如下：

〈表1〉比较语言学与对比语言学

	比较语言学	对比语言学
关注领域	语言间的共性	语言间的差异
研究目的	揭示语言的普遍性与特殊性	探讨在外语教学等实际领域中的应用
研究方法	历时	共时
学科分类	理论语言学	应用语言学

2.2 语言类型学与对比语言学

语言类型学（linguistic typology）从共时角度出发，通过对世界各种语言的调查，揭示语言的共同特征，并以此为基础对语言进行分类。两者均不涉及语言历史演变，从这一点来看，语言类型学与对比语言学相似。但语言类型学侧重于探究语言的普遍性，关注点不在于揭示特定语言的某种特征，而在于描绘自然语言的整体面貌；对比语言学则不然，它侧重于探究语言的特殊性，注重揭示语言间异同点等具体的语言特征。正因如此，语言类型学同时研究多种语言，而对比语言学则将少数语言作为研究对象。另一方面，语言类型学与对比语言学均不涉及语言谱系研究。除此之外，语言类型学不仅仅局限于揭示、划分语言的特征，其最终目的是通过归纳语言的普遍特征，探求自然语言的共性（universality）。语言类型学与对比语言学的特征可简要概括如下：

〈表2〉语言类型学与对比语言学

	语言类型学	对比语言学
关注领域	语言间的共性	语言间的差异
研究重点	普遍性、整体面貌	特殊性、具体特征
研究方法	共时	共时
学科分类	理论语言学	应用语言学

■■□ 3. 对比语言学与外语习得理论

　　前文提到，作为语言学的一个分支，对比语言学主要从共时的角度对两种及两种以上语言的特征进行对比分析，其目的在于阐明语言间的异同。在本节中，我们将探讨与对比语言学密切相关的外语习得理论。

3.1 对比分析

　　对比分析假说（Contrastive Analysis，CA）是在行为主义心理学与结构主义语言学相结合的背景下产生的语言学理论，主要在语音、词汇、句式结构，以及话语表达等层面，对具有可比性的两种或两种以上语言的特征进行对比。该理论认为，外语习得过程中的主要障碍是母语干扰（interference）。也就是说，外语学习之所以困难，是因为受到母语的影响。要想解决这一问题，教师及语言学学者必须对学习者的母语和目的语进行科学、系统的分析。这种系统性对比有助于预测并解决外语学习者可能遇到的困难。

　　对比分析假说是Lado（1957）《跨文化语言学》（*Linguistic Across Cultures*）发表之后才正式被世人所熟知的。该假说可分为"强假设"和"弱假设"两种观点。强假设观点认为，对比分析能够预测外语习得过程中出现的所有问题，并将学习者母语和目的语之间的差异视为外语学习中的唯一困难。基于"强假设"观点的对比分析与外语习得之间的关系可归纳如下：

第一，母语干扰是外语学习的主要难点，也是学习者出现偏误的主要原因，甚至唯一原因。

第二，外语学习中的困难主要是由母语和目的语之间的差异造成的。

第三，母语和外语的差异越大，学习困难也就越大。

第四，母语和目的语的对比研究成果在预测外语学习中出现的困难和偏误时不可或缺。

第五，外语学习者需要学习的内容等量于对比分析得出的语言差异。

与此相对，"弱假设"观点则认为，对比分析只是描述学习者的母语与目的语之间的差异，无法预测学习者的偏误，而只能在偏误发生之后，需要阐明偏误原因时，才能起到一定的作用。

如上所述，对比分析假说认为，只要阐明母语和目的语间的差异就能预测外语学习的难点。但有学者对此提出批判，认为该假说不实用且过于理想化。该假说主张，通过分析A语言和B语言之间的差异，可以判定以A语言为母语的学习者在学习B语言时会出现一些特定的困难。但事实上，这些困难可能并没有出现，学习者反而会在原本以为"因为相似不会出现学习困难的地方"遇到了困难。

为了回应这些批判，对比分析假说的研究者们试图为对比分析中的预测阶段建立一个理论模型，如Stockwell, Bowen & Martin（1965）提出了语法"难度等级（hierarchy of difficulty）"的概念，旨在帮助教师和语言学习者预测外语习得过程中的相对难度。Prator（1967）则试图在他们的基础上提出一个相对客观的，可同时应用于语音和语法层面的难度等级体系，并将这个体系分为六个等级（0级到5级）[1]。其中，难度等级"0级"是指学习者的母语和目的语之间不存在差异或相对立的特征，学习过程中发生正迁移；"5级"是指母语中的一个项目在目的语中分化成两个或两个以上项目，这种情况下产生的干扰最强。也就是说，等级越高，学习难度（ascending order of difficulty）越大。学习者的母语和目的语之间的共同点越多，等级越低；与此相反，二者的差异越大，等级就越高。上述学者认为，该难度等级适用于任意两种语言之间的对比，能够为对比分析的预测阶段提供客观依据。

然而这样的努力并未取得太大成效，人们发现，外语习得过程中出现的偏误不仅仅源于母语与目的语之间的差异，这使得对比分析假说受到了强烈的批判。换句话说，对学习者学习困难的相关预测（prediction）并不完全符合实际。这些发现强调了实证证据

---

1 Prator（1967）的难度等级划分如下。另，有关各等级的详细说明和例句可参考Brown（2007）。

　　0级 - 迁移（transfer）：母语和目的语两种语言之间不存在差异或对立。母语中的发音、结构和词汇可直接迁移至外语中，对外语学习起到积极作用。

　　1级 - 合并（coalescence）：母语中的两个语言项目，在目的语中合并成相同的一个项目。此时，学习者在学习目的语时需要忽略掉母语中原本熟悉的语言差异。

　　2级 - 差异不足（underdifferentiation）：母语中存在的语言项目在目的语中不存在。学习者需避免相应项目的使用。

　　3级 - 再解释（reinterpretation）：母语中所存在的项目以不同的形式出现或分布在目的语中。

　　4级 - 超差异（overdifferentiation）：目的语中的项目在母语中不存在，或是虽然存在，但毫无相似性。学习者必须对此进行专门学习。

　　5级 - 分裂（split）：母语中的一个项目在目的语中分裂成两个或两个以上项目。学习者必须学习如何区分分裂后的项目。

（empivical evidence）的重要性，促使研究者开始关注学习者学习过程中产生的偏误。也就是说，人们更加重视会话、写作中出现的实际偏误（即实证证据），而非单纯依靠预测。与此同时，更多学者开始认为，外语学习中出现的偏误并非单纯源于学习者母语和目的语之间的差异，它是外语学习中的必然现象。

对比分析法试图用静态的观点对比学习者的母语和目的语。然而，外语习得过程中所出现的偏误，实际上是多重因素共同作用的结果。不仅仅包括母语和目的语之间的结构差异，还涉及教材和教师等学习环境类更复杂的因素。因此，要想准确了解学习者的学习过程，必须采用动态的观点，多角度、全方位地对学习者在该过程中出现的偏误进行分析。

简而言之，服务于外语学习的对比分析是在语音、词汇、句式结构以及话语表达等层面，对比学习者的母语和目的语之间的特征；而偏误分析则只考察所学语言。例如，要想了解母语为英语的韩语学习者具有哪些特征，需要比较的不是英语和韩语，而是英语母语者所表述的韩语和韩语母语者所表述的韩语有何不同。也就是说，偏误分析的研究对象仅有一种语言（即目的语），学习者的母语仅在分析一些偏误的原因时起参考作用。

3.1.1 语言迁移

迁移（transfer）是指学习者的母语对外语学习产生的影响。这种影响可以是正面的，也可以是负面的。迁移可分为正迁移、负迁移和零迁移。正迁移，又称"促进（facilitation）"，一般在目的语内容与母语相同时发生；负迁移，又称"干扰（interference）"，一般在目的语内容与母语相关却不相同时发生；而零迁移（zero transfer）则出现在两种语言完全不相关的情况下。对比分析假说更加侧重于研究外语学习中的阻碍因素，即干扰。

干扰可分为语际干扰和语内干扰。语际干扰是由语言间范畴的差异和结构、规则、语义的差异所造成的，具有阻碍性（preclusive）或介入性（intrusive）。阻碍性干扰是指目的语的规则在学习者的母语中不存在时产生的干扰。例如，韩语母语者在学习英语的过程中，使用韩语中不存在的定冠词"the"和不定冠词"a/an"时所面临的困难，或者英语母语者在学习韩语的过程中，在掌握英语中不存在的主格助词、宾格助词时面临的困难，这些都属于阻碍性干扰。而介入性干扰则是指母语和目的语中的相应用法不同时，给外语学习带来困难的现象。例如，英语母语者在学习韩语语序时受到英语的影响，或者韩语母语者在学习英语语序时受到韩语的影响，这些都属于介入性干扰。再比如，英语母语者仿照英语，将形容词与"be"动词一同用作谓语，造出"*학교는 깨끗한입니다."之类的句子，也属于介入性干扰。

语内干扰是指学习者将已掌握的某种外语特征原封不动地应用于目的语相关内容上的现象，这主要是由于学习者在学习过程中产生了过度泛化（overgeneralization）现象，通常

表现为学习者已学内容与新内容之间没有规律、不对称或联系过于复杂等。例如，在初学韩语时，学习者在习得"먹어요、좋아요"等谓词的"-어요/아요"词尾变化规则之后，遇到特殊谓词的不规则用法时仍然使用同一规则，才会误造出"*춥어요、덥어요"等句子，这就是语内干扰。韩语母语者在学习英语时，往往难以掌握不规则动词的过去式或过去分词用法，这也是语内干扰造成的。另外，在"should、can、would、must"等助动词与第三人称主语连用时，在动词原形后误加上"-s、-es"的情况，也属于语内干扰。下面的例子就是韩语母语者在学习英语时因语内干扰而造出的病句：

a.　* I sleeped well.

b.　* He has goed to school.

c.　* She must sleeps early.

d.　* He does should stay home.

在例a和b中，学习者没有认识到"sleep"和"go"的过去式与过去分词分别是"slept"和"gone"，而是按规则动词的惯例，在动词原形后直接加上了"-ed"。而在例c和d中，无论主语人称或单复数如何，"must"和"should"等助动词之后均应使用动词原形，但学习者看到句子主语是第三人称单数且为现在时，便在动词原形后误加了"-s"或"-es"。这些偏误都与学习者的母语无关，是由于英语本身的不规则用法造成的。

上述关于迁移理论的论述可以用下图概括：

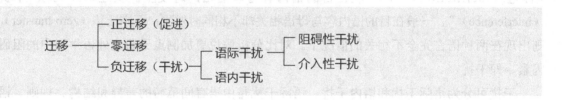

3.1.2 语言迁移与外语习得

如前文所述，母语和目的语之间的异同会对外语学习产生巨大影响。如果学习者母语和目的语之间存在众多相似之处，那么母语正迁移较多，学习外语会相对容易；如果两种语言间差异较大，那么母语负迁移就会增加，学习外语时就会相对困难。例如，日语和韩语在结构上存在相似性，因此相较于其他国家的学习者，日语母语者在学习韩语时会相对容易一些。但是对于英语母语者来说，由于英语和韩语结构相差较大，他们学习韩语时一般要慢于日语母语者。

通过观察外语习得过程中出现的语际干扰和语内干扰，可以发现两者之间存在一些有趣的现象。通常，人们认为语际干扰（53%）的比重大于语内干扰（31%）（Richards，

1974）。但是，随着学习者语言水平的不断提升，语际干扰会逐渐减少，而语内干扰则会不断增加（Taylor，1975）。这是因为在外语习得过程中，随着学习者外语水平逐步提高，在接触新知识时，他们会越来越依赖于已习得的目的语知识，而非母语。

对比分析假说主要研究学习者母语和目的语间的异同，可以帮助学习者有效学习外语。但是它无法预测出外语学习过程中的所有难点，尤其是无法解决语内干扰问题。

3.2 偏误分析

对比分析假说对外语习得理论影响巨大，但因其无法解释学习者产生偏误的原因和类型，偏误分析（Error Analysis：EA）理论便应运而生。对比分析假说有助于我们分析外语习得过程中母语的影响，但两种语言间的差异并非学习者产生偏误的唯一原因，因此对比分析假说无法预测出所有的偏误。换言之，偏误分析假说认为，学习者之所以会产生偏误，不仅仅是因为母语和目的语之间的差异，还涉及其他多种因素。该理论还主张，通过偏误，我们不仅可以了解学习者所处的学习阶段，还可以解释学习者是如何内化目的语的。对比分析假说单纯将偏误视为一种需要避免的消极因素，但是偏误分析假说则认为偏误是外语学习过程中出现的正常现象，可视作一种学习方法。

Corder（1967）从以下三个方面阐释了偏误的重要性：

首先，对教师来说，通过偏误可以了解学习者的学习水平，确定教学内容。

其次，对科研人员来说，他们可以通过偏误来了解学习者是通过何种方式和过程来学习并掌握语言的。

最后，对学习者自身来说，偏误是衡量自身学习效果的一个不可或缺的因素。借助偏误，学习者可以在学习过程中验证自身对目的语的假设是否正确。换言之，偏误是展示学习者目的语学习过程的积极因素，属于一种学习策略。

在偏误分析研究过程中，我们不仅要重视对偏误类型的划分，还要重视分析偏误产生的原因。学习者出现偏误的原因复杂多样，我们无法用简单几点来概括说明，单靠学习者输出的语言表面材料，我们很难给出一个直接、详尽的解释。为此，Richards（1974）、Corder（1971）、Selinker（1974）、Brown（1994）等众多学者分别对偏误产生的原因提出了不同的观点。既有研究揭示的偏误原因可分为三类：语际干扰（interlingual interference）造成的偏误、语内干扰（intralingual interference）造成的偏误和其他原因造成的偏误。

语际干扰是指学习者在外语习得过程中，受到母语语言体系影响产生的一种偏误现象，多发生在初级学习者身上。由于初级学习者尚未建立起目的语的语言体系，所以他们会把母语语言体系套用到目的语中。语内干扰是指由于目的语语法的复杂性、不规则性而产生偏误的现象。学习者在外语习得初期阶段经常会出现语际干扰，但是随着外语水平逐步提高，语内干扰出现的频率随之增大。造成偏误的其他原因还包括教学过程、教材、教师等学习环境，教室外部的社会环境，以及学习者的交际策略等。由此可见，对偏误原因进行解释和分类并非易事。

尽管在外语习得过程中，偏误分析假说可以给教师、学习者和科研人员提供一些实用信息，但也存在下列问题：

第一，缺乏客观性。评判偏误的标准会因外语学习目的或教学方法而改变，也会因评判者的个人标准有所差别。此外，如果造成偏误的原因较复杂，对其范畴的判定也会因人而异。

第二，学习者可能会出现过分关注偏误的倾向。尽管偏误的减少是衡量外语水平提升的重要标准，但是外语学习的最终目的并不在于减少偏误，而是确保学习者具备流畅的外语交际能力。如果学习者过分关注偏误，经常使用回避等策略，反而会影响外语习得效果。

第三，难以根据偏误频率来设定内容的难易程度。在外语习得过程中，即便有的内容难度较大，如果在教材中加以强调或教师反复说明，学习者也有可能不会出错，或者偏误出现频率较低；与此相反，哪怕是相对简单的学习内容，如果不加以强调，学习者也有可能会出现偏误。所以单靠偏误频率来设定难易度是不合理且不值得提倡的。换言之，偏误频率低并不意味着难度等级低。

第四，学习者可能会出现忽视理解、过度强调表达的倾向。语言技能包括听、说、读、写四个方面，因此，理解领域中的听力、阅读与表达领域中的会话、写作同等重要。表达领域可以被运用于偏误分析，是因为其有具体的语言产物。但是，听力与阅读对于理解外语习得过程也起着同样重要的作用。

偏误分析假说将外语教学的重心转向学习者。该理论对于阐明学习者出现的各种偏误、理解外语习得过程、根据不同母语者制定行之有效的外语教学方案起到了至关重要的作用，但仍有不足之处。例如，该理论无法明确地解释偏误出现的原因，也无法解释学习者出现失误和回避偏误的现象。其作用仅仅是指出了学习者出现的偏误，并不能够描述学习者的外语习得过程。近来有学者指出，偏误分析假说只着眼于学习者在外语习得过程中出现的偏误，却忽视了其中存在的诸多积极因素，因此，在描述外语习得特征时，并不是十分合理。尽管偏误分析假说存在着一定的局限性，但很多外语教育研究者仍然会选择用该理论来研究外语习得。

3.3 中介语

中介语（Interlanguage）这一术语最初由Selinker（1972）提出，用于指学习者在外语习得过程中出现的一种既不同于母语也不同于目的语的过渡语言。中介语假说（Interlanguage Hypothesis）认为学习者在习得目的语时，会建立一套自己的理论和规则，并运用这套规则去构建目的语的语言体系。该理论主张，学习者在外语习得过程中出现的偏误不能简单地看作是学习不充分导致，而应被视为一种独立语言。

我们经常看到学习者在外语习得过程中，会持续性地使用一种错误的目的语体系。目的语体系会持续保持这一种不完全状态，得不到进一步发展。Selinker（1972）将这种现象称为"石化（fossilization）现象"。即使运用这种不完全的语言体系，学习者也可以与目的语话者正常交流，因此学习者不会再进一步提高外语水平，这种不完全的语言体系就会固化下来。对比分析假说和偏误分析假说认为，偏误出现的原因是学习者未正确习得外语，二者将修正偏误的过程看作是学习的过程。与此相对，中介语假说将学习者的偏误看作是学习者在创造性、系统性地构建目的语的过程中形成的一种独立语言。

对于中介语的特点，不同学者提出了不同的看法。例如，Selinker，Swain & Dumas（1975）认为中介语有相互可知性（mutual intelligibility）、系统性（systematicity）、稳定性（systematicity）和语病回退（backsliding）等特点；Ellis（1985）认为中介语有系统性（systematicity）、渗透性（permeability）和动态性（dynamic）等特点。而김진우（2002）将中介语的特点归纳为独创性、系统性和普遍性三点，具体内容如下：

3.3.1 独创性

独创性（identity）意指中介语是在学习者的创造性思维下出现的。Selinker（1972）认为学习者构建目的语语法体系包含以下五个过程：一是由学习者母语引起的语言迁移（language transfer）；二是学习者在练习外语的过程中出现的训练迁移（transfer of training）；三是将复杂语法规则简化的第二语言习得策略（strategies of second language learning）；四是第二语言交际策略（strategies of second language learning communication），即学习者使用已固化的语言与目的语话者进行交际；五是目的语材料的过度泛化（overgeneralization of target language linguistic material），它是指学习者将目的语语法中的某一项扩大到与其无关的其他项上。

3.3.2 系统性

系统性（systematicity）是指学习者的中介语并不是随意、无序的，而是呈现出系统性、阶段性的特点。一方面，中介语假说认为中介语的语法形成过程有系统性，这一点与Chomsky的转换生成语法（transformational generative grammar）理论一脉相通。另一方面，学习者在外语习得过程中会自然而然地建立起一套目的语语言体系，这又与第一语言习得理论学者主张的语言习得顺序理论完全相同。第一语言、第二语言习得研究都是在转换生成语法的基础上建立起来的，因此这三大理论都具有系统性。

3.3.3 普遍性

普遍性（universality）是指即使学习者处于不同母语环境或其他学习环境，但在习得目的语时，都会经历相同或相似的过程。普遍性原理最初由Chomsky提出，该理论对研究第一语言习得的学者也产生了巨大的影响。因此中介语理论、转换生成语法理论和第一语言习得理论都具有普遍性。但是第二语言习得理论主张，学习者在已经习得一种语言的情况下，再去学习另一种语言，是与第一语言习得完全不同的。

综上所述，中介语假说能够揭示出学习者的语言习得过程及各阶段的特点，证明语言习得的独创性和普遍性，这有助于弥补偏误分析假说的不足。因此，今后在进行偏误分析研究时，不应该只停留在揭示偏误的阶段，还应该从中介语假说的角度去分析偏误，致力于揭示学习者的语言习得过程以及语言习得的普遍性和独创性。

■■□□ 4. 对比语言学的研究方法

如前所述，对比语言学是一门分析不同语言相关内容的相同点（similarities）与不同点（differences）的学科。因此，进行对比语言学分析时应遵循以下方法：

首先，必须明确相互对应的比较对象。也就是说，必须认清什么和什么、哪个部分和哪个部分是"对等的（equivalent）"（오미영译，2007）。详情如图所示：

<table>
<tr><td>S1</td><td></td><td>S2</td></tr>
<tr><td>形式1</td><td>≠</td><td>形式2</td></tr>
<tr><td>‖</td><td></td><td>‖</td></tr>
<tr><td>内容1</td><td>=</td><td>内容2</td></tr>
</table>

如上图所示，两种不同语言的语言符号可分别标记为S1和S2，S1的形式1和S2的形式2虽看似不同，但当两者包含的内容，即内容1和内容2相同时，S1和S2便可称为互相对应，即形式1和形式2可看作是形态不同但内容相同的两个对等形式。换句话说，不能进行直接比较的两种形式可以使用第三项充当媒介，即通过"内容1=内容2"建立二者的

对等关系。如同在逻辑学或数学中，阐述不直接对等的A项和B项时，将C项看作媒介，通过"A=C, B=C"的方式证明"A=B"，这时A和B之间的C被称为中间参照体（tertium comparations），"内容1=内容2"便属于中间参照体的范畴。形式外化为形态，但其内容却无法外现。因此在实际分析中，分析者或母语话者需要首先找出自身认为最贴切的"翻译对应"，然后在此基础上找出语言间互相对应的形式。也就是说，两种形式通过隐藏的中间参照体达成实际对应时，这两种形式便可看作是对等的，可以进行分析。请参考下面的例子：

a. 안녕하세요? （아침에）
　　您好。（早上）
b. 아침 드셨어요?
　　您吃早饭了吗?

　　这两句话的表面意思不同，但它们的功能极为相似，都是早安问候语。因此这两句话可被看作是内容相同的对等形式。换句话说，"对等"存在于所指对象（指示物，referent）相互对应、所指（reference）的句子含义相互对应、使用情景相互对应的两种表达之中。

　　其次，在对某一部分进行对比时，应尽量统一术语和单位。例如，不能一边将英语的辅音/p、t、k/称为塞音，一边将韩语的辅音"ㅂ、ㄷ、ㄱ"称为爆破音。若读者事先不了解塞音和爆破音是同一概念，就很难理解这两种语言的辅音体系。这就如同即便是同一事物，透过不同颜色的眼镜观察，所见也会不同。又如，在描述汽车的速度时，如果问"时速55英里"和"时速83千米"哪个快，我们很难作答。但若将单位统一，便可很快得出答案。同理，在进行不同语言间的对比时，只有尽可能地统一术语和单位，才更容易找出异同点。

　　再次，在分析所对比语言之间的异同点时，还需考虑到语言的普遍特征，即语言共性（language universals）。根据"加利福尼亚大学洛杉矶分校音位音段清单数据库（UCLA Phonological Segment Inventory Database）"（以下简称UPSID）的分析，自然语言的音位数目差别极大，少则11个，多则141个。韩语有31个音位（21个辅音，10个元音），日语有19个音位（14个辅音，5个元音）[2]。那么从数量上看，哪个更具普遍性呢？换言之，从音位的数量上看，韩语比日语多12个，这是因为韩语的音位数量多，还是因为日语的音位数量少呢？在不了解语言共性的情况下是很难做出判断的。而且我们也不能想当然地取最小值11和最大值141的平均值76作为最具普遍性的数字。但如果我们知道，自然语言的音位平均数是31，便可得知韩语和日语之间存在数值差异的主要原因不在韩语，而是因为

___

2　本书依据WALS将/y/和/w/看作辅音。有关说明详见第三、第四章。

日语与语言共性相距较远；同时我们也可以知道，韩语的音位数目正好等于平均值。再举一例，韩语有"ㅅ/s/、ㅆ/s'/、ㅎ/h/"3个摩擦音，而英语却有"/s、z、f、v、θ、ʃ、ʒ、h/"等多个摩擦音，这是说明韩语的摩擦音少，还是说明英语的摩擦音多呢？这两种语言的摩擦音能很容易地在其他语言中找到吗？不了解语言共性，我们便无法作答。根据UPSID的研究，自然语言一般有6～8个摩擦音，其中最为普遍的是/f、s、z、ʃ/等音。由此看来，韩语的摩擦音无论在数量还是构成上都不具有普遍性。而英语的摩擦音虽然数量较多，却包含了最为普遍的几个摩擦音，因此可以说，英语更接近语言共性。

最后，在对比两种或两种以上语言时，应明确以哪种语言作为参照物，并始终保持对比方向的一致。例如，韩英对比研究的重点是韩语相较于英语的差异，而英韩对比研究的是英语相较于韩语的不同。具体来说，韩英对比的目的在于研究韩语在哪些方面与英语如何不同，因此在论述时应始终从韩语出发来分析英语，也只有如此才能保证对比语言学研究方向的一致性，而不至于使研究焦点分散。如在进行英韩对比时，英语的连词和关系代词都是重要的关注点，但在进行韩英对比时，它们却不能被看作研究对象。因此，在观察主要研究语言和与之对比的语言时，要始终保持视角的一致性。

对比语言学的研究方法
① 明确对应的部分。 ② 尽可能统一对比项目的术语和单位。 ③ 把握语言异同点的同时考虑语言共性。 ④ 保持参照语言与对比语言研究方向的一致性。

■■□ 5. 对比语言学的研究范围

对比语言学属于语言学的范畴，其研究范围包含语音对比、形态对比、句法对比，以及话语表达对比。各领域的研究内容简要介绍如下：

5.1 语音对比

语音对比旨在对比不同语言的语音特征，是对比语言学中最为成熟的研究领域。语音对比一般首先对音位（音段）和韵律（超音段）进行比较。

音位/音段（phoneme/segments）：辅音、元音
韵律/超音段（prosody/suprasegmentals）：声调、音长、重音、语调
⇒ 不同语言音段和超音段的功能不同。

辅音对比包括发音部位对比和发音方法对比。相较于其他语言，韩语辅音的发音部位相对简单，但发音方法独特，根据气流（aspiration）强弱分为三类。同时，韩语的元音"ㅓ/ə/"和"ㅡ/ɨ/"相较于其他语言来说标记性较强。

另外，语音对比还会对不同语言音节结构的特点以及各种音变现象进行比较。音节对比主要考察可以出现在音节首部、韵核、音节尾部位置的元音和辅音的数量，进而观察不同位置是否存在音位配列规则（phonotactic constraints）。在对比韩语和其他语言的音变现象时可以发现，韩语存在特殊的鼻音化和流音化等同化现象。

如下图所示，语音对比还可解释同一英语单词在韩语、越南语和日语中为何被转化为不同的发音。[3]

英语	韩语	越南语	日语
model	모델 /motel/	mô hình/mo hing/	モデル／moderɯ／
file	파일 /pʰail/	tập tin/tap ti:n/	ファイル／pairɯ／
bus	버스 /pəsi/	Xe buýt/se bwit/	バス／basɯ／
world cup	월드컵 /wəltikʰəpˀ/	cúp thế giới/cu:p θe ʤoi/	ワールドカップ／waarɯdokatpɯ／
McDonald	맥도날드 /mɛkˀonaldi/	McDonald/mac do nan/	マクドナルド／makɯdonarɯdo／

5.2 形态对比

形态对比是指对比相关语言的词类及各词类的特征。例如，韩语有后置词但无连词，英语则正好相反。虽然韩语和英语都有形容词，但是其功能却截然不同：韩语的形容词与动词一样可以充当谓语，而英语的形容词则充当修饰语。形态对比的对象还包括构词法（word formation），即语素结合成词的方法，通常研究对象为派生法（derivation）和屈折法（inflection）。

5.3 句法对比

在句法对比中，语序即句子成分（constituents）的排列顺序最为重要。句法对比不仅探讨句子的基本语序，即主语（S）、宾语（O）、动词（V）等的排列顺序，也探讨名

---

3 这是因为不同语言的音段、音节结构和语音现象均彼此不同所造成的。相关内容参照本书第三章至第六章。

词短语和动词短语的内部语序[4]。具体来说，在研究名词短语时，会探讨该语言是前置词语言还是后置词语言，以及修饰语和被修饰语的位置关系等问题。例如，在法语中，通过"sac[sak]–lourd[lu:R]（包+沉重的），voiture[vwaty:R] rouge[Ru:ʒ]（汽车+红色的）"等短语可知，被修饰语（名词）通常位于修饰语（形容词）之前；与之相反，韩语的被修饰语则位于修饰语之后，上述短语的韩语表述为"무거운 가방（沉重的+包）""빨간 치마（红色的+裙子）"。此外，韩语没有前置词，但后置词相对发达；英语则是前置词相对发达。在研究动词短语时，重点在于探究状语在修饰谓语时需前置还是后置，以及基本谓词和辅助谓词的位置关系等问题。在韩语中，副词置于谓语之前，基本谓词置于辅助谓词之前，英语则与此相反。

另外，在对比句子"时"和"体"的语法范畴时可以发现，有的语言倾向于使用"时"进行表达，而有的语言则倾向于使用"体"来进行表达。研究"时"既可以使用二分法，也可以使用三分法。

此外，我们还可以对比疑问句或否定句等句式结构的构成方法。一般疑问句的对比对象是疑问词的位置。例如，汉语、日语和韩语中构成一般疑问句的疑问词都维持原位，英语的疑问词则位于句首（sentence-initial）。而特殊疑问句的对比对象则是疑问句的构成方法。例如，韩语通过动词构成特殊疑问句，英语使用倒装结构，汉语和日语则使用疑问语气词。

5.4 词汇对比

任何一种语言的词库（lexicon）都是十分庞大的，因此对比各语言间的词汇并非易事。如果两种语言分属不同语言文化圈，如英语属于日耳曼语言文化圈，韩语属于汉字文化圈，那么在它们之间进行词汇对比的意义不大。而同一语言文化圈的情况则不同。如汉语、日语、韩语和越南语同属于汉字文化圈，英语和德语同属于日耳曼语言文化圈，这时便可以借用"真假朋友（True Friends and False Friends）"的概念进行对比研究。"真朋友（True Friends）"是指形态或者发音相同、意义也相同的词汇（同形同义语）。"假朋友（False Friends）"则指发音相同但是意义不同的词汇（同形异义语）。例如，韩语的"준비（准备）"和"모양（样子）"与越南语的相应词汇发音、意义相同，可看作"真朋友"。但是"爱人"一词在汉语、日语和韩语中是"假朋友"。因为"爱人"在韩语中是指相爱的人（无论结婚与否），在日语中指的是情人，在汉语中则意指配偶。另外，我们还可以对比词汇的语义场（semantic field）或者上位词和下位词之间的关系，或者运用标记性（markedness）和阻遏（blocking）的概念来对比词汇特点和复合词的内部顺序等。

4　虽然在谈及句子成分时，"谓语（predicate）"这一表达比"动词（verb）"更为准确，但在语序中SOV、SVO等搭配更为常见，因此这里我们将用V来进行标注。相关内容参照本书第九章。

5.5 话语表达对比

　　话语表达对比以相关语言的话语表达特点为研究对象，既可以探讨某种语言是主题突显语言还是主语突显语言，也可以探讨它们注重的是客观事实表达还是主观认知表达，亦可探讨参与对比的语言是注重"to have"，以领属认知为中心的语言，还是注重"to be"，以存在认知为中心的语言。同时，我们还可以探讨对话是听者突显还是话者突显，表达内容时是注重"你的话"或"我的心情"等局部的层面，还是注重像"一个人"这样整体的层面。再者，可以探讨参与对比的语言是从大到小（Macro to Micro）的语言，还是从小到大（Micro to Macro）的语言。对比英语和韩语，我们可以发现，韩语具有以下语言特点：突显主题、突显情景、突显存在、突显话者、注重局部、从大到小。除此之外，我们也可以将新信息（new information）与旧信息（given information）的标记方法作为对比研究的对象。

6. 对比语言学与外语教学

　　如前文所述，对比语言学主要服务于外语教学研究。为此，我们将对比语言学在外语教学中的核心实用价值总结为以下几点：

　　第一，有助于外语教学或第二语言教学。教师可借助对比语言学理论知识拟订授课顺序，并以此确定授课时需要强调的内容。当学生出现误用现象时，可以借助对比语言学相关的理论知识帮助其改正偏误。

　　第二，为学习者提供学习外语或第二语言的相关知识，帮助学习者选择交际策略。如果学习者的语言熟练程度较低，可以先用母语思考，再用外语或第二语言进行表达。此时，掌握对比语言学理论的相关知识，不仅可以减少误用现象，还可以帮助他们选择有效的交际策略。相较于儿童学习者，成人学习者受母语干扰的情况更为严重，因此掌握对比语言学的理论知识对他们来说更为关键。

　　第三，为分析学习者外语习得或第二语言习得过程的特点提供切实有效的理论依据。学习者的母语不同，其表达也会呈现出不同的特点。此时，对比语言学的相关知识将有助于理解学习者在会话和写作过程中出现的各种现象。

　　第四，为编写外语或第二语言教材提供基本素材。即学习者母语和目的语之间的对比分析成果，可作为编写外语教材时的有效依据，同时也有助于教师在不同教学阶段明确相应的教学内容。若学习者母语不同或所学的语言不同，编写出来的外语学习教材也将随之不同。

　　第五，有助于建立外语或第二语言的评价体系。换言之，对比语言学知识可用来制定评价内容和标准。

综上所述，我们既可以从应用语言学的角度，将对比语言学应用于研究外语或第二外语教学与习得，同时也可以将其应用于纯语言对比研究。相较于某种特定语言内的研究，语际间对比研究的意义在于，可以从更广阔的视角，更为客观地考察不同语言的特征。理论对比研究得出的语际间异同点不仅有助于准确描述个别语言的特征，还与语言类型学（typology）研究、语言共性（language universals）研究和口笔译（interpretation-translation）研究等存在密切的关联。

第二章 世界语言概览

■□□ 1. 引言

地球上存在着数量众多的语言，其中有些语言不仅在地理位置上彼此关联，在谱系上也存在一定联系。在正式开始语言学层面的对比之前，本章将从地理和谱系两个角度，对世界各种语言进行考察。其中，地理学视角关注的是不同大陆所使用的语言，而谱系学视角分析的则是不同语系所具有的个性特征。

1.1 语言数量

地球上究竟有多少种语言？不同的学者对此持有不同的观点，少则三千种，多则上万种。一般认为，全世界大约有六七千种语言。学者之间的观点之所以会存在如此大的差异，一方面是因为要穷尽世界上所有的语言是非常困难的，另一方面是因为，当我们从语言学、历史、文化等多个角度考虑时，将某种语言定义为一种独立的语言，也实为不易。根据最新统计数据，当今世界的语言数量接近七千种。

●●○延伸阅读

> **A语言和B语言是同一语言的两种方言，还是彼此独立的两种语言？**
>
> 从语言学的观点来看，如果使用A语言的人和使用B语言的人能够相互沟通，那么就可以将A语言和B语言看作是一种语言的两种方言；反之，则认为是彼此不同的两种语言。另外，是否拥有同一文化根源，也是判断语言是否相同的标准。
>
>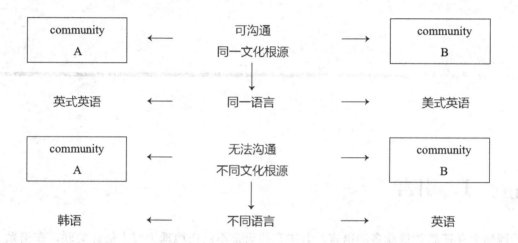
>
> 然而，这种基于语言学的定义有时在现实生活中并不适用。如丹麦、瑞典和挪威的语言虽然能够互相沟通，但仍被认为国家相异，语言不同。而像中国、泰国等国家，尽管各自内部存在着许多相互无法沟通的语言，但因为它们同属一个国家，来自同一个文化共同体，因此人们普遍认为这些国家只存在一种语言（Goddard，2005：29；Crystal，2010：294，297）。

1.2 语言使用人数

地球上使用语言的人口数量有多少呢？这个问题乍听起来可能有些幼稚。虽然我们无法掌握全球人口的准确统计数字，但可以肯定的是，人类都在使用语言，因此使用语言的人口应与地球上的总人口数量相当。据美国统计局（United States Census Bureau; http://www.census.gov/）的数据显示，截至2014年3月，全球人口约为71.5亿，因此，这一数字也可被看作是使用语言的全球人口数量。

但是真正令人困扰的是，我们无法准确地了解人们究竟在使用何种语言。*Ethnologue: Languages of the World*（民族语言网，http://www.ehtnologue.com/）第17版（2013年）指出，目前仅仅能够确认其中约62亿人的语言使用情况。换言之，还有接近10亿人使用的语言尚待确认。语言数量和使用人口数量的关系可参见下图：

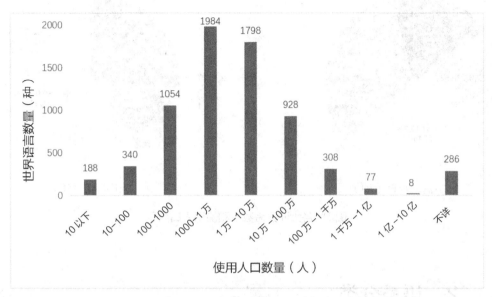

〈图1〉 世界语言数量和使用人口数量

（语言总数量：7105种。使用语言的人口总数量：62.6亿。数据来自Ethnologue第17版）

●○○延伸阅读

濒危语言
Ethnologue: Languages of the World 对当今世界语言数量的统计可以说最为准确。由<图1>可知，在地球上现存的7000多种语言中，大部分语言的使用人口数量不超过1000万人。其中，使用人口不足1000人的语言有1500多种，约占语言总数的20%，而使用人口超过1000万人的语言虽不足100种，但其使用人口总数却占到了人口总数量的80%。 　　有学者预测，截至2100年，现存语言中的50%～90%将会消失。*Ethnologue: Languages of the World* 也表示，2009年，世界濒危语言中即将消失的语言（nearly extinct languages），即一些无法传授至下一代、目前仅剩少数成年人仍在使用的语言数量为437种。

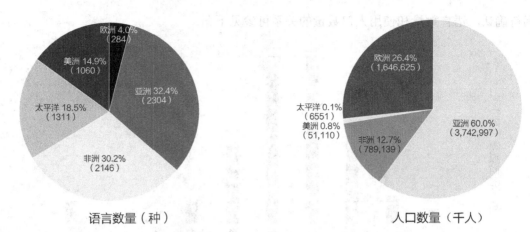

〈图2〉各大洲语言数量和使用人口数量

■■□ 2. 语系分类

本节我们将从地理学的角度分析不同地区使用的语言，并从谱系学的角度分析各语言分属哪种语系。此外，我们还将从语言类型学的角度，探究同一谱系语言所具备的共同特征。

2.1 亚洲地区

亚洲语言的使用范围西起高加索地区和巴尔干地区，东至勘察加半岛和波利尼西亚地区，横跨48个国家。若只考虑国家语言（national language）和官方语言（official language），亚洲地区大致包含11个语系，35种语言。下面我们将重点探讨其中最具代表性的语系及语言。

2.1.1 阿尔泰语系

阿尔泰语系（Altaic Languages）是对以中亚为中心、横跨欧亚大陆的阿尔泰文化圈内部各民族所使用语言的统称。从地理位置上看，阿尔泰语系分布在巴尔干半岛、中亚和蒙古地区、西伯利亚和雅库特地区以及东北亚的堪察加半岛。如果把非正式的部落语言也统计在内，阿尔泰语系则包括60余种语言（约占全球语言的0.93%）。该语系的使用人口约为1.4亿人，约占全球总人口的2%。

阿尔泰语系可分为三大语族，即突厥语族（Turkic Languages）、蒙古语族（Mongol Languages）和通古斯语族（Tungustic Languages），其中突厥语族最具代表性。阿尔泰语系的代表语言有土耳其语、阿塞拜疆语、哈萨克语、乌兹别克语、土库曼语、吉尔吉斯语、蒙古语和鄂温克语。它们大部分属于突厥语族，但蒙古语和鄂温克语则分别属于蒙古语族和通古斯语族。韩语之前也被认为属于阿尔泰语系，但近年来，学界更倾向于将其看作像日语一样独立的语言，这意味着韩语与阿尔泰语系的其他语言存在诸多差异。

　　我们可以从语音和语法两个方面来探讨阿尔泰语系语言的共性。（이기문、이호권，2008）。

● 阿尔泰语系的语音特点

① 元音和谐为腭和谐，且前后元音对立。
② 受头音规则的影响，音节首位不易出现辅音丛和流音（特别是/r/）。
③ 元音交替或辅音交替不会改变语法功能。

● 阿尔泰语系的语法特点

① 有黏着性。
② 没有关系代词。
③ 没有连词，使用副动词（converb）作为补充。
④ 名词与动词的最简形式是词干[1]。

　　此外，阿尔泰语系还具有音节内无辅音丛、元音有长短之分、使用SOV语序、使用后置词等特点。阿尔泰语系语言的主要语序如下：

〈表1〉 阿尔泰语系的主要语序（WALS，86）[2]

语序 语言	基本语序	附置词语序	形容词-名词语序	属格-名词语序
土耳其语				
乌兹别克语				
土库曼语	SOV	后置词	形容词+名词	属格+名词
吉尔吉斯语				
蒙古语				
鄂温克语				

1　"最简形式是词干"是指名词不需格助词辅助，可直接用于主格形式，动词不需词尾辅助，可直接用作命令形，这一点与韩语不同。

2　*The World Atlas of Language Structures*（WALS）是全球最大的语言结构数据库，该书由相关领域的55名专家于2005年共同编写完成。2008年上线在线资源库（http://wals.info），并持续更新数据。2011年4月更新的最新版本中介绍了140多个语言项目，其中已收录的语言超过2600种，有的语言项目涉及的语言数量超过1500种。

2.1.2 汉藏语系

汉藏语系（Sino-Tibetan Languages）主要分布在东亚、东南亚、南亚等地区，使用人口约有12亿（约占21%），仅次于印欧语系，该语系包括约450种语言（约占6.44%）。

汉藏语系包含两大语族，一个是汉语语族（Sinitic Languages或Chinese Languages），另一个是藏缅语族（Tibet-Burman Languages）。汉语语族是指中国、新加坡和东南亚等地区使用的汉语。藏缅语族则指藏语、缅甸语和不丹使用的宗喀语（Dzongkha）。汉语语族的共同特征如下（Goddard，2005）：

● **汉语语族的共同特征**

① 有声调。
② 有量词。
③ 几乎没有谓词形态变化。
④ 基本都是SVO语序。
⑤ 名词短语中的修饰语（系词、属格、形容词等）位于被修饰语之前。
⑥ 有前置词和后置词。

汉语语族既具有前文所提到的阿尔泰语系等北方语系的特征，也具有后面即将涉及的台-卡岱语等南方语系的特征。因此，学者们将汉语语族称为介于南北方语言的中间性语言。现将汉语语族的代表性语言汉语与藏缅语族的代表性语言缅甸语的语序特征对比如下：

〈表2〉汉藏语系的主要语序（WALS，86）

语言＼语序	基本语序	附置词语序	形容词-名词语序	属格-名词语序
汉语	SVO	前置词	形容词+名词	属格+名词
缅甸语	SOV	后置词	名词+形容词	

2.1.3 台-卡岱语系

台-卡岱语系（Tai-Kadai Languages）也称为泰语系，该语言主要分布在泰国和老挝，以及中国南部、缅甸东北部等地区。该语系包括90多种语言（约占1.3%），使用人口约为800万人（约占1.35%）。台-卡岱语系的语言特征如下（Goddard，2005）：

● **台-卡岱语系的共同特征**

① 绝大部分语言都有声调，且与其他语系相比，声调数量较多。例如，标准泰语有5个声调，
　而有些语言加上音位变体（allotone）声调可多达15个。
② 音位数量基本为自然语言的平均值。
③ 基本没有词形变化，派生的最主要途径是合成与重叠（reduplication）。
④ 多连动句。
⑤ 量词十分发达。
⑥ 绝大部分语言都是SVO语序。
⑦ 名词在前，修饰词在后。

台-卡岱语系中最具代表性的语言是泰语和老挝语，其语序特点如下：

〈表3〉台-卡岱语系的主要语序（WALS，86）

语言 ＼ 语序	基本语序	附置词语序	形容词-名词语序	属格-名词语序
泰语　　老挝语	SVO	前置词	名词+形容词	名词+属格

●●○○ 延伸阅读

泰语的特点

泰语有如下特点（최창성，2002；이한우，2002）：

1. 属于声调语言，共有5个声调（low, mid, high, rising, falling）。

2. 隶属孤立语，没有词形变化，语法关系取决于语序和上下文。

3. 基本语序是SVO，被修饰词置于修饰词之前。

4. 主语有时可省略。

5. 无词形变化，无语法"性"（grammatical gender）和冠词之分。

6. 泰语的形容词可直接用作谓语，不需要系词辅助。

7. 形容词和副词无明显差异。

8. 比较级结构与英语相同，顺序为"比较对象+比较内容+比较基准"。

9. 表示程度极高时，主要借助单词重叠的方式。

10. 大部分词汇借用于梵语、巴利语、柬埔寨语和汉语。

11. 属于分析型语言，多合成词。

12. 谦辞丰富。

13. 代词的使用随话者的性别和对话双方关系的不同而变化。

14. 包括21个辅音（含y，w）和9个元音。

15. 爆破音（除k，ʔ外）分为不送气清音、送气清音和不送气浊音3种类型。

16. 元音是典型的9元音体系，低元音、中元音和高元音各有3个（前元音1个，不圆唇后元音1个，圆唇后元音1个）。

17. 元音有长短之分。

18. 音节为CVC结构，音节末位置只允许出现8个辅音（p，t，k，m，n，ŋ，y，w）。

19. 原则上单音节词居多。

2.1.4 南岛语系

含南岛（"austro南""nesia岛"）之意的南岛语系（Austronesian Languages）是世界上分布范围最广的语系（Goddard，2005），主要分布在夏威夷和太平洋的大部分岛屿、马来西亚和印度尼西亚全境、菲律宾群岛全境，西至非洲东部海岸的马达加斯加岛。该语系包括1200多种（约占18％）语言，使用人口约有3.5亿（约占6％）。它与印欧语系、汉藏语系、尼日尔-刚果语系（Niger-Congo Languages）等一同被称为6大语系。南岛语系中最大的语族是马来-波利尼西亚语族（Malayo-Polynesian Languages），亚洲语言中的马来语（马来西亚、文莱）、印度尼西亚语（印度尼西亚），他加禄语（菲律宾）和德顿语（东帝汶）都属于该语族。

南岛语系的特征如下（Goddard，2005）：

● 南岛语系的共同特征

① 音位数少于或等于自然语言的平均数。

② 属黏着语，含有所有类型的词缀（前缀、中缀、后缀、环缀）。

③ 多用重叠法（reduplication）构造相对复杂的词汇。

④ 复数代词词汇的选择取决于是否包含听者或话者。

南岛语系的马来语、印度尼西亚语、他加禄语、德顿语的语序特征如下：

〈表4〉 南岛语系的主要语序（WALS，86）

语言＼语序	基本语序	附置词语序	形容词-名词语序	属格-名词语序
马来语（马来西亚、文莱）	SVO	前置词	名词+形容词	名词+属格
印度尼西亚语（印度尼西亚）	SVO		名词+形容词	名词+属格
他加禄语（菲律宾）	VSO		两者皆可[3]	名词+属格
德顿语（东帝汶）	SVO		名词+形容词	属格+名词

从这4种语言的基本语序来看，除他加禄语为VSO语序之外，其余3种语言都是SVO语序。但这4种语言都属于VO语序（即核心词前置语言），动词短语的核心动词位于宾语前面。这一分类下的4种语言都属于前置词语言（详见第九章），且除德顿语以外，其他语言的属格都位于名词之后。

2.1.5 南亚语系

南亚语系（Austro-Asian Languages）约有170种语言（约占2.45％），使用人数约为1亿人（约占1.74％）。该语系的代表性语族为孟-高棉（Mon-Khmer）语族和蒙达（Munda）语族。孟-高棉语族包括越南语和柬埔寨的高棉语，是南亚语系的第一大语族。蒙达语族分布在印度东北部与孟加拉国的部分地区。孟-高棉语族的语音及语法特征如下（Goddard，2005）：

● **孟-高棉语族的语音特征**

① 元音数量偏多。
② 元音类型偏多，依照舌位高低和开口度一般可分为4个或4个以上。
③ 允许词首出现辅音丛，这一点与亚洲地区的其他语系（如台-卡岱语系、汉藏语系等）不同，越南语等无词首辅音丛的语言在该语系中属于个例。
④ /s/或/h/等擦音较少。
⑤ 在亚洲地区的其他语系中，单纯词多为单音节，复合词或叠词多为双音节。而孟-高棉诸语则是2个音节组合时形成一个半音节（sesquisyllable），即第一个音节的韵律特征弱化，同时受严格的音位配列规则的影响，变为半音节（half syllable）。
⑥ 一般没有声调。但越南语是声调语言，属于特殊情况。

3　"两者皆可"意为较难判断哪一个语序为优势语序（No dominant order）。

● 孟–高棉语族的语法特征

① 中缀种类较多，一般位于第一个辅音之后。
② 不存在或有极少的词形变化。
③ 基本语序为SVO。
④ 属格位于名词后面。
⑤ 形容词和指示词（demonstratives）位于名词后面。

孟–高棉语族的主要语言高棉语和越南语的语序特征如下：

〈表5〉孟–高棉语族的主要语序（WALS，86）

语言 ＼ 语序	基本语序	附置词语序	形容词-名词语序	属格-名词语序
高棉语	SVO	前置词	名词+形容词	名词+属格
越南语				

　　如上图所示，这两种语言的语序基本相同。但尽管上图没有揭示，在数词与名词的语序问题上，二者存在着差别，高棉语为"名词+数词"，越南语则为"数词+名词"。

　　以上是亚洲地区各语言的基本情况。除此之外，亚洲地区还有达罗毗荼语系、高加索语系、印欧语系、亚非语系等语系。达罗毗荼语系包括分布在印度南部与斯里兰卡等地的泰米尔语[4]。高加索语系包括格鲁吉亚语，其使用范围集中于欧亚大陆的分界线高加索山脉。印欧语系主要包括印地语（印度）、波斯语（伊朗）、乌尔都语（巴基斯坦）、孟加拉语（孟加拉国）、尼泊尔语（尼泊尔）等语言，为方便理解，我们将在下一节考察欧洲地区的语言时予以说明。亚非语系则包括阿拉伯语、希伯来语和诸多非洲语言，这一语系将在下面考察非洲地区的语言时加以说明。

4　泰米尔语和韩语虽然不属于同一语系，却存在很多相似的词汇。Homer B. hulbert（1863-1949）曾在《韩语和印度达罗毗荼语系对比研究》（*A Comparative of the Korean Language and the Dravidian Languages of India*）（1905）一书中首次介绍过泰米尔语和韩语词汇的关联。泰米尔语和韩语中与家族或农耕相关的基础词汇较为类似，例如"我（난/나）""你（니/너）""妈妈（엄마/엄마）""爸爸（아빠지/아버지）""一（아나/하나）""二（두/둘）""三（셋/셋）""疼（아파/아파，아프다）""来（와/와）""看（봐/봐）""雨（뻬이/비）""稻（비야/벼）""蚂蚱（베뚜기/메뚜기）""米（사핟/쌀）""姐姐（안니/언니）""丝绸（비단/비단）""草（풀/풀）""天（날/날）"等。正因如此，韩国人在观看电影《少年派的奇幻漂流》（Life of Pi）时，对出生于印度南部的主人公"Pi"在与家人一起前往加拿大途中，因遭遇暴风雨而失去家人时大声呼喊着"엄마（妈妈）""아빠（爸爸）"的场景感到十分亲切。

2.2 欧洲地区

欧洲包括英国、德国、法国、梵蒂冈（Vatican City State）等共46个国家和地区。下面我们将按语系介绍各个国家使用的语言。欧洲最具代表性的语系是印欧语系（Indo-European Languages），除了隶属乌拉尔语系（Uralic Languages）的芬兰语、匈牙利语及爱沙尼亚语之外，大多数欧洲国家的语言均属于该语系。

2.2.1. 印欧语系

印欧语系是当今世界上最大的语系，这一概念最初是由英国人威廉·琼斯提出的。印欧语系包含约430种语言。从数量上来看，在全球7000种自然语言中仅占约6%，但其使用人口却超过了27亿（约占总人口数量的45.7%），也就是说，世界上接近半数的人都在使用该语系的语言。

●●○○**延伸阅读**

威廉·琼斯爵士（Sir William Jones）（1746–1794）

威廉·琼斯爵士是英国的东方学家、法学家。他在担任印度加尔各答高等法院法官时创建了孟加拉亚洲协会（Bengal Asiatic Society）。他对当时认为梵语是欧洲语言源头的说法提出质疑，主张梵语和古希腊语、拉丁语同源，提出了"印欧语假说"。（"...indeed, that no philologer could examine them all three[the Sanskrit language, the Greek, the Latin/编者注], without believing them to have sprung from common source, which, perhaps, no longer exists."）（Crystal，2010）

印欧语系的词汇相似性-father

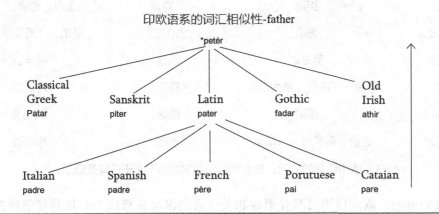

根据学界的不同说法，印欧语系又可划分为10～16个不等的语族。其中主要语族如下：

● **印欧语系的主要语族**

语系	原始印欧语（Proto-Indo-European）					
语族	日耳曼语族（Germanic）	意大利语族（Italic）	凯尔特语族（Celtic）	波罗的-斯拉夫语族（Balto-Slavic）	印度-伊朗语族（Indo-Iranian）	希腊语族（Greek）
语言	英语 德语 瑞典语 荷兰语	法语 意大利语 西班牙语 葡萄牙语 罗马尼亚语	爱尔兰语 威尔士语 苏格兰语	俄语 波兰语 捷克语 乌克兰语 塞尔维亚语 克罗地亚语 立陶宛语	印地语 梵语 波斯语 孟加拉语 旁遮普语 库尔德语 尼泊尔语	希腊语

下面我们来看一下其中几个较为重要的语族。

1）日耳曼语族

日耳曼语族（Germanic Languages）由英语、德语、荷兰语、瑞典语、挪威语等大众较为熟悉的语言组成。除此之外，卢森堡和丹麦的语言也属于该语族。这些国家的国家语言（national language）和官方语言（official language）如下：

〈表6〉日耳曼语族的主要国家及语言（WALS, 86）

国家	语言	国家	语言
英国	英语	卢森堡	卢森堡语、德语、（法语）
德国	德语	爱尔兰	英语、（爱尔兰语）
荷兰	荷兰语	瑞典	瑞典语
瑞士	德语、（法语、意大利语）	丹麦	丹麦语
奥地利	德语	挪威	挪威语
比利时	德语、荷兰语、（法语）	冰岛	冰岛语

（注：表中所列的法语、意大利语和爱尔兰语不属于日耳曼语族）

由〈表6〉可知，欧洲使用日耳曼语族相关语言的国家共有12个。日耳曼语族按照地域可分为西日耳曼语族和北日耳曼语族。从地理位置上看，瑞典语、丹麦语、挪威语和冰岛语等北欧国家使用的语言属于北日耳曼语族，其余则属于西日耳曼语族。〈表7〉列举了大众较为熟知的几种语言的主要语序。由于瑞典语、挪威语和丹麦语极为相似，在此仅以瑞典语为例。

〈表7〉 日耳曼语族的主要语序（WALS，86）

语言＼语序	基本语序	附置词语序	形容词-名词语序	属格-名词语序
英语				两者皆可
德语	SVO	前置词	形容词+名词	名词+属格
荷兰语				
瑞典语				属格+名词

　　上表所列四种语言的基本语序均为SVO。这一基本语序（更确切地说是动宾语序）与附置词及"属格-名词"的排列顺序也是密切相关的。例如，OV语言的附置词多为后置词，属格在名词前，副词位于动词前，比较句顺序一般为"比较标准+比较标记+形容词"；而VO语言则与之相反（详见第九章）。由此看来，德语和荷兰语符合VO语言的一般特征，即附置词为前置词，且属格与名词的语序为"名词+属格"形式；而瑞典语的语序为"属格+名词"，英语则是两种形式都允许，这与一般的VO语序有所不同[5]。形容词和名词的语序与基本语序无关，形容词多排在名词之后，尤其在VO语言中，"名词+形容词"的语序更为普遍。从这点来看，上述四种语言均与一般的VO语序不同。

●○○延伸阅读

英语属于哪种语言？

　　从语言谱系上看，英语属于日耳曼语族，但从其他角度来看却不一定。英语的许多词汇、语音及语法特征与意大利语族的语言相同。例如，从词汇层面上看，英语有很多词汇都来自法语或意大利语（如ballot、garage）；从语音层面上看，词尾可出现辅音/ʒ/（如corsage、massage、mirage）；从语法层面上看，形容词也可出现在名词后（如nothing special、fish alive、someone reliable）。不仅如此，从语言类型学的角度来看，相较于英语与拉丁语，英语与汉语更为相近，因为它们都具有孤立语的特征。

5　瑞典语与WALS所列信息稍有不同，也存在"名词+属格"形式。但WALS所列"属格+名词"的语序更为普遍。

2）意大利语族

意大利语族（Italic Languages）又称罗曼语族（Romance Languages），由于其起源于拉丁语，因此也被称为拉丁语族（Latin Languages）。简单地说，意大利语族是随着罗马帝国势力的扩张而形成的语族，该语族源于口语拉丁语，即"通俗拉丁语（Vugar Latin）"，主要分布在以意大利为中心的南欧各国。下表是属于该语族的国家及其使用的语言：

〈表8〉意大利语族的主要国家和语言

国家	语言	国家	语言
意大利	意大利语	葡萄牙	葡萄牙语
法国	法语	罗马尼亚	罗马尼亚语
西班牙	西班牙语		

据统计，除上述五种语言外，安道尔公国（Principality of Andorra）的加泰罗尼亚语（Catalan）也属于意大利语族。这六种语言的使用人口已超过6.7亿人。此外，还有约20种语言属于意大利语族。

〈表9〉意大利语族的主要语序（WALS, 86）

语言＼语序	基本语序	附置词语序	形容词-名词语序	属格-名词语序
意大利语				
法语				
西班牙语	SVO	前置词	名词+形容词	名词+属格
葡萄牙语				
罗马尼亚语				

意大利语族的语言均符合VO语序语言的特征，在形容词和名词的语序排列上采用了自然语言的一般语序，即形容词位于其所修饰名词的后面。

3）波罗的-斯拉夫语族

波罗的-斯拉夫语族又分为波罗的语支和斯拉夫语支[6]。波罗的语支是指波罗的海两个国家的语言，即立陶宛语和拉脱维亚语；斯拉夫语支则是指东欧圈的语言。这两个语支中大众相对较为熟悉的是斯拉夫语支，该语支的主要国家及其使用语言如下：

6　斯拉夫语支虽隶属波罗的-斯拉夫语族，但因其规模庞大，在语言学中占据重要地位，因此经常和日耳曼语族、罗曼语族等语族相提并论。为便于叙述说明，本书的部分内容也会采取"斯拉夫语族"这一称呼。

〈表10〉斯拉夫语支的主要国家和语言

国家	语言	国家	语言
俄罗斯	俄语	保加利亚	保加利亚语
乌克兰	乌克兰语	塞尔维亚	塞尔维亚语
波兰	波兰语	克罗地亚	克罗地亚语
捷克	捷克语	波斯尼亚	波斯尼亚语
斯洛伐克	斯洛伐克语	斯洛文尼亚	斯洛文尼亚语

其中五种语言的主要语序如下表所示：

〈表11〉斯拉夫语支的主要语序

语言＼语序	基本语序	附置词语序	形容词-名词语序	属格-名词语序
俄语				名词+属格
波兰语				
捷克语	SVO	前置词	形容词+名词	
保加利亚语				
塞尔维亚语				两者皆可
克罗地亚语				

如〈表11〉所示，斯拉夫语支比较特别。其基本语序虽是VO语序，但附置词属于前置词，而属格的语序随语言的不同存在较大差异。斯拉夫语支大部分语言的属格-名词语序可分为两种情况：一是"名词+属格"语序；二是两者皆可，即难以判断哪种语序更占优势。此外，斯拉夫语支中的绝大部分语言都是"形容词+名词"语序。

4）印度-伊朗语族

印度-伊朗语族分布于亚洲地区，是印欧语系的分支，具体参见下表：

〈表12〉印度-伊朗语族的主要国家和语言

国家	语言	国家	语言
印度	印地语	孟加拉国	孟加拉语
斯里兰卡	僧伽罗语	伊朗	波斯语
马尔代夫	迪维希语	阿富汗	达利语、普什图语
巴基斯坦	乌尔都语	塔吉克斯坦	塔吉克语
尼泊尔	尼泊尔语		

以上语言的主要语序可整理如下：

〈表13〉印度–伊朗语族的主要语序（WALS，86）

语序　　　　　语言	基本语序	附置词语序	形容词–名词语序	属格–名词语序
印地语（印度）				
僧伽罗语（斯里兰卡）				
迪维希语（马尔代夫）				
乌尔都语（巴基斯坦）		后置词	形容词+名词	属格+名词
尼泊尔语（尼泊尔）	SOV			
孟加拉语（孟加拉国）				
普什图语（阿富汗）		两者皆可		
波斯语（伊朗）		前置词	名词+形容词	名词+属格
塔吉克语（塔吉克斯坦）				

由〈表13〉可知，这些语言的基本语序与韩语相同，均为SOV语序，这一点有别于印欧语系的其他语言。由此可以看出，即便是同属印欧语系的语言，其基本语序也会有所不同。并且，除波斯语和塔吉克语以外，印度–伊朗语族各语言的主要语序也均与韩语相同。

同时，值得注意的还有波斯语和塔吉克语中的附置词位置和属格结构。如前文所述，它们与核心词的结构密切相关，而核心词结构则由OV和VO语序决定（WALS，83，85，86，95）[7]。在OV语序语言中，核心词后置，一般使用后置词和"属格+名词"的结构。然而波斯语和塔吉克语使用的却是前置词和"名词+属格"的结构，与一般规律相悖。这或许可归因于欧洲语言间的相互交流和影响，因为中世纪的波斯语就是使用后置词的语言（Wikipedia，Persian Language）。而作为现代波斯语的分支，塔吉克语自然地沿袭了波斯语使用前置词的特征。在这里，我们也有必要关注一下阿富汗的普什图语，尽管该语言与伊朗的波斯语同属一个谱系，但如〈表13〉所示，该语言中前置词与后置词共存，且属格结构也与波斯语不同。造成这种差异的原因在于普什图语的句子结构特征遵循的是印度–雅利安语支语言的特征，也就是说，它和印地语语序相同。

7　Haspelmath（2005）编写的《语言结构的世界地图集》（*The World Atlas of Language Structures*，简称*WALS*）从地理学的角度阐述了自然语言的100多个语言学特征。这些数据每年在线上（http://wals.info）持续更新。

2.2.2 乌拉尔语系

乌拉尔语系（Uralic Languages）这一名称与乌拉尔人的家乡——乌拉尔山脉有关。早先比较语言学家曾将乌拉尔语系和阿尔泰语系看作同一语言系统，提出了乌拉尔-阿尔泰语系假说。然而后续研究发现，两者之间并不存在密切的关联，最终被认定分属不同的语系。尽管如此，阿尔泰语系仍旧是与乌拉尔语系最为相似的语系。乌拉尔语系包括约40种（约占0.55%）语言，使用人口约有2140万人（约占0.36%）。将乌拉尔语系的语言作为国家语言或官方语言的国家有匈牙利、芬兰、爱沙尼亚等，这些国家的语言都属于芬兰-乌戈尔语族（Finno-Ugric Languages）。

乌拉尔语系以格体系发达而闻名，如匈牙利语中有18～24个格，芬兰语中有15个，这些格通过词缀形式的格标识（case marker，例如韩语中的助词）来体现。乌拉尔语系的语言不存在"性"（gender）的区分。此外，在音系学方面，该语系还存在元音和谐现象。

3种语言的主要语序如下：

〈表14〉乌拉尔语系的主要语序（WALS，86）[8]

语言＼语序	基本语序	附置词语序	形容词-名词语序	属格-名词语序
匈牙利语	自由语序			
芬兰语		后置词	形容词＋名词	属格＋名词
爱沙尼亚语	SVO[8]			

由〈表14〉可知，芬兰语和爱沙尼亚语为SVO语序，匈牙利语是自由语序，其余语言的语序均与韩语相同。

2.3 非洲地区

非洲语言的种类比其他大陆更为丰富。据估计，非洲约有500万人，语言却多达2000余种。非洲可以称得上是国际混合语（lingua francas）的大陆。其中，非洲北部和东北部使用阿拉伯语，东非地区使用斯瓦希里语，而大部分原殖民地国家则使用法语和英语（Crystal，2010）。

非洲共有6个语系，其中包括2个尼日尔-刚果语系（A和B）。前文所述的非洲北部地

8　芬兰语原为SOV语序，后来随着芬兰人的迁徙，其语言也受到欧洲诸语言的影响，渐渐演变为现在的SVO类型（송향근，2003）。

区使用的亚非语系部分语言和大马士革的南岛语系均属于非洲语系。需要注意的是，非洲最南端的南非共和国所使用的南非语，属于印欧语系。

2.3.1 尼日尔-刚果语系

尼日尔-刚果语系（Niger-Congo Languages）是世界6大语系之一，也是非洲分布面积最广的语系。无论从语言数量（超过1500种，约占22%），还是从使用人口（超过3.8亿人，约占6.4%）数量来看，都可被称为非洲最具代表性的语系。班图语族（Bantu Language）作为该语系的代表性语族，包括500多种语言，使用人口超过1亿。班图语族主要分布在中非、东非和南非地区，其中最具代表性的语言是斯瓦希里语（Swahili），该语言是肯尼亚、坦桑尼亚、乌干达、刚果共和国等国的官方语言。此外，该语系还包括约鲁巴语（Yoruba）、富拉语（Fula）、伊博语（Igbo）、祖鲁语（Zulu）等语言。从下表中可以看出，这些语言均为典型的VO语序语言。

〈表15〉尼日尔-刚果语系的主要语序（WALS, 86）

语言 ＼ 语序	基本语序	附置词语序	形容词-名词语序	属格-名词语序
斯瓦希里语	SVO	前置词	名词+形容词	名词+属格
约鲁巴语				
伊博语				
祖鲁语				

2.3.2 亚非语系

亚非语系（Afro-Asiatic Languages）也称闪含语系（Hamito-Semitic Languages）[9]，主要分布在非洲之角，即中东、北非、埃塞俄比亚和索马里等国。此外，位于撒哈拉沙漠南部边缘的萨赫勒地区诸国，如塞内加尔、阿尔及利亚、苏丹等也使用该语系。

亚非语系属于6大语系之一，含有350多种语言（约占5.11%），使用人口约有3.6亿（约占6.03%）。亚非语系共有6个语族，分别为闪语族（Semitic Languages）、以豪萨语为代表的乍得语族（Chadic Languages）、柏柏尔语族（Berber Languages）、库希特语族（Cushitic Languages），奥摩语族（Omotic Languages），以及现已消失的古埃及语族（Egyptian Languages）。

9　含语族和闪语族的名称源于《圣经》中诺亚三子之名。

闪语族是亚非语系最具代表性的语族，包括分布在中东和北非大部分地区的阿拉伯语，以及用来记录《旧约圣经》的希伯来语。阿拉伯语、希伯来语和豪萨语的语序如下：

〈表16〉 阿拉伯语、希腊语和豪萨语的主要语序（WALS，86）

语言 语序	基本语序	附置词语序	形容词-名词语序	属格-名词语序
阿拉伯语	VSO		名词+形容词	
希伯来语		前置词		名词+属格
豪萨语	SVO		形容词+名词	

2.4 美洲地区

美洲地区拥有种类丰富的土著语言，但其国家语言或官方语言却非常有限。北美使用英语，中南美大部分地区则使用西班牙语[10]。中南美地区诸国中，只有巴西不使用西班牙语和英语，其官方语言为隶属意大利语族的葡萄牙语。巴拉圭的官方语言是西班牙语和瓜拉尼语（Guarani）。南美土著人使用瓜拉尼语，该语言属于图皮语系（Tupian Languages）。此外，阿根廷、玻利维亚、巴西等国的部分地区也使用瓜拉尼语，瓜拉尼语语序如下：

〈表17〉 瓜拉尼语的主要语序（WALS，86）

语言 语序	基本语序	附置词语序	形容词-名词语序	属格-名词语序
瓜拉尼语	SVO	后置词	名词+形容词	属格+名词

至此，我们从地理学、谱系学、类型学的角度对世界语言进行了全面考察。从中可以得知，不同语言之间既有不同点，又有相似之处。而这些异同点与语言的地理分布有关。下一章我们将考察不同语言在语言学不同层面上展现出的差异。

---

10 澳大利亚和新西兰的国家语言同为英语，此处不再赘述。

语言地理和语系、语族

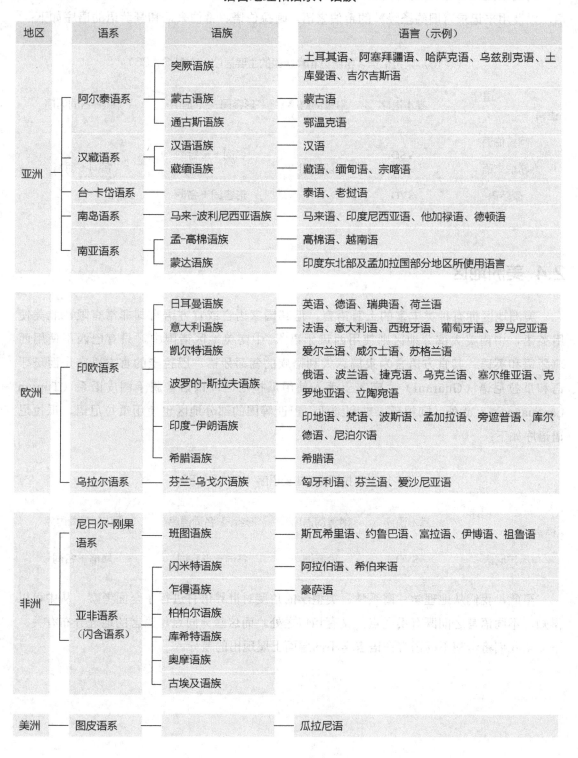

地区	语系	语族	语言（示例）
亚洲	阿尔泰语系	突厥语族	土耳其语、阿塞拜疆语、哈萨克语、乌兹别克语、土库曼语、吉尔吉斯语
		蒙古语族	蒙古语
		通古斯语族	鄂温克语
	汉藏语系	汉语语族	汉语
		藏缅语族	藏语、缅甸语、宗喀语
	台-卡岱语系		泰语、老挝语
	南岛语系	马来-波利尼西亚语族	马来语、印度尼西亚语、他加禄语、德顿语
	南亚语系	孟-高棉语族	高棉语、越南语
		蒙达语族	印度东北部及孟加拉国部分地区所使用语言
欧洲	印欧语系	日耳曼语族	英语、德语、瑞典语、荷兰语
		意大利语族	法语、意大利语、西班牙语、葡萄牙语、罗马尼亚语
		凯尔特语族	爱尔兰语、威尔士语、苏格兰语
		波罗的-斯拉夫语族	俄语、波兰语、捷克语、乌克兰语、塞尔维亚语、克罗地亚语、立陶宛语
		印度-伊朗语族	印地语、梵语、波斯语、孟加拉语、旁遮普语、库尔德语、尼泊尔语
		希腊语族	希腊语
	乌拉尔语系	芬兰-乌戈尔语族	匈牙利语、芬兰语、爱沙尼亚语
非洲	尼日尔-刚果语系	班图语族	斯瓦希里语、约鲁巴语、富拉语、伊博语、祖鲁语
	亚非语系（闪含语系）	闪米特语族	阿拉伯语、希伯来语
		乍得语族	豪萨语
		柏柏尔语族	
		库希特语族	
		奥摩语族	
		古埃及语族	
美洲	图皮语系		瓜拉尼语

第三章　元音

■■□ **1. 引言**

我们可以说，语言学的所有分支学科都有一个共同的目标，那就是画出一张自然语言的草图。许多学者为此付出努力，并在这一过程中引入了语言共性（universals）及语言类型（typology）等概念。语音学与音系学也不例外，该领域的许多学者都致力于找出自然语言在语音和音系上的普遍特征。其中最具代表性的成果，就是"Stanford Phonology Archiving Project（SPA，斯坦福语音档案项目）"数据库。SPA是一个收录了209种语言的语音数据库，Crothers（1978）曾以此为依据，描述了自然语言中元音的普遍特征。遗憾的是，因为他的研究仅是一篇研究元音的期刊论文，并未对辅音进行分析，甚至也未能展示自然语言元音的特点。

首次正式为我们展示自然语言语音及音系具体特征的是Maddieson（1990，1984）。其中建立的UCLA Phonological Segment Inventory Database（UPSID，加利福尼亚大学洛杉矶分校音位音段清单数据库）共收录了317种语言的语音清单，该数据库为我们分析自然语言的语音体系提供了大量有价值的参考信息。此后，Haspelmath、Dryer、Gil & Comrie（2005）所建立的WALS及其在线资源不仅向我们展示了自然语言中元音和辅音的数量等语音及音系方面一些基本且重要的特征，同时也有助于我们了解特定语言的具体特征。

本章我们将借助UPSID和WALS来对比分析韩语和英语、日语、汉语的元音体系。在正式开始探讨之前，让我们先来了解一下韩语元音学习过程中容易出现的几种发音偏误。

■□□ 2. 韩语学习者的元音偏误

以下是母语为英语的韩语学习者出现的元音偏误：

사고/sɑko/[사거/sɑkə/]	고기/koki/[거기/kəki/]	좀 더/tʃom tə/[점 더/tʃəm tə/]
머리/məri/[모리/mori/]	벌레/pəlle/[볼레/polle/]	자전거/tʃatʃənkə/[차존고/tʃʰatʃonko/]
얼음/əlɨm/[어럼/ərəm/]	어른/ərin/[어런/ərən/]	있으면/is'ɨmjən/[이써면/is'əmjən/]

可以看出，母语为英语的韩语学习者会把韩语元音"어/ə/"发为"오/o/"；相反，也会把"오/o/"发为"어/ə/"。这是因为对于他们来说，韩语元音"오/o/"和"어/ə/"非常相似，发音时很难区分。另外，由于英语里没有"으/ɨ/"，母语为英语的学习者会感到发音较为困难，所以常常会把"으/ɨ/"发为"어/ə/"。

以下是母语为日语的韩语学习者出现的元音偏误：

어머니/əməni/[오모니/omoni/]	머리/məri/[모리/mori/]	서울/səul/[소우르/souri/]
여자/jətʃa/[요자/jotʃa/]	여기/jəki/[요기/joki/]	여름/jərim/[요름/jorim/]
구름/kurim/[그르므/girɨmɨ/]	수리/suri/[스리/siri/]	두더지/tutətʃi/[드도지/titotʃi/]

可以看出，母语为日语的韩语学习者会把韩语元音"어/ə/"发为"오/o/"，把元音"여/jə/"发为"요/jo/"。这是因为日语里没有元音"어/ə/"和"여/jə/"。此外，他们还会把元音"우/u/"发为"으/ɨ/"，因为日语里发우/u/时唇形是平的。

以下是母语为汉语的韩语学习者出现的元音偏误：

환영/hwanjəŋ/[화닝/hwa-niŋ/]	명사/mjəŋsa/[밍사/miŋsa/]	기차역/kitʃʰajək/[기차약/kitʃʰajak/]
의사/ɰisa/[으어사/iəsa/]	의자/ɰitʃa/[으어자/iətʃa/]	의지/ɰitʃi/[으어지/iətʃi/]
가을/kaɨl/[가얼/kaəl/]	기름/kirɨm/[기럼/kirəm/]	힘들다/himtɨlta/[힘덜다/himtəlta/]

可以看出，由于汉语中没有双元音"여/jə/"，所以母语为汉语的韩语学习者很容易将其发为与之相近的"이/i/"或"야/ja/"。此外，他们还会把元音"의/ɰi/"发为"으어/iə/"或是将元音"으/ɨ/"发为"어/ə/"。

■□□ 3. 自然语言音素体系的特征

在了解各语言元音体系的特征之前，让我们先通过UPSID观察一下音素体系的特征。

这里，我们不仅要重视元音与辅音各自的音系特征，还应掌握元音与辅音之间所呈现出的特点，这有助于我们理解自然语言的特征。

3.1 音素的数量

世界语言总共含有200多个不同种类的元音和600多个不同种类的辅音（Ladefoged，2011）。数量如此之多的元音和辅音在不同语言中会有量与质的差别。根据UPSID（收录了317种语言，约占全世界语言的6%）的分析，自然语言中的音素（元音和辅音）少则11个，多则141个。据统计，巴布亚新几内亚的罗托卡特语（Rotokas）和穆拉语（Mura）的音素最少，只有11个，而拥有世界最多音素的语言是纳米比亚和安哥拉的!Xũ语，也被称为Kung或Ju/Zhu语，其音素数量高达141个。

<自然语言中音素的数量>

最少：11个　　　最多：141个

那么自然语言音素数量的平均值是多少呢？

自然语言间音素数量的差异很大。但值得欣慰的是，其中约65%的语言只包含20～35个音素。并且这些语言的平均音素数量仅略多于一般认为可习得的音素数量（31个），而在这些语言中，约6.3%（26个）的语言平均音素数量正好是31个。由此可以看出，自然语言的音素虽然在数量上差异很大，但仍然具有一定的普遍性。

下面，让我们来思考一下音素数量和语言交际的关系。为了保障语言交际的顺畅，话语与话语之间必须要有恰到好处的区分。因此，一种语言的音素数量必须要有一个上限（upper limit）。换句话说，如果音素数量过多，就难以一一区分，发音难度也会随之增大，最终妨碍语言交际。相反，为了创造出足够的词汇，就必须用一定数量的、彼此区别的语素相互组合，这时音素数量就必须有一个下限（lower limit）。也就是说，如果音素数量过少，就难以构成足够数量的词汇来区分意义，而为了避免这一点，语言中有可能出现超长音节的单词。

那么，自然语言为了维持音素数量的上限和下限，会出现什么样的要求或变化呢？观察自然语言会发现，许多语言的音素数量都超过最大值（35个）或低于最小值（20个），甚至有些语言的音素数量多到惊人。例如，前文中提到的!Xũ语言音素数量就超过140个，而根据先行研究来看，这种语言在很长的一段时间内都维持着数量如此之多的音素（Traill，1978；Baucom，1974：转引自Maddieson，1980）。如果音素数量的减少能有效地区分话语表达，那么我们就要不断地去尝试"压缩"语音体系，可是事实上这种"压缩"并没有出现。另一方面，夏威夷语和罗托卡特语的音素数量都不足20个，理论上它们在组成语素时会因为能够区分意义的音素不足而导致正常交际出现困难，但事实上这种困难也并未出现。换句话说，理论上这些音素数量不足20个的语言中应该会存在大量让人难以理解的同音异义词语素（homophony morpheme）或十分冗长的语素，可事实并非如此。研究发现，夏威夷语中每个语素平均只有3.5个音素（Pukui and Elbert，1965：转引自Maddieson，1980）。通过上述事实，我们可以知道，自然语言中的音素体系并没有为了实现高效的语言交际而出现数量上的调整。

由此可见，每种语言中的音素数量都是不同的，即使音素在数量上存在很大的差异，以这些语言为母语的人也并未出现交际障碍。我们知道，即使一种语言中的音素数量非常多，该语言的母语话者也不会存在母语习得障碍。相反，即使音素数量非常少，该语言的母语习得也不会因此变得容易。但从目前掌握的数据来看，音素数量与外语或二语习得的难易度有着紧密的联系。如果学习者的母语中音素数量较多，那么他在学习音素数量较少的语言时，就会相对比较轻松；相反，如果学习者母语中的音素数量较少，在学习音素数量多的语言时，就会相对困难。

3.2 元音与辅音的比例

如果某一语言的元音数量偏少，从补偿（compensation）的角度来看，其辅音数量会偏多吗？或者反过来说，如果元音数量过多，其辅音数量就会因此减少吗？抑或是，元音和辅音在数量层面上有什么关系吗？元音和辅音数量的比例又是多少呢？

UPSID的数据显示，自然语言中元音与辅音的平均比例在1∶1.76～16之间，约50%的语言元音和辅音的比例分布在1∶3～5之间。

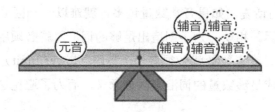

〈图1〉元音与辅音的比例

同时，如果一种语言的音素数量较多，那么在该语言中，很有可能是辅音数量多于元音数量。例如，海达语（Haida）中有51个音素，其中辅音有48个，元音有3个。相反，元音多但辅音极少的语言是几乎不存在的（WALS，2）。

本书主要以韩语和英语、日语、汉语作为对比分析的对象。在将/y/和/w/看作辅音时，4种语言元音与辅音的比例分别是：韩语10∶21，英语12∶24，日语5∶14，汉语5∶25。若根据以上比值将它们按照WALS的标准来进行划分，那么韩语属于中低型（moderately low）， 英语属于低型（low），日语和汉语属于中型（average）（WALS，3）[1]。从元音与辅音的比例来看，这4种语言分别呈现出了不同的特点。从普遍性的角度来看，可将它们按照比值排序为"日语、汉语 > 韩语 > 英语"。英语元音与辅音的比例恰好是1:2，因此和其他3种语言相比，英语的普遍性大为降低。换句话说，英语是元音比例较高的语音体系，后文将会对这一点进行详细描述。接下来，让我们一起先来了解一下各语言的元音体系。

■□■□ 4. 各语言的元音体系

元音大致可分为单元音（monophthong）和双元音（diphthong，又称为二合元音）。其中，单元音由1个音构成，而双元音则由2个元音组合而成。参考〈图2〉可知，从发音方法上来看，单元音在发音时嘴型始终保持不变，而双元音在发音时嘴型却发生了变化。

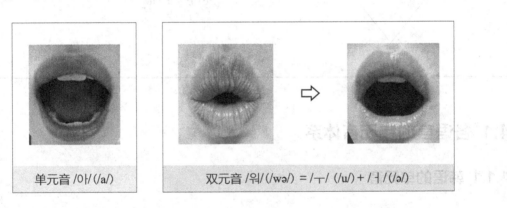

单元音 /아/（/a/）　　　　双元音 /워/（/wə/） = /ㅜ/（/u/）+ /ㅓ/（/ə/）

〈图2〉单元音和双元音

另外，英语和汉语中还存在三合元音（triphthong），分别由3个元音组合而成。本节将首先探讨各语言的单元音体系，然后再分析其他元音体系。

1　WALS（第三章）描述了564种语言的元音与辅音比例。其数值分布范围为1.11到29之间，平均（mean）值为4.25，中间（median）值为3.5。它们可以分为以下5种类型，类型后面的数字是相关语言的数量。低型（1~2）：59种；中低型（2.0~2.75）：97种；中型（2.75~4.5）：234种；中高型（4.5~6.5）：102种；高型（6.5以上）：72种。其中，仅有10种语言的数值超过12。

●●○○ 延伸阅读

基本元音和元音体系的扩充

　　研究发现，世界上大部分语言都将/a,i,u/作为基本元音，各语言的元音体系均是在这3个元音的基础上增添其他元音扩充而成的。世界各语言中最为常见的是五元音体系，也就是说，多数语言将/a,i,u,e(ε),o(ɔ)/作为基本元音。其中，元音/e(ε)/由元音/a/和元音/i/组合而成，例如韩语的아이/ai/→애/ɛ/，英语的said等；元音/o(ɔ)/则是由元音/a/和元音/u/组合而成的，例如英语的auto。相关论述可参考（허용、김선정，2006）。

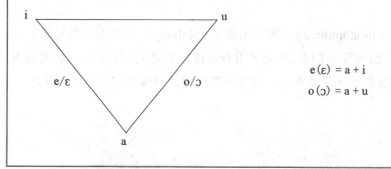

$$e(ε) = a + i$$
$$o(ɔ) = a + u$$

4.1 各语言的单元音体系

4.1.1 韩语的单元音

　　韩语的单元音根据使用地区和年龄等因素的不同，分析结果会产生些许差异，但标准韩语中列出的单元音为10个，可根据发音时舌位的高低、舌头最高点的前后位置及唇形分类如下：

〈表1〉韩语的单元音

舌位高低	舌位 唇形	前元音		后元音	
		不圆唇元音	圆唇元音	不圆唇元音	圆唇元音
高元音		ㅣ[i]	(ㅟ[ü])	ㅡ[ɨ]	ㅜ[u]
中元音		ㅔ[e]	ㅚ[ö]	ㅓ[ə]	ㅗ[o]
低元音		ㅐ[ɛ]		ㅏ[a]	

　　在这10个单元音中，/ㅟ[ü]/和/ㅚ[ö]/可以作为双元音来发音。这样的话，韩语的单

元音就只有8个，包括3个前元音和5个后元音。从舌位的高低来看，韩语的单元音包括3个高元音、3个中元音和2个低元音。从唇形来看，韩语的单元音包括2个圆唇元音和6个不圆唇元音。

4.1.2 英语的单元音

英语的元音也会根据使用地区的不同出现较大的差异。这里依照WALS的标准，根据发音时舌位的高低、舌头最高点的前后位置、唇形和肌肉的紧张程度（tense/lax），可以将英语的单元音分类如下：

〈表2〉英语的单元音

舌位高低	松/紧元音	前元音		央元音		后元音	
		不圆唇元音	圆唇元音	不圆唇元音	圆唇元音	不圆唇元音	圆唇元音
高元音	紧元音	i					u
	松元音	I					ʊ
中元音	紧元音	e					o
	松元音	ɛ		ʌ/ə			ɔ
低元音	紧元音						
	松元音	æ		a			ɑ

英语有12个单元音，其中包括5个前元音、2个央元音和5个后元音。根据舌位的高低可分为4个高元音、5个中元音和3个低元音。根据唇形可分为4个圆唇元音（u，ʊ，o，ɔ）和8个不圆唇元音。另外，根据发音时肌肉是否紧张又可分为4个紧元音和8个松元音。

比较韩英元音体系可知，英语元音数量比韩语多，舌位高低的区分比韩语更复杂。英语还有紧元音和松元音之分，例如/i/ vs. /I/（seat vs. sit），/u/ vs. /ʊ/（fool vs. full）等。紧元音在发音时舌头更用力，而松元音在发音时则相对放松。大体上来说，在发音时，松元音比紧元音发音位置更低，音长更短。例如，/e/比韩语/ㅔ[e]/的发音位置略高，/ɛ/比韩语/ㅔ[e]/的发音位置略低。/æ/比韩语/ㅐ[ɛ]/的发音位置略低，松元音/ʌ/的舌位高低介于韩语的/ㅓ[ə]/和/ㅏ[a]/之间。发/ɔ/音时，要比发韩语/ㅗ[o]/的时候嘴唇张得更开一些。另外，英语的后元音中，除了/a/以外，/u，ʊ，o，ɔ/均为圆唇元音。

4.1.3 日语的单元音

从数量上来看，日语的单元音比韩语和英语都少。根据发音时舌位的高低、舌头最高点的前后位置和唇形可分类如下：

〈表3〉 日语的单元音

舌位的高低＼舌位＼唇形	前元音		央元音		后元音	
	不圆唇元音	圆唇元音	不圆唇元音	圆唇元音	不圆唇元音	圆唇元音
高元音	イ[i]				ウ[ɯ]	
中元音	エ[e]					オ[o]
低元音			ア[a]			

如上表所示，日语有5个元音，包括2个前元音、1个央元音和2个后元音。从舌位的高低来看，包括2个高元音、2个中元音和1个低元音。从发音时的唇形来看，包括1个圆唇元音和4个不圆唇元音。和同样拥有5个元音的俄语、印尼语、西班牙语等语言相比，日语较为特殊的一点是不存在圆唇元音/u/，但却有不圆唇元音/ɯ/。日语的/ɯ/圆唇性极弱，与韩语中的元音/ɨ/相似。

4.1.4 汉语的单元音

与日语相同，汉语也有5个单元音，根据发音时舌位的高低、舌头的前后位置和唇形可分类如下：

〈表4〉 汉语的单元音

舌位的高低＼舌位＼唇形	前元音		后元音	
	不圆唇元音	圆唇元音	不圆唇元音	圆唇元音
高元音	i	y=(ü)		u
中元音			ə	
低元音			a	

汉语有5个单元音，包括2个前元音和3个后元音[2]。从舌位高低来看，有3个高元音、1个中元音和1个低元音。从唇形来看，有2个圆唇元音和3个不圆唇元音。与其他五元音（/a, i, u, e, o/）体系的语言不同，汉语中没有/e/和/o/，但有前高圆唇元音/ü/和后中不圆唇元音/ə/，这是汉语区别于一般五元音体系语言的一大特征。

4.1.5 单元音体系对比

上文所探讨的4种语言均可按照发音时舌位的高低，将元音分为高、中、低3种类型。韩语中舌位最低的元音是"ㅏ[a]"，与英语、日语和汉语的[a]相似。舌位最高的高元音中，韩语有"ㅣ[i]、ㅜ[u]、ㅡ[ɨ]、(ㅟ[ü])"，英语有[i]和[u]，日语有[i]和[ɯ]，汉语有[i]、[u]、[ü]。舌位居中的元音中，韩语有"ㅔ[e]、ㅓ[ə]、ㅗ[o]、(ㅚ[ö])"，英语有[e]、[ə]、[o]和[ɔ]，日语有[e]和[o]，汉语有[ə]。

从圆唇性角度对比可以发现，由于韩语的元音"ㅟ[ü]"和"ㅚ[ö]"在发音时通常作为双元音，分别发为[wi]和[we]。因此韩语的单元音中，其实只有"ㅗ[o]"和"ㅜ[u]"两个圆唇元音。"ㅗ[o]"相当于英语和日语的[o]，但是在汉语中却没有与之对应的元音。而"ㅜ[u]"与英语的[u]、日语的[ɯ]，以及汉语的[u]相对应。但是日语中的[ɯ]圆唇性很弱，更接近于不圆唇元音。英语中的中圆唇元音[ɔ]在韩语、日语和汉语中均无相对应的元音。

对比舌头的前后位置可以发现，韩语为前元音和后元音二分体系。如前文所述，现代韩语的前元音有"ㅣ[i]"和"ㅔ[e]/ㅐ[ɛ]"，英语有5个前元音，日语和汉语都是2个。韩语的非前舌元音在英语和日语中被细分为央元音和后元音。韩语的"ㅏ[a]"与英语的[a]、日语的[a]，以及汉语的[a]相似。而韩语中的"ㅡ[ɨ]"在其他3种语言中均无对应的元音，但是"ㅡ[ɨ]"在发音时，与日语的[ɯ]，以及英语中圆唇性被弱化的[ʊ]相似。韩语的"ㅓ[ə]"与英语和汉语的[ə]相似，但在日语中却没有相对应的元音[3]。

> 三元音（a,i,u）语言：阿拉伯语、海达语
> 五元音（a,i,u,e,o）语言：日语、俄语、印尼语、西班牙语等

---

2 Lin（2007）中把/a/看作是前低不圆唇元音，而将后低不圆唇元音看作是/a/的音素变体。本书遵循学术界更普遍的观点。

3 阿拉伯语中只有/a, i, u/3个单元音。这3个元音并不使用额外的文字进行标注，而是在辅音上用圆点或是画线的方式表示。

4.2 各语言的双元音体系

上文提到，双元音是由2个元音组合而成的。一般来说，双元音具有以下特征：

首先，组成双元音的2个元音中，其中1个通常为高元音/ㅣ[i]/或/ㅜ[u]/。

其次，这2个元音不具备单元音的完整发音。例如，/ㅕ[yə]/是由/ㅣ[i]/和/ㅓ[ə]/组合而成的，如"끼었다[pʰi-ət-ta]→꼈다[pʰyət-ta]"，/ㅝ[wə]/是由/ㅜ[u]/和/ㅓ[ə]/组合而成的，如"키우[kʰiu]+어[ə]→키워[kʰiwə]"，这时/ㅣ[i]/和/ㅜ[u]/为半元音（semi-vowel）。因此在使用国际音标标注双元音中的/ㅣ[i]/和/ㅜ[u]/时，分别标注为/y/（或/j/）和/w/。这些音又被称为半辅音（semi-consonant）或滑音（glide）。

最后，双元音包括上升二合元音（rising diphthong）和下降二合元音（falling diphthong）。上升二合元音发音时的响度（sonority）是由低向高变化的，而下降二合元音则相反，响度是由高向低变化的。响度是元音的一种属性，滑音属于半元音，因此其响度比元音低。由此可见，"元音+滑音"的响度是先高后低的，因此被称为下降二合元音；而"滑音+元音"的响度是先低后高的，因此被称为上升二合元音。例如，韩语中的"ㅑ[ya]（ㅣ[i]+ㅏ[a]）"和"ㅕ[yə]（ㅣ[i]+ㅓ[ə]）"就属于上升二合元音，而英语中"boy"和"cow"中的[ɔɪ]和[aʊ]就属于下降二合元音。

4.2.1 韩语的双元音

韩语总共有11个双元音，可划分为2类。除/ㅢ[ɨy]/外，其余双元音均为上升二合元音，由"滑音+元音"的方式构成。

○ 上升二合元音
ㅣ[i]（=/y/）系列双元音：ㅑ[ya]、ㅕ[yə]、ㅛ[yo]、ㅠ[yu]、ㅖ[ye]、ㅒ[yɛ]
ㅜ[u]（=/w/）系列双元音：ㅘ[wa]、ㅝ[wə]、ㅟ[wi]、ㅙ[wɛ]、ㅞ[we]、ㅚ[we]

○ 下降二合元音
ㅢ[ɨy]

但是，上述双元音中，部分元音在发音时很难区分。如"ㅖ[ye]"和"ㅒ[yɛ]"，"ㅙ[wɛ]"，"ㅞ[we]"和作为双元音发音时的"ㅚ[we]"等。

4.2.2 英语的双元音

与韩语不同，在英语的双元音中，不仅上升二合元音（滑音+元音）数量众多，下降二合元音（元音+滑音）的数量同样可观。

○ 上升二合元音

[ya] yard, yarn　　　　[ye] yet, yellow
[yu] youth, use　　　　[wa] wild, wine
[yo] yoke, yogurt　　　[wæ] wag, wagon
[yə] yearn, young　　　[wə] work, word
[yæ] yam, yap　　　　[we] web, wet

○ 下降二合元音

前响　[aɪ] my, high, time　　　[ɪə] fear, idea, here
　　　[ɔɪ] oil, coin, boy　　　[ɛə] bear, chair, share
　　　[eɪ] eight, day, way　中响　[ɔə] born, before, horse
　　　　　　　　　　　　　　　[ʊə] poor, tour, moor
后响　[aʊ] house, cow, how　　[ɑə] farm, are, heart
　　　[oʊ] go, ago, old

此外，英语中还存在三合元音，如mayer的 [eɪə]、fire的 [aɪə]、lawyer的 [ɔɪə]、power 的 [aʊə] 和mower的 [oʊə] 等。

4.2.3 日语的双元音

日语中也存在/y/系列和/w/系列的双元音，但数量较少。其中，/y/系列双元音有3个，/w/系列双元音仅为1个。这4个双元音均为上升二合元音，也就是说，它们的结构均为"滑音+元音"。

○ /y/系列双元音：や（[ya]）、ゆ（[yu]）、よ（[yo]）
○ /w/系列双元音：わ（[wa]）

4.2.4 汉语的双元音

虽然学者们对汉语双元音的认识存在争议，但一般认为汉语中的上升二合元音和下降二合元音均较为发达。汉语中有5个上升二合元音，均为"滑音+中元音/低元音"的结构。

○ 上升二合元音

/y/系列双元音：[ia] 想（xiǎng）

[ie] 谢（xiè）

[ye] 学（xué）

/w/系列双元音：[ua] 关（guān）

[uo] 多（duō）

而汉语中的下降二合元音则是"中元音/低元音+滑音"的结构，主要包括以下几个：

○ 下降二合元音

/y/系列双元音：[ai] 爱（ài）　　白（bái）

外（wài）　　卖（mài）

[ei] 内（nèi）　　尾（wěi）

美（měi）　　灰（huī）

/w/系列双元音：[au] 高（gāo）　　包（bāo）

刀（dāo）　　好（hǎo）

[ou] 猴（hóu）　　够（gòu）

油（yóu）　　豆（dòu）

此外，汉语中还存在三合元音，例如/iau/（tiào，跳）、/uai/（huài，坏）、/uei/（duì，对）和/iou/（qiú，球）等。但也有学者认为，在上升二合元音和三合元音中，位于中元音和低元音之前的第一个高元音不属于元音，而应被归类为辅音中的滑音，因此汉语中只有下降二合元音被视为双元音（Lin，2007）[4]。也就是说，他们认为[ia]、[ie]、[ye]、[ua]、[uo]中各自的第一个音（[i][y][u]）不是元音，而是辅音的一部分，因此上述元音不是二合元音，而是单元音。同时，[iau]、[uai]、[uei]、[iou]中的第一个元音也是辅音的一部分，因此它们分别被看作是下降二合元音[au]、[ai]、[ei]、[ou]。依据这种观点，汉语的双元音中仅有4个下降二合元音。

4.2.5 双元音体系对比

下降二合元音，也就是[y]和[w]之后接其他元音的双元音，在韩语、英语、日语、汉语中较为类似。区别在于，韩语和英语中/y/系列双元音和/w/系列双元音均较为发达，但日语中/w/系列的双元音仅有[wa]一个。英语和汉语中存在着[ɪ]、[aʊ]、[ɔɪ]等下降二合元音，但韩语和日语中却不存在。英语和汉语中存在三合元音，但韩语和日语中

4　准确地说，汉语中不使用"元音"和"辅音"这类术语，而是称之为"韵母"和"声母"。但在探讨汉语的音节结构之前，本书将继续采用"元音"和"辅音"这两个通用术语。有关汉语音节结构的论述可参考本书第五章第4节。

不存在。另外，作为参考，对比阿拉伯语也可以发现，阿拉伯语中没有上升二合元音，仅有[ai]和[au]两个下降二合元音。

5. 元音体系的普遍性

通过观察世界语言中关于元音类型的主要研究成果（Crothers, 1978；Maddieson, 1984；Lindblom, 1986等），我们能够发现以下共同点：

第一，大多数语言有5~7个元音，其中五元音体系的语言数量最多。根据UPSID的统计，元音体系的数量分布如下（Schwartz et al., 1997）：

〈表5〉世界语言的元音数量

元音总量	语言数量	元音总量	语言数量
3	19种（6.0%）	9	24种（7.6%）
4	25种（7.9%）	10	8种（2.5%）
5	109种（34.4%）	11	4种（1.3%）
6	60种（18.9%）	12	2种（0.6%）
7	44种（13.9%）	13个以上	3种（1.0%）
8	19种（6.0%）		合计：317种

第二，在世界语言中，最为常用的元音有11个，即a、i、u、e、o、ε、ɔ、ɨ、ə、y、ö。

第三，上述11个元音的出现频率为a、i、u > e、o 或 ε、ɔ>ɨ、ə > y、ö。

第四，以上偏好度与元音体系相关联，各元音体系中的主要元音分布如下：

① 三元音体系：/i、a、u/

② 四元音体系：/i、a、u/ + /e、o、ε、ɔ/中的一个

③ 五元音体系：/i、a、u/ + /e、o（或ε、ɔ）/

④ 六元音体系：/i、a、u/ + /e、o（或ε、ɔ）/ + 一个元音

⑤ 七元音体系：

   i) /i、a、u/ + /e、o、ε、ɔ/

   ii) /i、a、u/ + /e、o（或ε、ɔ）/ + /ɨ、ə/

通过上述表格，我们了解到元音的形成存在一定的序列性（order fashion），即元音总量相对较多的语言，是在上一级元音体系的基础上添加若干个元音构成的。

根据Maddieson（1984）的研究，如果一种语言中没有高元音或低元音，那么该语言中也没有中元音。例如，一个语言中如果没有低元音[a]或高元音[i]，那么也不会有元音[e]。此外，如果没有同样舌位高度的前舌不圆唇元音，也就没有前舌圆唇元音（rounded front vowels）。例如，如果没有前舌不圆唇元音[i]，也不会有前舌圆唇元音[ü]。这类特征在韩语、英语、日语、汉语的元音体系中均有体现。

第四章 辅音

■□□ 1. 引言

如前章所述，Maddieson（1984）详细地描述了自然语言中语音与音系方面的相关特征，特别是通过分析UPSID的317种语言的音系清单，揭示了自然语言所具有的音系体系特征，具有极为重要的研究意义。值得一提的是，在辅音方面，它具体分析了自然语言辅音体系的整体特征与阻音、擦音、鼻音、边音等语音的具体发音方法，为客观研究一种语言的辅音体系及结构提供了可能。同时，Haspelmath、Dryer、Gil & Comrie（2005）所构建的WALS地图，从自然语言的元音、辅音总量等方面，揭示了语音和音系方面最重要、最基本的特征，为我们对比不同语言奠定了基础。

本章我们将首先考察韩语、英语、日语、汉语的辅音体系，之后通过分析UPSID和WALS，从自然语言类型的普遍性观点出发，了解上述语言的具体特征。这不仅有助于对比上述四种语言的辅音体系，也有助于了解自然语言辅音体系的整体特征。

■■□ 2. 韩语学习者的辅音偏误

下面是母语为英语的韩语学习者在发辅音时出现的偏误：

○ 지난/tʃinan/[치난/tʃʰinan/]　　　점수/tʃəmsu/[첨수/tʃʰəmsu/]
　좀/tʃom/[촘/tʃʰom/]　　　　　　잘/tʃal/[찰/tʃʰal/]
○ 바보/papo/[파보/pʰapo/]　　　　부부/pupu/[푸부/pʰupu/]
　달/tal/[탈/tʰal/]　　　　　　　다리/tari/[타리/tʰari/]

由上可知，母语为英语的韩语学习者会将硬腭塞擦松音"ㅈ[tʃ]"发成送气音"ㅊ[tʃʰ]"，将双唇爆破松音"ㅂ[p]"发成送气音"ㅍ[pʰ]"。这是因为在英语中，初声为清辅音时会发成送气音。

下面是母语为日语的韩语学习者在发辅音时出现的偏误：

○ 토끼/tʰokʼi/[도끼/tokʼi/]　　　피리/pʰiri/[비리/piri/]
　채소/tʃʰɛso/[재소/tʃɛso/]　　　근처/kɨntʃʰə/[근저/kɨntʃə/]
○ 지도/tʃito/[치도/tʃʰito/]　　　지갑/tʃikap/[치갑/tʃʰikap/]
　지문/tʃimun/[치뭉/tʃʰimun/]　도시/tosi/[토시/tʰosi/]

母语为日语的学习者，有时会将韩语的送气音发成松音，将松音发成送气音。
下面是母语为汉语的韩语学习者在发辅音时出现的偏误：

○ 다리/tari/[따리/tʼari/]　　나비/napi/[나삐/napʼi/]　　개구리/kɛkuri/[깨구리]
○ 감기/kamki/[캄기/kʰamki/]　포도/pʰoto/[포토/pʰotʰo/]　졸업/tʃoləp/[추럽/tʃʰurəp/]

由于汉语中没有与韩语对应的松音，所以母语为汉语的学习者会出现把韩语的松音误发成紧音或送气音的偏误。

■■□ 3. 自然语言的辅音体系特征

自然语言中大概有600多个辅音（Ladefoged，2001）。如前章所述，这些辅音的形成是有一定的序列（ordered fashion）的，即一种语言的音韵体系是在基本的语音上增添了其他语音而形成的。据UPSID的资料显示，语言在发音部位与发音方法上，不会出现任何为了均衡数量而进行补偿的现象。也就是说，语言不会因发音部位简单而导致发音方法变复杂，也不会因为发音方法复杂而导致发音部位简化。辅音的数量多，元音数量也会随之增多，辅音、元音数量多，超音质音位也会更加发达，但辅音的发音方法和发音部位之间不会为了均衡数量而进行补偿。从这一点上来看，尽管澳大利亚的Wurm语辅音的发音部位非常复杂，但爆破音在发音方法上并不存在彼此对立的现象，这是极为罕见的

（Maddieson，1984）。

Maddieson（1984）为得到最高频的音段音位众数，提取了自然语言中出现频率最高的21个辅音，给出了一种"最佳类型体系（typologically most plausible structure）"[1]。但值得注意的是，这是一种假想的辅音体系，没有任何一种自然语言会同时拥有这21个辅音。该辅音体系如下表所示：

〈表1〉 理想化的辅音类型体系

发音方法		双唇音		齿音/齿龈音		硬腭音	软腭音		声门音
阻音	爆破音	p	b	t	d		k	g	ʔ
	塞擦音					ʧ			
	擦音	f		s	z	ʃ			h
响音	鼻音		m		n	ɲ	ŋ		
	边音			l, r					
	滑音	w					j(y)		

该体系涉及5个发音部位，在发音方法上大体分为阻音和响音。塞音中，除喉音以外，都以清音和浊音成对组成。同时还包含4个鼻音和2个边音。根据UPSID的分析，通常语言中有8～10个爆破音（包含塞擦音），其余的辅音则随语言的不同而不同。最为常见的是擦音为2～4种（48％）的语言，鼻音与擦音同样是2～4种的语言多达83％。同时，一般一种语言中会有2个边音（41％）和2个浊近音（69％），约61％的语言都有辅音/h/。

辅音体系的普遍特征大体可以概括为以下几点：

第一，阻音中最基本的音为爆破音。如果一种语言中有擦音和塞擦音，基本上都会有爆破音。如一种语言中如有/s/，也就会有/t/。

第二，所有的语言中都有清爆音，至少会有/p、t、k/中的2个。

第三，阻音的基础为清音。也就是说，有浊音的语言也一定会有与之对应的清音。如果一个发音部位上不存在清辅音，那么也不存在浊辅音。例如，某种语言中有/b、d、g/，那么该语言中就一定存在/p、t、k/。因为浊音是清音浊化（voicing）形成的。相反，并不是有/t/就一定有/d/，或有/k/就一定有/g/。

清阻音（p、t、k）+ 浊音化（声带震动）　　　　浊音（b、d、g）

---

1 Maddieson（1984）主张〈表1〉的21个辅音中使用频率最低的辅音为/z/，该音可以被/ts/或/x、v、dʒ/等摩擦音或破擦音替代。

第四，大多情况下，如果一个发音部位上没有阻音，那么也不会出现鼻音。也就是说有/n/必有/t/，有/m/必有/p/。

第五，最为常见的擦音是/s、f、ʃ/。

最后，两个相似到难以区别的辅音，基本不会在同一语言里同时出现。如双唇浊擦音/β/和/v/，在任何一种语言中都不会同时出现。

■■□□ 4. 各语言的辅音体系

4.1 韩语的辅音体系

韩语共有21个辅音，按照发音部位、发音方法和气流强弱可分为以下几类：

〈表2〉 韩语的辅音体系

发音方法 \ 发音部位		双唇音	齿龈音	硬腭音	软腭音	声门音
阻音	爆破音 松音	p	t		k	
	爆破音 送气音	pʰ	tʰ		kʰ	
	爆破音 紧音	p'	t'		k'	
	塞擦音 松音			ʧ		
	塞擦音 送气音			ʧʰ		
	塞擦音 紧音			ʧ'		
	擦音 松音		s			h
	擦音 紧音		s'			
响音	鼻音	m	n		ŋ	
	边音		l（r）			
	滑音	w		j		

如上图所示，韩语的辅音包括15个阻音和6个响音。阻音有5个发音部位，即双唇、齿龈、软腭、硬腭和声门。其中爆破音利用双唇、齿龈和软腭3处发出，塞擦音利用硬腭一处发出，擦音则利用齿龈和喉部两处发出。从发音方法来看，阻音可分为爆破音、塞擦音和擦音。这三类阻音均属清音，又可细分为松音、送气音和紧音，但是擦音/s/没有送气音。响音的发音部位共有4处，即双唇、齿龈、软腭和硬腭，不包括声门。其中鼻音包括双唇音（m）、齿龈音（n）和软腭音（ŋ），其发音部位与爆破音相同。边音只包括一个齿龈音（l/r）；滑音有2个，即双唇音（w）和硬腭音（j）。韩语的所有响音均属浊音。

4.2 英语的辅音体系

英语共有24个辅音，按照发音部位、发音方法和声带振动与否（清音和浊音）可分为以下几类：

〈表3〉 英语的辅音体系

发音方法 / 发音部位		双唇音	唇齿音	齿间音	齿龈音	腭龈音	硬腭音	软腭音	声门音
阻音	爆破音	p b			t d			k g	
	塞擦音						ʧ ʥ		
	擦音		f v	θ ð	s z	ʃ ʒ			h
响音	鼻音	m			n			ŋ	
	边音				l, ɹ				
	滑音	w						j	

英语的辅音包括阻音和响音，共计24个音段音位。阻音共有8个发音部位，其中爆破音利用双唇、齿龈和软腭3处发出，塞擦音利用硬腭1处发出，擦音则利用唇齿、齿间、齿龈、腭龈和声门5处发出。从发音方法上来看，除去喉音/h/以外的所有阻音均有清浊之分。英语的响音与韩语的响音体系基本相同，即鼻音的发音部位与爆破音一致，但边音中/l/和/ɹ/2个音位独立存在。英语中所有的响音和韩语一样，都属于浊音。

4.3 日语的辅音体系

日语共有14个辅音，按照发音部位、发音方法和声带振动与否可分为以下几类[2]：

〈表4〉 日语的辅音体系

发音方法 / 发音部位		双唇音		齿龈音		硬腭音	软腭音	声门音
阻音	爆破音	p	b	t	d		k g	
	擦音			s	z			h
响音	鼻音	m		n				
	边音			ɾ				
	滑音					j	w	

2　关于日语的音位个数，当今学界存在两种看法，一种是将ち[chi]的[ʧ]音和つ[tsu]的[ts]音看作[t]的音位变体（小泉保，1993）；另一种则是将这2个音各自看作独立的音位（服部四郎，1951；日本语教育学会编，1982）。为方便与韩、英、汉3种语言对比，本书依据Lindblom & Maddieson（1988）的见解，不将其看作独立的音位。

日语的辅音包括阻音和响音，共14个。阻音共有4个发音部位，即双唇、齿龈、软腭和声门。其中爆破音利用双唇、齿龈及软腭3处发出，擦音利用齿龈和声门2处发出。日语的塞擦音仅出现在爆破音的音位变体中。日语辅音的发音方法和英语相同，即除去喉音/h/外的所有阻音均分为清音和浊音。日语的响音与韩语和英语稍有不同，鼻音只有/m/和/n/，没有软腭鼻音/ŋ/；边音只有闪音/ɾ/，没有/l/。日语所有的响音均为浊音。

4.4　汉语的辅音体系

汉语的辅音（含半元音）共25个，按照发音部位、发音方法和送气与否（送气音和不送气音）可分为以下几类[3]：

〈表5〉汉语的辅音体系

发音方法 ＼ 发音部位		双唇音	唇齿音	齿音/齿龈音	卷舌音	硬腭音	软腭音
阻音	爆破音 不送气音	p		t			k
	爆破音 送气音	pʰ		tʰ			kʰ
	塞擦音 不送气音			ts	tʂ	tɕ	
	塞擦音 送气音			tsʰ	tʂʰ	tɕʰ	
	擦音 不送气音		f	s	ʂ	ç	x
响音	鼻音	m		n			ŋ
	边音			l	ɹ		
	滑音	w				j, ɥ	

汉语的辅音包括阻音和响音，共25个。其中，阻音有6个发音部位，其中爆破音分为3类，即双唇音、齿音/齿龈音和软腭音；塞擦音包括齿音/齿龈音、卷舌音（或后齿龈音）及（齿龈）硬腭音；擦音则利用除双唇之外的其余5个部位发出。与前面3种语言相比，汉语没有喉擦音/h/，只有软腭擦音/x/。从发音方法上看，爆破音和塞擦音均有送气音和不送气音之分，但擦音没有送气音。汉语的响音中，鼻音与韩语、英语相同，而边音与英语一样可分为两类。汉语的滑音除了/j、w/外，还有1个浊音，即双唇–硬腭近音/ɥ/，这一点不同于韩语、英语和日语。但汉语的响音与这3种语言一样，均为浊音。

3　Lin（2007）将硬腭破擦音/tɕ、tɕʰ/和硬腭摩擦音/ç/都看作音位变体，排除在了辅音体系之外。本书为方便与韩、英、日3种语言进行对比，将按照WALS的观点，将这3个音看作各自独立的音位。

■■□ 5. 各语言的辅音列表对比

据UPSID和WALS统计，各语言辅音列表的数量不一，少则6个，多则达100个左右（Maddieson, 1984; WALS, 1）。从语言普遍性的观点来看，虽然研究辅音列表的数值本身也有一定意义，但辅音数量不同，其所构成的辅音体系的特征也会随之变化，因此研究辅音数量与体系特征之间的关系才是语音体系研究的关键所在。正因如此，UPSID和WALS均对辅音列表的数量有所研究。这2个语言数据库都将自然语言辅音数量的平均值或众数作为衡量标准。两个数据库中语言辅音数量的平均值为22.7～22.8个，众数为21～22个。根据WALS统计，下列4种语言的辅音列表特点如下：

〈表6〉 辅音列表的数量

内容 ＼ 语言	韩语	英语	日语	汉语
辅音数量	21	24	14	25
列表类型	中型	中型	小型/中小型	中型/中大型

由上表可知，从辅音数量上看，韩语和英语属于自然语言中最为常见的类型，而汉语和日语则相对特殊。

首先来看辅音体系最为简单的日语。前文提到，日语共有14个辅音，音值互异，但它们均能纳入〈表1〉的最理想的辅音体系之中，因此，日语在辅音构成层面上可归为小型列表。

再来看韩语，韩语的辅音数量与自然语言辅音数量的众数相同，其响音也全在〈表1〉之列。但从阻音的构成上来说，与〈表1〉重叠的辅音只有5个，即/p、t、k、ʧ、s/，剩下的10个阻音都是〈表1〉中不存在的。也就是说，韩语的一半辅音音位不具有普遍性。因此，虽然韩语的语音列表或辅音列表的数量接近自然语言的平均值，但从辅音构成层面上讲，其辅音列表属于大型列表，具有特殊性。

接下来看一下4种语言中辅音列表容量位居第2的英语。英语的响音极为接近于理想化的辅音体系，但英语的阻音却包括了〈表1〉中没有的/v、ʤ、θ、ð、ʒ/。不过上文也提到，/v、ʤ/的出现频率很高，足以取代/z/，因此只有剩下的另外3个阻音与〈表1〉不相符。由于英语共有24个辅音，只比〈表1〉的辅音数量多出3个，存在3个不相符的音也不是问题。因此，英语的辅音数量虽比韩语多，但从辅音构成层面上讲，应归为小型列表。

最后来看在4种语言中辅音数量最多的汉语。除了/ɥ/以外，汉语的其他响音均位列〈表1〉的响音体系之中，但其阻音却与〈表1〉大为不同。汉语的17个阻音中，除去/p、t、k、f、s/，剩下的十几个阻音均不在〈表1〉之列。由此可见，汉语与韩语一样，无论是辅音数量还是辅音构成均属于大型列表语言。

下面我们来仔细对比一下4种语言的辅音列表。首先，按照发音部位，可将4种语言的辅音划分如下：

〈表7〉 4种语言辅音的发音部位对比

语言 发音部位	韩语	英语	日语	汉语
双唇音	p、p'、pʰ、m、w	p、b、m、w	m、p、b	p、pʰ、m、w
唇齿音		f、v		f
齿间音		θ、ð		
齿音				t、tʰ、s、ʦ、ʦʰ、n、l
齿龈音	t、t'、tʰ、s、s'、n、l(r)	t、d、s、z、n、l、r	t、d、s、z、n、r	
卷舌音				ʂ、tʂ、tʂʰ、ɻ
硬腭音	ʧ、ʧ'、ʧʰ、y	ʃ、ʒ、ʧ、ʥ、y	y	ɕ、tɕ、tɕʰ、j、ɥ
软腭音	k、k'、kʰ、ŋ	k、g、ŋ	k、g, w	k、kʰ、x、ŋ
喉音（声门音）	h	h	h	

韩语的辅音包括双唇音、齿龈音、硬腭音、软腭音和喉音，不包括唇齿音、齿间音、齿音和卷舌音。英语的辅音包括双唇音、唇齿音、齿间音、齿龈音、硬腭音、软腭音和喉音，不包括齿音和卷舌音。与此相比，日语的辅音数量相对较少，只有双唇音、齿龈音、软腭音和喉音。汉语的辅音数量最多，除去齿间音、齿龈音和喉音以外，其余的辅音均包括在内。

其次，按照发音方法，可将4种语言的辅音划分如下：

〈表8〉 4种语言辅音的发音方法对比

语言 发音方法		韩语	英语	日语	汉语
阻音	爆破音	p、t、k p'、t'、k' pʰ、tʰ、kʰ	p、t、k b、d、g	p、t、k b、d、g	p、t、k pʰ、tʰ、kʰ
	擦音	s、s'、h	f、θ、s、ʃ、h v、ð、z、ʒ	s、z、h	f、s、ʂ、ɕ、x
	塞擦音	ʧ、ʧ'、ʧʰ	ʧ、ʥ		ʦ、tʂ、tɕ ʦʰ、tʂʰ、tɕʰ

（续表）

发音方法 \ 语言		韩语	英语	日语	汉语
响音	鼻音	m、n、ŋ	m、n、ŋ	m、n	m、n、ŋ
	边音	l/r	l、r	r	l、ɹ
	滑音	w、y	w、y	w、y	w、j、ɥ

上述4种语言中，韩语有9个爆破音、3个擦音、3个塞擦音、3个鼻音、1个边音和2个滑音，由此可见其爆破音和塞擦音较多。英语有6个爆破音、9个擦音、2个塞擦音、3个鼻音、2个边音和2个滑音，其擦音数量在4种语言中是最多的。而日语包括6个爆破音、3个擦音、2个鼻音、1个边音和2个滑音，其辅音数量在4种语言中是最少的。汉语则包括6个爆破音、5个擦音、6个爆破音、3个鼻音、2个边音和3个滑音，塞擦音数量相对较多。

与另外3种语言相比，韩语的辅音具有以下特征：

第一，对立音位数量上的差别（numerical difference）。汉、英、日3种语言的阻音均分为2类，而韩语的阻音则分为3类。以双唇爆破音为例，英语和日语都只有/p/和/b/，而韩语则存在3个爆破音，即/p、pʰ、p'/（/ㅂ、ㅍ、ㅃ/）。

第二，对立音位性质上的差别（qualitative difference）。英、日、法语等大部分语言的阻音根据声带振动与否，可分为浊音和清音。而韩语的阻音中只有清音，没有类似/b、d、g、z、dʒ/的浊音。但韩语的阻音有松音、送气音和紧音之分，因此含有松音的音节"달（/tal/）"和含有送气音的音节"탈（/tʰal/）"以及含有紧音的音节"딸（/t'al/）"表示的含义均不相同。韩国人一般将英语、日语中的辅音/b、d/当成韩语的辅音/ㅂ[p]、ㄷ[t]/，这是因为他们误以为清浊之分是由气流强弱决定的，故将浊音看作是气流相对较弱的松音。

第三，韩语辅音的发音部位相对单一。韩语里不存在英语"think、father"中含有的齿音/θ/和/ð/，也不存在"flower、victory"中含有的唇齿音/f/和/v/，而且韩语也没有汉语的卷舌音或阿拉伯语等语言中常见的小舌音和咽音。

第四，韩语共有12个塞音和塞擦音，与自然语言的平均值（8～10个）相比，数量偏多。韩语的擦音只有2个互相对立的音位，即/ㅅ[s]、ㅆ[s']/，但自然语言中最为常见的擦音是/s、f、ʃ/。从这点来看，韩语的擦音数量较少且不具备普遍性。

第五，英语中的/l/和/r/是2个独立存在的音位，但韩语只有1个边音/ㄹ[l/r]/，该音随环境变化会出现不同的音位变体（allophone）。当/ㄹ[l/r]/位于元音中间时（例如"다리[tari]""노래[norɛ]"），其发音与英语的[r]相似。除此情况以外，/ㄹ[l/r]/的发音则与英语的[l]相似（例如"돌[tol]""풀과[pʰulkwa]"）。

■■□□　6. 辅音体系的普遍性对比

上节我们从整体上考察了各语言辅音体系的特征，下面将依据发音方法的分类来对辅音各个领域的特征进行细致的分析，再进一步分析4种语言的辅音体系。为方便起见，首先来看响音。

6.1 响音

前文提到，理想化辅音体系〈表1〉中，共有21个辅音，其中有8个响音，占辅音总数的38％。但这只是一个假想体系而已，事实上自然语言由70％的阻音和30％的响音构成（Lindblom & Maddieson, 1988）。韩、英、日、汉4种语言中阻音和响音的比例如下：

〈表9〉阻音与响音的比例

内容 语言	辅音数	阻音数	响音数	阻音对响音的比例
韩语	21	15	6	71.4∶28.6
英语	24	17	7	70.8∶29.2
日语	14	9	5	64.3∶35.7
汉语	25	17	8	68.0∶32.0

从〈表9〉可知，韩、英、汉3种语言阻音与响音的比例符合自然语言的普遍特征。日语虽然略显不同，但其比例与理想化的辅音类型体系相似，因此，我们可以说日语具有自然语言的普遍性。

6.1.1 鼻音

UPSID和WALS提出，除了较为特殊的十几种语言之外，几乎所有语言都有鼻音。也就是说，鼻音是自然语言中普遍存在的辅音。据统计，鼻音中的93.1％为浊音（Maddieson, 1984）。韩语、英语、日语、汉语中的鼻音都属于浊音，所以可以说它们具有自然语言的普遍特征。除了日语只有2个鼻音以外，其他3种语言都有3个鼻音。从鼻音的发音部位来看，以上4种语言中都存在双唇音和齿音/齿龈音，而日语中不存在软腭鼻音。根据UPSID的统计，鼻音数量出现的频率如下（Maddieson, 1984）：

〈表10〉　鼻音数量的出现频率

鼻音数	0	1	2	3	4	5	6
语言数	10	7	101	95	83	14	7
比例（%）	3.2	2.2	31.9	30	26.2	4.4	2.2

〈表11〉　鼻音发音部位的出现频率

发音部位	齿音／齿龈音 /n/	双唇音 /m/	软腭音 /ŋ/	硬腭音 /ɲ/	卷舌音 /ɳ/	其他 除/n,m/外
语言数	316	299	167	107	20	25

通过〈表10〉可知，鼻音数量出现的频率为：2个＞3个＞4个。由此看来，日语最具普遍性。由于差异不大，可以说4种语言在鼻音数量上都具有普遍性。另外，从鼻音的发音部位来看，4种语言也都具有普遍性，因为它们所拥有的鼻音都分布在出现频率最高的2～3个发音部位上。

关于鼻音还有以下几点补充内容：首先，鼻音的存在意味着该发音部位上包含爆破音；其次，3种高频率鼻音之间存在"/n/＞/m/＞/ŋ/"的关系。也就是说，只拥有1个鼻音的语言，其鼻音为/n/；拥有2个鼻音的语言，其鼻音为/n/和/m/；而拥有3个鼻音的语言，其鼻音大部分除了上述2个鼻音以外，还可能包含/ŋ/（71.6%）或/ɲ/（28.4%）。从鼻音的发音部位来看，4种语言的音首均只能出现/n/和/m/，不会出现/ŋ/。虽然到目前为止，鼻音的这种分布被视为自然语言的普遍特征，但拥有/ŋ/的234种语言中，有146种语言的/ŋ/都出现在音首，音首不出现/ŋ/的语言仅88种（WALS，9）。由此可见，以上4种语言的鼻音在发音部位的分布上相对不具有普遍性。

6.1.2 边音

从辅音体系构成的角度来看，特定语言中是否存在边音或舌边音一直备受学界的关注。同时，语言中边音的数量，以及当某种语言中存在1个或2个边音时，其组成形式也是学界研究的焦点之一。

正如大部分自然语言（约95.9%）都存在边音（Maddieson，1984）那样，上述4种语言也不例外。因此，接下来我们将首先关注语言中边音的数量，相关统计见下表：

〈表12〉边音数量的出现频率

边音数	0	1	2	3	4	5	6	7	10
语言数	13	74	130	46	29	14	8	2	1
比例（%）	4.1	23.2	41.0	14.5	9.1	4.4	2.5	0.6	0.3

由<表12>可知，边音数量出现的频率顺序为：2个＞1个＞3个。因此可以说，拥有2个边音的英语和汉语最具自然语言的普遍特征。如果单从边音数在语言中的分布比例来看，韩语和日语虽然只有1个边音，但也具有一定的普遍性。不过，如果考虑到自然语言中约72％以上的语言中有2个以上的边音，就会发现韩语和日语在这个方面仍相对缺少普遍性。

众所周知，边音可分为舌边音／l／群和／r／群。根据WALS（第八章）的统计，在566种语言中，有471种（约占83.2％）语言有舌边音，仅有95种语言不存在舌边音。有舌边音的471种语言中，有388种语言（约82.4％）中有近音／l／。也就是说，存在/l/的英语和汉语具有自然语言的普遍性，而日语中不存在舌边音，因此被认为不具有普遍性。韩语的情况较为特殊，需要根据如何看待／ㄹ[r/l]／而定[4]。如果某种语言中只有1个边音，那么这个边音既可能是舌边音也可能是／r／。是／r／音的语言（42种）比是舌边音的语言（32种语言）略多。同时，只有／r／1个边音的42种语言中，有28种语言发的是／r／的闪音（flap）。另外，有约83.1％的语言中有2个边音，由1个舌边音和1个／r／构成。从这一点看，英语和汉语因为有2个边音，因此可以说是具有普遍性的。

6.1.3 滑音

最后来看一下滑音（voiced approximant），90％以上的自然语言普遍拥有滑音（Maddieson，1984）。由此可见，韩语、汉语、英语、日语4种语言都具有普遍性。此外，这4种语言都有硬腭近音／j／和双唇近音／w／。从下表中可知，约73.1％的自然语言拥有以上2个滑音，这是普遍存在的语言共性。

〈表13〉滑音的分布

		/j/	
		有	无
/w/	有	71.3%（226种语言）	4.4%（14种语言）
	无	14.8%（47种语言）	9.5%（30种语言）

4　UPSID和WALS都将韩语的边音视为舌边音／l／。

但是汉语中有硬腭近音 / ɥ / ，这是与其他3种语言的不同之处。根据UPSID统计，该音是非常罕见的半元音，在317种语言中仅存在于4种语言中（Maddieson, 1984）。同时，因为汉语拥有3个滑音，相对缺少普遍性。

6.2 阻音

我们知道，有些语言中没有响音，如穆拉语（Mura）和美洲印第安语（Amerindian）语系，但不存在没有阻音的语言。与响音相比，阻音无论是在音节数量还是发音方法上，都呈现出多样化的特征。由此可见，一种语言的辅音体系特征取决于阻音。下面我们将按照UPSID的方法，从爆破音（包括塞擦音）和擦音的角度来考察阻音的特征。

6.2.1 爆破音

1）爆破音的数量

迄今为止的语音调查显示，爆破音是世界上的所有语言都拥有的唯一发音，也是几乎所有语言中数量最多的语音。在317种语言中，63％有5～11个爆破音（包括塞擦音），其平均值为10.5个（Maddieson, 1984）。其中，韩语拥有12个（爆破音9个，塞擦音3个），英语拥有8个（爆破音6个，塞擦音2个），日语拥有6个（爆破音6个），汉语拥有12个（爆破音6个，塞擦音6个）。由此可知，韩语和汉语更接近平均值，而英语和日语在数量上相对偏少。然而，这里的问题是，由于爆破音的数量在不同语言之间存在着巨大的偏差（3～36个），因此用平均值来考察语言是否存在普遍性实际上意义不大。与之相比，如第3节<表1>所示，将其与频率最高的辅音进行对比考察更具实际意义。<表1>中，共有8个爆破音（包括塞擦音），如果把属于21个辅音的 / dʒ / 也计算在内的话，爆破音数量的平均值是9个，约占辅音总数的40％。按照这一计算标准，韩语的爆破音与辅音总数之比约为57％（12/21），数量较多；而英语的爆破音偏少，比例约为33.3％（8/24）；日语为40％（6/15），接近平均值；汉语中的爆破音则偏多，比例为48％（12/25）。

2）发音部位

下面我们来看一下各语言在塞音的发音部位和发音方法上的特点。在发音部位或发音方法方面，系列性（series）特征最为典型的就是爆破音，因此我们首先将从发音部位上考察4种语言所具备的特征。自然语言发音部位的特征如下：

〈表14〉发音部位数量的出现频率

发音部位数量	2	3	4	5	6
语言数量	2	171	103	35	6
比例（%）	0.3	53.9	32.5	11.0	1.9

〈表15〉不同发音部位的出现频率

发音部位	双唇音	齿音/齿龈音	硬腭/硬腭齿龈音	卷舌音	软腭音	小舌音	双唇软腭音
语言数量	314	316	59	36	315	47	20
比例（%）	99.1	99.7	18.6	11.4	99.4	14.8	6.3

〈表14〉和〈表15〉的统计对象是爆破音，不含塞擦音。自然语言的爆破音发音部位最多有6种，这与前面介绍的鼻音情况相同。根据〈表15〉可知，一半以上（约53.9%）的自然语言中有3种不同的爆破音发音部位。由此可见，韩、英、日、汉4种语言都具有自然语言的普遍特征。

从爆破音发音部位的频率来看，齿音/齿龈音、软腭音和双唇音要远远高于其他部位。从这一点来看，上述4种语言均具有自然语言的共性。并且，这些部位与鼻音的发音部位使用频率基本相同，同样也可以由此得出4种语言具有普遍性特征的结论。

观察语言中爆破音和塞擦音的总数可以发现，韩语和英语各拥有1个塞擦音和3个爆破音，而日语中没有塞擦音，有3个爆破音，汉语则根据发音部位的不同将塞擦音分为3类，加上3个爆破音，数量达到6个。自然语言中的这种出现频率如〈表16〉所示：

〈表16〉爆破音和塞擦音发音部位数量的出现频率

发音部位数量	2	3	4	5	6	7
语言数量	2	62	139	87	25	2
比例（%）	0.6	19.6	43.8	27.4	7.9	0.6

根据〈表16〉，4种语言在普遍性上的排序为"韩语、英语＞日语＞汉语"。值得注意的是，与汉语类似拥有6种发音部位的语言仅占7.9%，在自然语言中数量较少。

3）发音方法

下面我们通过发音方法来考察四种语言的语言特征。由〈表2〉到〈表5〉可知，以上4种语言在发音方法上有共同点，即都存在不送气清塞音（plain voiceless stops；以下称为清音）。但是它们之间也有差异。例如韩语和汉语中都有送气清塞音（aspirated voiceless stops，以下为送气音），而英语和日语中则有不送气浊塞音（plain voiced stops，以下为浊音）。此外，韩语中还有被称为紧音的清喉音（voiceless laryngealised）。因此，韩语的发音方法共有3种，而其他3种语言只有2种。具体情况如下：

〈表17〉 发音方法数量的出现频率

发音方法数量	1	2	3	4	5	6
语言数量	50	162	76	25	2	2
比例（%）	15.8	51.1	24.0	7.9	0.6	0.6

〈表18〉 不同发音方法划分的音段音位的出现频率

发音方法数量　　音节类型	1	2	3	4
清松音（plain voiceless）	98.0	90.1	89.5	96.0
浊松音（plain voiced）	2.0	81.5	69.7	88.0
清送气音（aspirated voiceless）	0.0	16.0	63.7	52.0
清外爆音（voiceless ejective）	0.0	3.7	42.1	56.0
浊内爆音（voiced implosive）	0.0	1.2	27.6	48.0

从发音方法的数量来看，英语、日语和汉语都有2种爆破音，这样的语言占自然语言总数的51.1%，而像韩语一样含有3种爆破音的语言占24%，虽然从比例上来看位居第二，但事实上与位居第一的语言相比差异较大。因此英语、日语、汉语体现了自然语言的普遍性，而韩语则相对不具有普遍性。另外，观察不同发音方法数量下的音节类型可以发现，有2种爆破音的语言中，主要音节类型是清音和浊音，而出现送气音的情况仅占16%。因此，按照普遍性大小可以排序为"英语、日语＞汉语"。相对而言，韩语在爆破音的构成方面普遍性较低。

6.2.2 擦音

最后，我们来对比一下上述4种语言中擦音的特征。自然语言擦音数量与发音位置的比例如下表所述[5]：

5　〈表19〉中提到，自然语言中不仅有不存在摩擦音的语言，也有存在12个以上擦音的语言。本节中以韩语、汉语、英语和日语等4种语言中拥有最多擦音的英语为基准，分别详细介绍拥有1~8个擦音的语言的特征，拥有8个以上擦音的语言不再细分，一概合并介绍。另外，上述数字不包括/h/音，因为学界中对于/h/音是否属于擦音所持观点不一。

〈表19〉擦音数量的比例

擦音数量	0	1	2	3	4	5	6	7	8	9以上
语言数量	21	37	62	47	37	26	28	19	20	20
比例（%）	6.6	11.7	19.6	14.8	11.7	8.2	8.8	6.0	6.3	6.3

〈表20〉不同擦音发音部位的比例

发音方法 / 发音部位	清音		语言数量	浊音		语言数量	浊音比例
齿音/齿龈音	/s/		266	/z/		96	0.36
后齿龈音	/ʃ/		146	/ʒ/		51	0.34
唇齿音	/f/		135	/v/		67	0.50
软腭音	/x/		75	/ɣ/		40	0.52
小舌音	/χ/		29	/ʁ/		13	0.45
双唇音	/ɸ/		21	/β/		32	1.52
齿龈舌边音	/ɬ/		30	/ɮ/		7	0.23
齿间音	/θ/		18	/ð/		21	1.16
卷舌音	/ʂ/		17	/ʐ/		3	0.17
硬腭音	/ç/		16	/ʝ/		7	0.43
咽音	/ħ/		13	/ʕ/		9	0.69

　　首先，从擦音的数量（/h/音除外）来看，韩语有2个（/s、s'/）擦音，英语有8个（/f、v、θ、ð、s、z、ʃ、ʒ/），日语有2个（/s、z/），汉语有5个（/f、s、ʂ、ç、x/）。由此可知，韩语和日语具有语言普遍性，而汉语和英语则不具有普遍性。特别是英语的擦音比爆破音（6个）还多，这偏离了语言普遍性。

　　其次，从擦音的构成来看，4种语言中都含有出现频率最高的/s/音，因此都体现出了一定的语言共性。而日语因为有/s、z/2个音，在4种语言中更能体现语言的普遍性。不过，一般在拥有2个擦音的语言中，最常见的擦音是/s/和/f/。虽然韩语也有2个擦音，但紧音/s'/在UPSID调查的317种语言中仅出现在了豪萨语和韩语中，属于特殊音段音位（Maddieson，1984），因此可以说韩语的擦音缺乏普遍性。英语中的/f、v、ʃ、ʒ/出现频率高，但/θ、ð/则属于出现频率偏低的音节。汉语中的/f、s/出现频率高，但/ʂ、ç、x/出现频率低。

　　英语和汉语在擦音的构成上存在着差异。英语在同一个发音部位上会同时出现清音和浊音，但汉语中只存在发音部位彼此不同的清音，不存在与之相对应的浊音。观察擦音中的清浊音组成可以发现，拥有2个擦音的语言中，出现频率最高的擦音组合不是像日语中的 / s、z / 那样一清一浊对应的2个音，而是像 / s、f / 一样的2个清音。这一现象很有研究价值。从这一点来看，英语在同一个发音部位上能够同时出现清音和浊音，因此相比汉语来说，严重偏离语言普遍性。另外，拥有2个擦音的62种语言中，仅有3种语言存在 / s、z /，其中就有日语，据此可判定日语是非常不具有普遍性的。综合以上观点可以发现，汉语在擦音的构成上最具有普遍性，而韩语、英语及日语则缺乏普遍性。

上述有关于爆破音的观点可总结如下：

第一，从爆破音列表中（即音段音位数量）的比例来看，日语最具普遍性，其次是英语和汉语。韩语在4种语言中最不具有普遍性。

第二，从爆破音的发音部位数量及其构成的角度来看，4种语言都具有普遍性。但若将塞擦音包含在内，情况则有所不同。这种情况下，韩语和英语较为普遍，日语相对缺乏普遍性，汉语则更缺乏普遍性。

第三，从爆破音的发音方法来看，除了韩语以外，其他3种语言都具有普遍性。从依据发音方法划分的音段音位的构成来看，英语和日语具有普遍性，而韩语和汉语则相对缺乏普遍性，其中韩语比汉语更加缺乏普遍性。

第四，从擦音数量上来看，韩语和日语具有普遍性，汉语相对缺乏普遍性，英语则更加缺乏普遍性。此外，从擦音的构成上看，4种语言均缺乏普遍性，但汉语相比其他3种语言来说更为接近自然语言的普遍特征，剩下3种语言则相距较远。

第五章 音节

■■□ 1. 引言

通过对前一章元音、辅音知识的学习，我们知道人类为了交际所使用的声音并不是随意构成的，而是具有某种体系的。更准确地讲，自然语言拥有结构化的语音系统（structured sound system）。这种系统性表现在各个语言组成音节的方式或音节内部元音与辅音的分布特点等方面。例如，韩语中没有"ㅌ리[tʰri]"或"텐ㅌ[tʰentʰ]"这类音节，即韩语的词首和词末不可以出现辅音丛。但英语中有"tree、tent"等词，其词首和词末都可以出现辅音丛。因此语言不同，其音节也各不相同。并且在同一种语言中，音节内部的位置不同，其构成也有所不同。例如，英语中有以"-rt""-nt"结尾的词语，但没有以"rt-"和"nt-"开头的词语。从中可知辅音和元音组合为一个音节时具有某种体系，这一体系根据音节中的位置而不同。

不同语言在音节结构上有所差异，因此语言学习者不仅会出现学习偏误，也会显现出外国口音（foreign accent）的特点。例如，母语为日语的韩语学习者将韩语的双音节单词"김치[kimtsʰi]（泡菜）"发成三音节单词"기무치[kimutsʰi]"，母语为韩语的英语学习者则将英语的单音节单词"strike"发成五音节单词"스트라이크[sʰitʰiraikʰi]"，这都是因音节结构差异而造成的。本章中，我们将以韩语为中心，进一步观察英语、日语、汉语的音节结构及其位置分布特点。

■□□ 2. 韩语学习者的音节偏误

下面是母语为英语的韩语学习者在音节发音方面出现的偏误：

○ 값[갑ㅅ]　　　　　　닭[닭ㄱ]　　　　　　삶[살ㅁ]
　[kapˀ]/[kapˀsʰ]　　[takˀ]/[talk]　　　　[sʰam]/[sʰalm]
○ 닭이[다기]　　　　　읽어요[이러요/이거요]
　[talgi]/[tagi]　　　 [ilgəyo]/[irəyo/igəyo]

如上所示，韩语中音节尾部不可能出现辅音丛类的发音，但英语却可以，因此以英语为母语的初级学习者遇到这种情况，会倾向于同时读出两个收音。另外，如果遇到像"닭이[talgi]、읽어요[ilgəyo]"等这类双收音时，若过于强调两个辅音中只读一个的话，连读时会出现丢失一个辅音的偏误现象。

下面是母语为日语的韩语学习者在音节发音方面出现的偏误：

○ 날다[나루다]　　　　길[기루]　　　　　　일본[이루본]
　[nalda]/[naruda]　　[kil]/[kiru]　　　　 [ilbon]/[irubon]
○ 김치[기무치]　　　　곰[고무]　　　　　　밖[바꾸]
　[kimtsʰi]/[kimutsʰi]　[kom]/[komu]　　　[pakˀ]/[paku]

由于日语中大多数的音节以元音结尾，所以学习者在读以辅音结尾的韩语音节时，会出现添加"[으]（[ɨ]）"或"[우]（[u]）"音后再发音的偏误现象。

下面是母语为汉语的韩语学习者在音节发音方面出现的偏误：

○ 복잡[보짭]　　　　　대학교[대하교]　　　　자격증[자겨증]
　[pokˀtsˀapˀ]/[potsəpˀ]　[tɕhakˀkyo]/[tɕhakyo]　[tsagyəkˀtsɨŋ]/[tsagyətsɨŋ]
○ 있기[이기]　　　　　몇 살[며살]　　　　　꽃[꼬]
　[itˀkˀi]/[igi]　　　　[myəˀ sʰal]/[myəsʰal]　[kotˀ]/[kˀo]

由于汉语韵尾没有阻音，所以学习者会出现丢失韩语韵尾阻音的偏误现象。

■□□ 3. 音节结构的组成和类型

3.1 音节结构的组成

音节（syllable）一词源于古希腊语 "syn/syl-"，原意为 "共同"，是指 "单词语音'积木'"（the phonological "building blocks" of words）（Wikipedia, Syllable），即能够一次性念出来的元音与辅音的结合体。不同语言的音节构成方式也会有较大的差异，但一般会分为 "初声、中声、终声" 三部分，这在音系学中称为 "韵首（onset）-韵核（nucleus）-韵尾（coda）"。音节结构（syllable structure）一般由以下几个部分组成：

〈图1〉音节结构

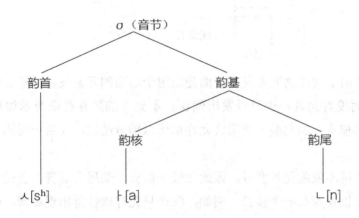

在〈图1〉的音节结构中，韵首是在元音前发音的辅音，韵核是元音，韵尾是在元音后发音的辅音。一般来讲，韵首和韵尾是选择性成分，可有可无，而顾名思义，韵核是最为核心的组成要素。例如，从 "산[sʰan]" 中去掉韵首的辅音会成为 "안[an]"，去掉韵尾的辅音会成为 "사[sʰa]"，两个同时去掉则成为 "아[a]"。但是去掉元音 "ㅏ[a]"，则仅剩下初声 "ㅅ[sʰ]" 和终声 "ㄴ[n]"，无法发音。这说明音节结构中的韵核为必要元素。接下来，让我们详细了解一下音节各组成要素的特点。

3.1.1 韵首

韵首在大多数的语言中是可有可无的，但在有的语言中，韵首是必要组成元素。在这类语言中，音节必须以辅音开头而不能以元音开头。韩语、日语、汉语的韵首只能以一个辅音开始，但英语、法语、荷兰语、西班牙语等语言还允许使用辅音丛（consonant cluster）。辅音丛对前辅音和后辅音有着严格的限制，这部分内容后面会详细说明。

　　韵首不同于韵尾，它后面接的是放置元音的韵核，因此一种语言中的全部辅音都可以成为韵首。但我们在第四章中也曾提到，部分语言中软腭鼻音[ŋ]不能成为韵首。例如，韩语、英语、日语、汉语均属于这种情况。相反，越南语、泰语、缅甸语、他加禄语等大部分东南亚国家的语言中[ŋ]可作韵首。

3.1.2 韵尾

　　韵尾的存在与否对区分音节结构起着重要的作用。我们常说的开音节和闭音节正是依据是否有韵尾来区分的。开音节（open syllable）是指只有韵核没有韵尾的音节，即以元音结尾的音节（V，CV）；闭音节（closed syllable）是指有韵尾的音节（VC，CVC）。

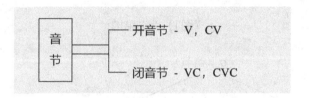

　　辅音一般不依附于前面的元音发音，而是依附于后面的元音发音。语言中允许出现韵尾则表示即使后面没有元音，也可以发出辅音；不允许韵尾存在则表示如果后面没有元音，就不可以发出辅音，因此前一类语言允许单词以辅音结尾，而后一类语言则必须以元音结尾。

　　如上所述，韵尾不依附元音发音，因此相较于韵首，韵尾在发音上会受更多限制。大多数语言只允许该位置存在一个辅音。例如，汉语只允许该位置出现鼻音，韩语、越南语只允许该位置出现少数辅音，而英语、法语等语言则允许该位置出现辅音丛，但辅音的组合会有一定的限制，尽管这种限制相较于韵首略微宽松。

3.1.3 韵核

　　韵核是元音所在的位置，它不同于辅音所在的韵首和韵尾，在音节中占据着不可或缺的地位。这是由于元音具有音节性（syllabicity），即没有元音就不能构成音节。该位置不仅可以出现单元音，还可以出现双元音和长元音。然而并非所有语言都具有双元音或长元音，如韩语、英语、荷兰语、芬兰语、日语等语言二者兼具，西班牙语有双元音，却无长元音，沃洛夫语（Wolof）有长元音，却无双元音。

3.1.4 韵基

如<图1>所示，韵基不与音段音位直接相连，这一点与其他三个组成要素在性质上有所不同。尽管如此，韵基之所以能成为音节结构中的组成要素之一，是因为韵核通常与其后紧随的韵尾构成一个语音单位。荷兰语最具代表性，该语言中短元音后面可以出现辅音丛，但长元音后面则不允许出现辅音丛，这是因为元音和其后的辅音在语音数量（quantity）上形成一个语音单位并彼此作用。从这一点来看，<图1>的音节结构与初声、中声、终声的三分法结构在性质上有所不同。但并不是所有语言都像荷兰语一样存在这样的限制，因此我们不能断定<图1>中的音节结构适用于所有语言。

●●○延伸阅读

音节结构的特性

英语中"print"这类单词是按照"阻音-边音-元音-鼻音-阻音"的顺序构成的。通过这类单词结构，并结合以下的辅音性和元音性来看，可知英语等具有词首辅音丛和词尾辅音丛的语言在组成上大致具有以下特点：以元音为中心，前面以辅音性较强、元音性较弱的音开头，逐渐向元音性较强的方向靠拢，到了元音后面则又逐渐走向辅音性较强的方向。

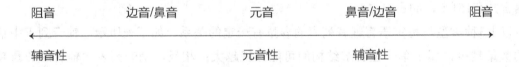

阻音	边音/鼻音	元音	鼻音/边音	阻音

辅音性　　　　　　　　　　元音性　　　　辅音性

这样的特征就如同我们在拔河比赛时，力气大的人通常位于两队的前后一样。这有助于使词汇里的某个音节被其相邻的音节保护，从而避免交际障碍。从元音性（响度）角度上看，音节结构会逐渐向元音性较强的一方靠拢，过了元音之后又会靠向元音性较弱的一方，从而形成"山"的样子，如下图所示：

3.2 音节结构的类型

不同的语言可能拥有不同的音节结构，这与韵首和韵尾中的辅音数量有着密切联系。自然语言中的音节结构大致可分为以下3种类型（WALS，12）：

第一，简单音节结构（simple syllable structure）。一个辅音后面连接元音的CV结构就属于该类型。所有语言都具有该结构，甚至有的语言只有这一种音节结构。属于简单音节结构类型的语言不是很多，WALS考察的486种语言中仅有61种语言属于该类型，例如夏威夷语、斯瓦希里语、约鲁巴语（Yoruba）等，约占12.5%。

第二，中等复杂音节结构（moderately complex syllable structure）。该结构是在简单音节结构的基础上，在韵首和韵尾上添加一个辅音而形成的，即CCV或CVC结构。CCV结构允许韵首出现辅音丛，但韵尾不能出现辅音丛；而CVC是以元音为中心，前后只允许有一个辅音的音节结构，韩语就属于这种结构类型。上文提到，CCV结构的韵首辅音丛CC有着非常严格的限制，第二个辅音只能用边音或滑音。CVC结构的韵尾也会有限制，不同语言其韵尾循序出现的辅音也不相同。自然语言中属于中等音节结构的语言最多，共有274个，约占56.4%。

第三，复杂音节结构（complex syllable structure）。该类型的音节结构分为2种：一种是韵首的辅音丛不受任何限制，这种情况并不常见；另一种是韵尾可以有3个以上辅音的结构，如英语等。英语的音节结构为（C^3）V（C^4），韵首最多可以有3个辅音（例如strike[straɪk]），韵尾最多可以有4个辅音（例如strengths[stɹɛŋkθs]）。复杂音节结构类型的语言共有151个，约占31.1%。

以上3种类型与特定语言辅音列表的容量有一定的关系。如下表所示，辅音列表中辅音的数量越少，属于单一型音节结构的可能性就越大；相反，辅音列表中辅音的数量越多，属于复杂音节结构的可能性就越大。

〈表1〉不同音节结构类型的辅音平均数　（WALS, 12）

音节结构类型	辅音平均数
简单音节结构	19.1
中等复杂音节结构	22
复杂音节结构	25.8

下一节中，我们将重点考察韩语、英语、日语、汉语的音节结构。

■□□ 4. 各语言的音节结构

4.1 韩语的音节结构

韩语的音节结构可按照字形分为初声（韵首）、中声（韵核）和终声（韵尾）。初声和终声由辅音构成，中声由元音构成。韩语的音节结构如下所示：

● **韩语的音节结构**

（C）V（C）	韵核由元音充当，是不可或缺的。初声和终声位置的辅音则是可选择的。

●●○ 延伸阅读

韩文是音位文字，还是音节文字？

    文字可分为音位文字和音节文字。音位文字使用元音和辅音等音位为单位进行标注，而音节文字则以音节为单位进行标注。例如英语中将[ma]标注为"ma"，这些英文字母组成的音节可以被划分为辅音和元音，因此属于音位文字。而日语中的假名，例如"ま"、汉语中的汉字"马"均无法被拆分为辅音和元音，因此属于音节文字。韩文是使用辅音和元音进行标注的文字，因此属于音位文字。但是韩文与字母的不同之处在于，韩文是以音节为单位，将辅音和元音组合起来书写而成的。也就是说，字母在标注时并不区分音节，仅仅是将音位从左到右排列；而韩文虽然是音位文字，却是以音节为单位书写的。例如，英语中将[pin]标注为"pin"，而韩文中标注为"핀"。换句话说，韩语中的发音如果能一次完成，就标注成一个字。这显示了韩文的优越性。

    英文字母与韩文的差异也体现在较长词汇的缩写方法上。英语中取每个单词的首字母进行缩写，这种缩写而成的单词称为"头字语（acronym）"，例如UN（United Nations）、WTO（World Trade Organization）等。韩语则取每个单词的第一个音节组成，例如"전경련/全经联（전국경제인연합회/全国经济人联合会）"，"금감위/金监委（금융감독위원회/金融监督委员会）"等。另外，在玩填字游戏（cross word puzzle）时，英语是在每个空格中填入一个音位，而韩语则是填入一个音节。

韩语的音节结构特征可以概括如下：

第一，韩语的音节结构可分为4类。

〈表2〉 韩语的音节结构类型

音节结构	初声	中声	终声	示例
元音（V）		ㅏ[a]		아[a]、오[o]、우[u]
辅音+元音（CV）	ㄴ[n]	ㅗ[o]		노[no]、가[ka]、소[sʰo]
元音+辅音（VC）		ㅣ[i]	ㅂ[p̚]	입[ip̚]、온[on]、울[ul]
辅音+元音+辅音（CVC）	ㅁ[m]	ㅜ[u]	ㄴ[n]	문[mun]、감[kam]、공[koŋ]

第二，韩语属于闭音节语言，可由辅音充当终声。

第三，所有的音节中都必须包括元音，仅有1个辅音无法构成音节，辅音必须与元音结合才能构成音节。例如，"ㅅ[sʰ]""ㅂ[p]""ㄴ[n]"均不能单独构成音节。

第四，充当初声的辅音有一定的限制，主要包括辅音丛限制、[ŋ]限制和[ㄹ]限制等。这三项限制指的是辅音丛、[ŋ]和[ㄹ]不能充当初声。其中，[ㄹ]限制和辅音丛限制是阿尔泰语系的共同特征。严格地说，这不是初声限制，而是词首限制。也就是说，韩语中[ㄹ]只能充当第二或第二之后音节的初声，例如"노래[nolæ]""소리[soli]"，但不能出现在词首的位置，例如"락엽[lagyəb]"应写作"낙엽[nagyəb]""력사[lyəksa]"应写作역사[jəksa]"。然而，由于韩语对外来语的吸收，这种限制有所放宽，例如韩语中也存在"라디오[radio]（radio）""라일락[raillak̚]（laillak）""리본[ribon]（ribbon）"这样的词汇。

第五，辅音在充当终声时也存在着一定的限制。前文提到，韩语的初声不能是辅音丛。同样，终声也只允许出现1个辅音，并且韩语中的终声存在"韵尾同化现象"，即，只有/ㄱ、ㄴ、ㄷ、ㄹ、ㅁ、ㅂ、ㅇ/等7个辅音能够充当终声（可参照第六章）。由于音节结构的判断依据是发音而不是标注，因此虽然"닭[tak̚]""값[kap̚]""넋[nək̚]"等词从标注上来看结构是"辅音+元音+辅音+辅音（CVCC）"，但这些音节韵尾的2个辅音中仅有1个发音，因此它们实际上是CVC的结构。

第六，韩语音节的中声可由短元音、长元音和双元音充当。详见下图：

```
      N              N                  N
      |             |  \               |   \
      |             |  /               |    \
      ㅜ            ㅜ                 ㅜ    ㅓ
     [ㅜ]          [ㅜ:]              [ㅝ]
     [u]           [u:]               [wə]
```

●●○○延伸阅读

长元音和双元音
现代韩语中，短元音与长元音原本具有的语义区别作用已经弱化，部分韩语使用者已经不能通过语音的长短区别语义。此外，如果不把双元音中的滑音（Glide，G）归类为辅音或元音，而看作独立的类型的话，那么韩语中"교[kyo]"和"며[myə]"的音节结构就应当被看作是"CGVC"。但是，韩语书写规范中规定，双元音和短元音应被看作是一个韵核，因此至少在韩语教学中，应当将"교[kyo]"和"며[myə]"这样的音节看作是与"고[ko]""머[mə]"相同的CV结构。

4.2 其他语言的音节结构

4.2.1 英语的音节结构

　　英语的音节基本也是由"韵首-韵核-韵尾"构成的，这点与韩语相同。但是在内部结构上，英语在很多方面与韩语有所区别。

● 英语的音节结构

(C^3) V (C^4)	韵核由元音充当，是不可或缺的。初声最多可由3个辅音构成，终声则最多可由4个辅音构成。

　　英语的音节结构特征可归纳如下：

　　第一，韵首不能出现[ŋ]，但可出现辅音丛。英语的韵首辅音丛一般由2个辅音构成，若第一个辅音为[s]，则最多可由包括[s]在内的3个辅音构成，如spring、strike、screen等。英语韵首辅音丛的第一个辅音（C_1）和第二个辅音（C_2）均有严格的限制，具体如下：

〈表3〉英语词首辅音丛（C_1C_2）

词首辅音丛	C_1	C_2	示例
辅音+辅音（C_1C_2）	阻音	[l/r]	plain、traffic、cream
	阻音（齿龈音）	[w]	twin、swing、dwell
	大部分辅音	[y]	new、music、duty、view
辅音+辅音+辅音（$C_1C_2C_3$）	[s]	阻音+边音	spring、strike、screen

值得注意的是，这些辅音丛中辅音的前后位置是无法改变的，也就是说，英语中不存在以"lp-""rt-""rk-""wt-""yd-"开头的单词。

第二，单纯词的词末可以出现2个、甚至是3个辅音。在添加了过去式词尾（-ed）或是名词复数形式（-s）以后，英语词末的辅音数最多可为4个（$C_1C_2C_3C_4$），例如"strengthened（[streŋθnd]）""prompts（[prɑ:mpts]）"。韵尾的辅音限制相较于韵首较弱，在分布上有如下限制：

〈表4〉英语词末辅音丛（C_1C_2）

词末辅音丛	C_1	C_2	示例
辅音+辅音（C_1C_2）	[l]	阻音、鼻音	help、silk、belt、film
	鼻音	阻音	tent、pink、camp、bench lens、sense、change
	阻音	阻音	left、adopt、list、fox、act

〈表5〉英语词末辅音丛（$C_1C_2C_3$）

词末辅音丛	C_1	C_2	C_3	示例
辅音+辅音+辅音（$C_1C_2C_3$）	鼻音	擦音、爆破音		against、prompt、distinct
	爆破音	擦音	爆破音	text、midst

总的来说，英语的韵首最多可由3个辅音构成，而在韵尾有语素组合的情况下，最多可出现4个辅音。我们在前面提到，韩语的韵首和韵尾均只能由1个辅音充当，且无法出现辅音丛。从这一点来看，英语的音节结构比韩语更复杂。

4.2.2　日语的音节结构

日语的音节结构基本是属于开音节的"辅音（C）+元音（V）"结构，如下所示：

● 日语的音节结构

（C）V	韵核由元音充当，是不可或缺的；充当初声的辅音则是选择性的。

因此日语中存在以下几种音节结构类型：

〈表6〉日语的音节结构类型

音节结构	示例
元音（V）	絵 /e/　王 /o：/
辅音+元音（CV）	手 /te/　戸 /to/

如<表6>所示，日语通常为开音节，即"辅音+元音"的结构。但是在实际使用时，可以出现拨音/N/和促音/Q/。有关日语终声位置辅音的内容将在下一章进行详细说明。

4.2.3　汉语的音节结构

汉语与韩语音节结构最大的差异在于人们对音节结构的认识。韩语采用三分法，将音节划分为初声、中声和终声三部分。而汉语则采用两分法，将音节划分为声母和韵母两部分。出现在韵首的辅音被称为声母，其余音位则被称为韵母。因此，韵母中除了[n]和[ŋ]之外均为元音。除此之外，汉语的音节还包括声调（超音段音位的一种），没有声调便无法构成音节。声调可分为一声、二声、三声和四声。汉语的音节组成相对简单，一个音节中最少存在1个、最多存在4个音位。汉语的音节结构如下所示：

● **汉语的音节结构**

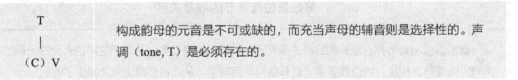

T | （C）V	构成韵母的元音是不可或缺的，而充当声母的辅音则是选择性的。声调（tone，T）是必须存在的。

汉语音节中的元音不仅可以是单元音，也可以是双元音甚至是三合元音。终声不能由鼻音以外的其他辅音充当。因此也有学者在描述汉语音节结构时，不采用"VC"或"CVC"的标记方法，而是标记为"VN"或"CVN"，借此说明汉语终声只能由鼻音（nasals）充当的特征。当辅音充当终声时，中声不能为三合元音，只能是单元音或双元音。具体的音节结构类型和示例可参照下表：

〈表7〉 汉语的音节结构类型

音节结构类型（Ⅰ）[1]	类型（Ⅱ）	示例	声母	韵母	声调[2]
元音（V）	V	俄[e]		e	二声
	VV	夜[iɛ]		iɛ	四声
	VVV	有[ioʊ]		ioʊ	三声
辅音+元音（CV）	CV	他[t'a]	t'	a	一声
	CVV	毛[maʊ]	m	aʊ	二声
	CVVV	表[biao]	b	iao	三声
元音+辅音（VN）	VC	安[an]		an	一声
	VVC	弯[uan]		uan	一声
辅音+元音+辅音（CVN）	CVC	根[gən]	g	ən	一声
	CVVC	天[tian]	t	ian	一声

●●○○延伸阅读

音段音位与音节的数量关系

    音段音位与音节存在怎样的数量关系呢？一种语言的音位多，就表示这种语言允许出现的音节多吗？还是与之相反，音位数量多，音节结构就会简单，从而音节数也随之减少了呢？

    学者在分析辅音数量和音节数量的关系后发现，在允许出现的音节数方面，语言间根本不存在相似性（Maddieson，1980）。例如，夏威夷语中允许出现的音节数有162个，罗托卡特语有350个，越南语有14,430个，泰语则有23,638个。与语言的音节数关系最为密切的三个因素依次为：允许出现的音节类型、音位配列制约（phonotactic constraints）和超音段音位。

■○○ 5. 超音段音位

    韵律（prosody）是指音的高低、长短和轻重等独立于音节，但又依附于音节的节律特

---

1 音节类型（Ⅰ）将单元音、双元音和三合元音统一看作是元音，不做区分。类型（Ⅱ）则将元音细分成了单元音、双元音和三合元音。

2 有关汉语声调的内容将在下节进行探讨。

征。当韵律在话语表达中具有区别意义的功能时，可被称为超音段音位（suprasegmental phoneme）。超音段音位一词是指依附在元音和辅音等音段音位之上，具有区别词义的语音形式，包括声调、音长、重音（强弱、高低）和语调。

5.1 声调

声调（tone）是通过改变语音的高低来区别词义的超音段音位。全球大约有60%～70%的语言为声调语言，它们主要分布在亚非、中美等地（Yip，2002）。但WALS的调查结果显示，在527种样本语言中有307种（58.3%）不是声调语言[3]。其中，声调语言又可分为简单型声调语言（simple tone system）和复杂型声调语言（complex tone system）。简单型声调语言仅包含高（high）、低（low）两种调值，而复杂型声调语言则包含多种调值。样本语言中有132种（25.0%）语言是简单型声调语言，88种（16.7%）语言是复杂型声调语言。非洲语言皆为声调语言，这说明声调具有区域性特点。这些非洲语言中大部分为简单型声调语言，仅有极少数为复杂型声调语言。复杂型声调语言大多分布在东亚及东南亚等地区。

观察声调与音位数量的关系，会发现一个有趣的现象：若元音与辅音的平均数量较多，声调系统就会相对复杂；否则，声调系统就会趋于简单或成为无声调系统。这一现象可在声调较为发达的非洲语言、东亚和东南亚语言中得以印证。通过下表可以看出音位数量与声调间的关系：

〈表8〉 声调系统与音位数量

声调系统	语言数量	辅音平均数量	元音平均数量
复杂型	88	26.0	7.05
简单型	132	23.3	6.28
无声调	307	22.1	5.58

声调系统不仅与音位相关，还与音节有一定的联系。相比简单型或复杂型音节结构，声调时常出现在中间型音节结构中。若声调系统的复杂程度降低，中间型的音节结构比例也会随之降低。如果具有复杂型音节结构的语言增加，声调系统的复杂程度则会降低。由此可知，相比复杂型的音节结构，声调系统与中间型的音节结构有着更为紧密的联系。而无声调语言的音节结构可能会更复杂。

---

3 实际上声调语言的数量可能会更多。因为在样本统计过程中，声调较为发达的1489种尼日尔-刚果语系语言中仅有不到5%（68种）被选为样本，但对于声调相对不发达的145种印欧语系语言，有超过10%（16种）的语言被选为统计样本。如果将尼日尔-刚果语系的样本容量提升到10%，那么声调语言的数量将会增加80种。

现代标准韩语不用声调区别意义，但是汉语、泰语、越南语等语言则用声调来区别词义。汉语普通话有4个声调，它们被标记在元音之上。通过下表可以看出，ma和ba的声调发生变化时，其意义也会随之改变。

〈表9〉 汉语的声调

声调	示例	示例
一声	妈（mā）	八（bā）
二声	麻（má）	拔（bá）
三声	马（mǎ）	把（bǎ）
四声	骂（mà）	爸（bà）

泰语有5个声调，它和汉语一样，声调被标记在元音之上。

〈表10〉 泰语的声调

声调	示例	意思
平声（-）	ปา [pa]	扔
一声（＼）	ปา [pà]	树林
二声（∧）	ปา [pâ]	姨妈，姑妈
三声（↗）	ปา [pá]	（无意义）
四声（∨）	ปา [pǎ]	爸爸

越南语中有6个声调，其中一声不标记，其余的声调被标记在元音的上面或下面。通过下表可以看出，ma的声调发生变化时，其意义也会随之改变。

〈表11〉 越南语的声调

声调	示例	意思
一声	ma	魔鬼
二声	mà	但是
三声	mã	马
四声	mả	坟墓
五声	má	妈妈、脸颊
六声	mạ	稻秧

●○○延伸阅读

汉语与越南语的声调

　　越南语中一、三、五声的调值较高，二、四、六声的调值较低。汉语中一声的调值高且长，二声的调值从中音滑向高音，三声的调值从低音出发，先下降后轻微上升，四声的调值从最高音值快速下降到最低音值。各调值如下图所示：

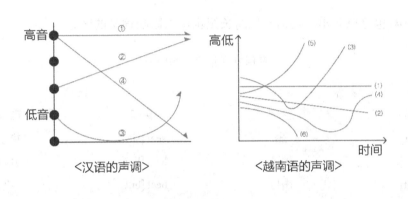

5.2 音长

　　音长是指在区别词义时的音位长度。虽然《标准发音法（〈표준발음법〉）》中明确规定，音的长短仍具有区别词义的功能，但是实际发音时却不做区分。通过下表中的示例可以看出，音长具有区别词义的功能。

〈表12〉韩语音位的长短

短音	长音	短音	长音
밤（夜）[pam]	밤：（栗）[pa:m]	눈（眼）[nun]	눈：（雪）[nu:n]
발（足）[pal]	발：（簾）[pa:l]	벌（罰）[pəl]	벌：（蜂）[pə:l]
말（馬）[mal]	말：（言）[ma:l]	병（瓶）[pyəŋ]	병：（病）[pyə:ŋ]

　　日语与韩语不同，其声音的长短对于区别意义起着十分重要的作用。具体示例如下表所示：

〈表13〉 日语音位的长短

短音			长音		
单词		意思	单词		意思
おばさん	[obasan]	大婶	おばあさん	[oba:san]	奶奶
おじさん	[ojisan]	叔叔	おじいさん	[oji:san]	爷爷
ゆき	[yuki]	雪	ゆうき	[yu:ki]	勇气
めし	[meshi]	饭	めいし	[me:shi]	名片

通过〈表14〉也可以看出，英语音位的长短也可以影响词义的区分。

〈表14〉 英语音位的长短

短音		长音	
单词	意思	单词	意思
sit [sit]	坐	seat [si:t]	椅子
lid [lid]	盖子	lead [li:d]	领导
hit [hit]	击打	heat [hi:t]	热

5.3 重音

重音（accent）是指每个单词已形成的、固有的音高（高低）或音重（强弱）的排列方式。重音按照音高和音重可以分别分为音高重音（pitch accent）和加重重音（stress accent）。日语是按照音高来区别意义的音高重音语言[4]。具体例子如下表所示：

〈表15〉 日语的音高重音现象

高低		低高	
单词	意思	单词	意思
はし [hashi]	筷子	はし [hashi]	桥
あめ [ame]	雨	あめ [ame]	糖
あか [aka]	红色	あか [aka]	污垢
あき [aki]	秋天	あき [aki]	厌恶
さけ [sake]	三文鱼	さけ [sake]	酒

4　日语的音高重音不但可以区别意义，而且在一个句子中可以区别单词间的界限和小句间的界限。对此，本书不再进行解释与说明。

有些语言的加重重音位置是固定的。WALS的510个语言样本的调查结果显示，220种语言的重音位置在单词中是固定不变的，相反，超过一半以上的语言（282种）却使用固定重音（fixed stress）。这种情况下，固定重音位置与单词内部的音节重量（syllable weight）无关，仅仅按照词边界（word edge）来决定重读位置。固定重音大致可分为下述5种情况：

〈表16〉固定重音位置

重音位置	语言数量
首音节重读语言	92
第二音节重读语言	16
第三音节重读语言	1
倒数第三（antepenultimate）音节重读语言	12
倒数第二（penultimate）音节重读语言	110
末（ultimate）音节重读语言	51

从〈表16〉中可知，重读的位置不固定时，首音节重读比例约为33%，倒数第二音节重读为39%。除英语以外的其他欧洲语言大多在首音节重读，而英语则是根据音节重量进行重读。南亚语系语言的重读会出现在倒数第二音节。所以，法语中出现在末音节的重读或威尔士语（Welsh）中出现在倒数第三音节的重读都属于特殊情况。与此相反，俄语是自由加重重读语言，所以仅通过重音就能区别词义。通过下表中俄语的例子，可以发现仅改变重音位置词义就会发生变化。

〈表17〉俄语中的重音位置与词义变化

首音节重读		第二音节重读	
单词	意思	单词	意思
про́пасть	峭壁	пропа́сть	消失
за́мок	城	замо́к	锁
пла́чу	哭	плачу́	支付
о́рган	器官	орга́н	风琴
му́ка	苦难	мука́	面粉

英语同样也是加重重读语言，像名词、动词、形容词、副词等具有实际意义的词至少需要一个重读[5]。这种重读的功能大多是为了维持话语表达的节奏，但是它偶尔也会像音位一样具有区别词义的作用。下面的例子中，所给出的单词使用了相同的音位，但随着重

5　英语是按照音节的重量来重读的。若音节仅由松元音构成，重读则无法添加在轻音节（light syllable）上，只能添加在重音节（heavy syllable）上。这里的重音节是指由紧元音或松元音构成的音节，或者是无论何种元音，只要元音后有辅音（coda）出现的音节。音节重量决定重读语言的详细内容可参考WALS的十五、十六章。

音的改变词性也发生了变化。若首音节重读，则为名词；若第二音节重读，则为动词。

〈表18〉英语的重读位置与词性关系

首音节重读	第二音节重读	首音节重读	第二音节重读
名词	动词	名词	动词
próject （项目）	projéct （制订计划）	ábstract （摘要）	abstráct （分离）
ímport （进口商品）	impórt （输入，进口）	récord （录音）	recórd （录制）
réport （报告）	repórt （做报告）	éscort （护送者）	escórt （护送）

5.4 语调

语调（intonation）是指通过短语和句子表现出来的音高变化类型，它虽然不能区分词义，但是可以表达语法或语境的含义。尤其是依附在句子末音节的核心语调，不仅可以区分句子的种类，还可以表达语气或话者的情感状态。下面是韩语语调的相关示例：

（집에 가--回家）
① 집에 가？（疑问句）
② 집에 가.（陈述句）
③ 집에 가↗（命令句, 命令语气）
④ 집에 가↘（共动句, 委婉语气）

至此，我们简单地学习了超音段音位的相关内容。在学习下一章内容之前，让我们先大致了解一下音段音位和超音段音位间的数量关系，这是许多学者长期研究并试图解释的一个问题。也就是说，如果一种语言拥有极少量的音段音位（例如罗托卡特语中仅有11个音段音位），那么在超音段音位的数量上是否会出现一定的补偿呢？反之，如果一种语言的音段音位数量多，那么它的超音段音位就不发达了吗？换句话说，音段音位数量多的语言只会显现出较为简单的超音段音位的特点，而音段音位数量少的语言超音段体系就会趋于复杂吗？UPSID分别选取了28种音段音位少于20个和多于45个的语言进行测试，结果显示，音段音位数量少于20个的语言，重音与声调并不比音段音位数量超过45个的语言复杂（Maddieson，1980），即音段音位数量较少的语言，其超音段音位的特点明显少于音段音位多的语言，音段音位多的语言，其超音段音位特点反而更加显著。如，音段音位数量多的语言至少会拥有2个以上的声调和重读，而音段音位数量少的语言却没有重读和声调。由此可推测，音段音位和超音段音位这两者之间，若一方的复杂程度高，另一方的复杂程度也会随之增高。很少有语言会出现一方复杂程度高，而为了保持平衡而降低另一方复杂程度的现象。

第六章　音变现象

■□　1. 引言

　　元音和辅音在单独出现时，均按照原本的音值发音，但当两者结合时，音值有时会发生变化。例如，在像"사[sʰa]"或"소[sʰo]"这样的音节中，/ㅅ/（[sʰ]）位于元音前面，发音为/ㅅ/（[sʰ]）。但在类似"옷[otˈ]"或"맛[matˈ]"这样的音节中，/ㅅ/（[sʰ]）位于词末（更确切地说是音节末）时，发音不再是其原本的音值，而是失去爆破发为/ㄷ/（[tˈ]），因此"옷[otˈ]"和"맛[matˈ]"的发音分别为[온]（[otˈ]）和[맏]（[matˈ]）。当"옷[otˈ]"或者"맛[matˈ]"与主格助词"이[i]"结合时，发音分别为[오시]（[oɕi]）、[마시]（[maɕi]），此时/ㅅ/（[sʰ]）的发音仍然是[ㅅ]（[sʰ]）。但当其与补助词"만[man]"相结合时，其发音则分别变为[온만]（[onman]）和[만만]（[manman]）。这种现象不仅仅存在于韩语中，世界上绝大多数语言都是如此。例如，英语的/c/在位于词末或元音/a/前面时发音为[k]，如"electric"或"electrical"，但当它位于元音/i/前面时发音则为[s]，如"electricity"。某个音素在与其他音素相结合时，其发音和原本的音值相比发生变化的现象叫作音变现象（phonological process）或音位变化（phonological change）。

　　虽然上述的音变现象存在于大多数语言中，但是每种语言又有其自身特点。本章将以音节末尾的终声限制与同化、腭化和辅音弱化现象为主，探讨韩语和其他语言的异同。

■□□   2. 韩语学习者的音变偏误

下面是母语为英语的韩语学习者在音变方面出现的偏误：

막내[막내]	밭만[받만]	국물[국물]
[maŋnɛ]/[makʰnɛ]	[panman]/[patʰman]	[kuŋmul]/[kukʰmul]
국립[국립]	입력[입력]	국력[국력]
[kuŋɲipʰ]/[kukʰripʰ]	[imɲyəkʰ]/[ipʰryəkʰ]	[kuŋɲyəkʰ]/[kukʰryəkʰ]
진리[진리]	전라도[전라도]	날나라[달나라]
[tsiʎʎi]/[tsinri]	[tsəllado]/[tsənrado]	[nallara]/[talnara]

通过"nic<u>kn</u>ame、ba<u>tm</u>an、boo<u>k m</u>arker、por<u>k r</u>ibs、He<u>nr</u>y"的读音中可知，英语在这些环境中不会产生音变现象，因此母语为英语的韩语学习者容易出现上述发音偏误。

下面是母语为日语的韩语学习者在音变方面出现的偏误：

정말[점말]	방법[밤법]	공부[곰부]
[tsəŋmal]/[tsəmmal]	[paŋbəpʰ]/[pambəpʰ]	[koŋbu]/[kombu]
남자[난자]	준비[줌비]	막내[만내]
[namdza]/[nandza]	[tsunbi]/[tsumbi]	[maŋnɛ]/[mannɛ]
숙제[숟쩨]	식당[싣땅]	갑자기[갇짜기]
[shukʰtsė]/[shuɨʰtsė]	[ɕikʰtaŋ]/[ɕiɨʰtaŋ]	[kapʰtsagi]/[kaɨʰtsagi]

日语中大部分音节均以元音结尾，因此最为常见的音节结构是CVCV。但日语中也存在CVCCV这种辅音连续出现的音节结构，这种结构中，辅音连缀CC的发音部位必须相同。受母语影响，日语母语者在学习上述发音部位不同的韩语辅音连缀时，很容易出现按照后一个辅音的发音部位来发前一个辅音的偏误。

下面是以越南语和泰语为母语的韩语学习者在音变方面出现的偏误：

달[단]	말[만]	굴[군]	탈[탄]	물[문]
[tal]/[tan]	[mal]/[man]	[kul]/[kun]	[tʰal]/[tʰan]	[mul]/[mun]

上述发音偏误是由于越南语和泰语中"ㄹ[r/l]"音不能出现在音节末尾而导致的。

■■□ 3. 终声限制

前文提到，音节由初声、中声和终声构成。大部分位于初声位置的辅音都按照其原本的音值发音，但位于终声位置的辅音在发音时却会受到很多限制。韩语除[ŋ]外，所有的辅音都能出现在初声，且均按照其原本音值发音，英语、日语等大部分语言也是如此。但当辅音出现在终声时，其发音有时会发生变化，本章开头提到的"옷[ot̚]"和"맛[mat̚]"中收音/ㅅ/（[sʰ]）的发音便是其中一例。

我们首先来看一下韩语终声的辅音限制规则。在韩语中，除了/ㄸ、ㅃ、ㅉ/（[t'、p'、ts']）之外，其他16个辅音均可出现在终声位置，但这些辅音在位于音节尾音（即词末或辅音前）位置时的发音却不同于原本的音值，而只能发为[ㄱ、ㄴ、ㄷ、ㄹ、ㅁ、ㅂ、ㅇ]（[k、n、t、l、m、p、ŋ]）这7个音中的其中一个。其中，/ㄴ、ㅁ、ㅇ/（[n、m、ŋ]）按照其原本的音值发音，而/ㄱ、ㄲ、ㅋ/（[k、k'、kʰ]）均发为不爆破的[ㄱ]（[k]），即[k̚]，/ㄹ/发为[l]而不是[r]，/ㅂ、ㅍ/（[p、pʰ]）均发为不爆破的[ㅂ]，即[p̚]，/ㅅ、ㅆ、ㅈ、ㅊ、ㄷ、ㅌ/（[sʰ、s'、ts、tsʰ、t、tʰ]）均发为不爆破的[ㄷ]，即[t̚]。具体见下表：

〈表1〉音节末辅音的发音情况

辅音的书写形式	实际发音	示例
ㄱ[k]、ㅋ[kʰ]、ㄲ[k]	ㄱ[k̚]	국[kuk̚]、 부엌도[puək̚to]
ㄴ[n]	ㄴ[n]	산[sʰan]、 문과[mungwa/munkwa]
ㄷ[t]、ㅌ[tʰ]、ㅅ[sʰ]、ㅆ[s']、 ㅈ[ts]、ㅊ[tsʰ]	ㄷ[t̚]	닫다[tat̚ta]、밭[pat̚]、옷[ot̚]、있다[it̚ta]、낮도[nat̚to]、꽃과[kot̚kwa]
ㄹ[r、l]	ㄹ[l]	물[mul]、길도[kildo]
ㅁ[m]	ㅁ[m]	밤[pam]、 곰과[komgwa]
ㅂ[p]、ㅍ[pʰ]	ㅂ[p̚]	입[ip̚]、잎도[ip̚to]
ㅇ[ŋ]	ㅇ[ŋ]	공[koŋ]、빙과[piŋgwa]

上述这种音变现象叫作音节尾部中和（syllable-final neutralisation）。音系学的"中和"是指音值不同的音素在某种特定的环境下失去各自的发音特征，变为相同发音的音变现象。例如"바[pa]"和"파[pʰa]"2个音节中，"ㅂ[p]"和"ㅍ[pʰ]"均按照其原本音值发

音，但在"입[ip˺]"和"잎[ip˺]"，或是"입도[ip˺to]"和"잎도[ip˺to]"中，即2个辅音位于词末或辅音前时，它们均失去了原本的音值而发为不爆破的[ㅂ]（[p˺]）。这时我们就可以说2个辅音在音节尾部出现了中和现象。但如下表所示，当后一个音节是以元音开头的助词或词尾时，韩语的辅音均按照原本的音值发音。

낫[nat˺],낮[nat˺],낯[nat˺]	+이[i]	→	낫이[나시],낮이[나지],낯이[나치]
빗[pit˺],빚[pit˺],빛[pit˺]			빗이[비시],빚이[비지],빛이[비치]

上表中的语音现象称为"连音（liasion）"，如下表所示，这一现象也广泛存在于法语中。

mon[mõ]我的	+ami（朋友）	→	mon ami 我的朋友 [monami]
petit[pti]小的			petit ami 小朋友 [petitami]

●●○○延伸阅读

连音现象的普遍性与例外

连音规则是一种几乎存在于所有语言中的普遍现象。在韩语或英语等终声位置可以出现辅音的语言中，如果音节结构为"CVCV"，那么理论上音节划分存在/CV\$CV/（\$为划分音节的符号）和/CVC\$V/两种可能，但实际上这些语言几乎无一例外地按照/CV\$CV/的形式组成音节，也就是说元音中间的辅音被归为后一个音节的初声。这一现象是十分普遍的，在音系学中被称为"最大韵首原则"（Maximal Onset Principle，简称MOP）。简单来说，当辅音（丛）既可作为前一音节的节尾，又可作为后一音节的初声时，首选初声。

但"最大韵首原则"在汉语、日语、越南语等一些语言中并不适用。例如汉语"天安门"的发音是[Tiān\$ān\$mén]，而不是[Tiā\$nān\$mén]，日语"日本へ"的发音是[ni\$hoN\$e]，而不是[ni\$ho\$ne]。正因如此，以汉语、日语或越南语为母语的人在学习韩语发音时，会呈现出逐字单独发音的特点。

韩语的音节尾部中和现象并不具有语言共性，它在英语等世界上大部分语言中都不存在。如在英语的"but、cat、bus、boss、cheese、college、bush、match、beach、cook"等单词中，最后一个辅音仍然按照其原本的音值发音。泰语则和韩语非常类似，除去半辅音以外，音节尾部的辅音只有[p、t、k、m、n、ŋ]6个音。不仅如此，泰语中的外来语发音也适用于音节尾部中和现象，像"圣诞节（Christmas）"和"奖金（bonus）"在泰语中的

发音分别为[kʰritmâat]和[bōonat]。越南语也是如此，除了半辅音以外，音节尾音的辅音只有[m、n、ŋ、p、t、k、ɲ、c]8个音。韩语、越南语和泰语中共同存在的这种音变现象是由音节尾部的不完全爆破（unreleasing）造成的。所有的音只能在发声位置有气流通过时才能发出各自的音值，而失去爆破后气流受阻，这就导致不能出现音位对立。韩、泰、越三种语言的差别在于：韩语的音节尾部辅音可以是边音（ㄹ[l]），而泰语和越南语则不行。正因如此，泰语或越南语母语者会将韩语音节"달[dal]、말[mal]、굴[kul]"的终声"ㄹ[l]"错发成"ㄴ[n]"。

提到终声限制，就不能不提到德语或荷兰语中的词末清音化（final devoicing）现象。这两种语言词末位置的阻音会出现中和现象（Schane，1973），也就是说，清浊之分只存在于初声位置或元音之间，而在词末时则均发为清音。下表为德语的相关示例：

〈表2〉 德语的词末清音化

单词（单数）	发音	单词（复数）	发音
Korb	korp	Körbe	körbə
Bund	bunt	Bünde	bündə
Wald	walt	Wälder	wäldər
Tag	tāk	Tage	tāgə
Hund	hunt	Hunde	hundə
Glas	glās	Gläser	glāzər

上表中左列是单数词，右列是复数词。由表可知，左列单数词的词末辅音发为清音，右列复数词的词末辅音则发为浊音。这是由于复数词中的浊辅音在单数词中位于词末位置而造成的。

由于上述词末清音化规则，德语母语者很难区别出英语cap和cab的发音，而韩语母语者则因为韩语词末的不完全爆破现象，同样难以区分这2个英语发音。

通过韩语和德语的发音规则可知，位于终声位置的辅音在发音时会受到多种制约，这也是世界上很多语言中终声辅音的数量和种类皆少于初声辅音的原因。这一规则也同样能够解释汉语的终声位置为何只能出现[n]和[ŋ]2个辅音。

■■□ 4. 辅音同化

辅音同化（consonant assimilation）是指2个不同的辅音在相邻时变为相同或相似音的现象。自然语言中有的语言在辅音和辅音相邻时会产生音变现象，有的语言则不然。换句话说，某些语言中，相邻的辅音间存在某种关系，而其他语言则没有。前面提到的越南语和汉语便属于后者，相邻的辅音之间互不干扰，各自独立发音，但大多数语言会由于前后相邻辅音的影响而产生音变现象。相邻辅音间发生的变化可分为3种，分别为发音部位的变化、发音方法的变化和两者兼有的变化。

4.1 发音部位同化

发音部位同化（place assimilation）是指发音部位不同的辅音连缀中，其中一个辅音的发音部位变得与另一个辅音相同的现象。例如，韩语的"안개[angɛ/ankɛ]"发为[앙개]（[aŋɛ]），"밥그릇[paptˈkɨrɨtˈ]"发为[박끄릇]（[papkˈkɨrɨtˈ]），"신문[ɕinmun]"发为[심문]（[ɕimmun]）都属于这一现象。尽管这种规则在其他语言中也较为普遍，但韩语并不将这种同化后的发音看作标准音。下面我们来看一下日语和英语发音部位的同化现象。

日语中存在两种辅音同化的情况，一种出现在标记作"ん"的鼻音N（拨音）和其后面的辅音之间，另一种出现在标记为"っ"的阻音Q（促音）和其后面的辅音之间。这两个辅音只能出现在音节尾部，它们的发音部位不固定，而是依照后面辅音的发音部位发音（Vance，2008）。

首先看一下拨音/N/的发音示例：

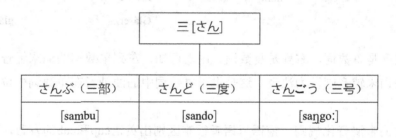

〈图1〉日语"三[さん]"的发音

韩语"삼"（三）的发音始终是[sam]，与后辅音无关。而日语"三"的发音则随后一个辅音的发音部位变化而变化，分别可发为[sam]、[san]和[saŋ]，也就是说，/N/的音位变体[m、n、ŋ]会视后辅音而定。前一音节的终声辅音虽然都是拨音/N/，但当后面的辅音为双唇音时，/N/发为[m]；当后面的辅音为齿龈音时，/N/发为[n]；当后面的辅音为软腭音时，/N/则发为[ŋ]。拨音的具体发音规则如下：

第一，/N/在双唇音[m]、[b]、[p]前面发为双唇音[m]。

文明	贩卖	散步
[bummei]	[hambai]	[sampo]

上面3个单词第一个音节的终声辅音均为拨音/N/，但由于其后辅音是双唇音[m]、[b]、[p]，因此/N/也随之发成双唇音[m]。

第二，/N/在齿龈音[n]、[d]、[dz]、[s]、[z]、[t]前面发为齿龈音[n]。

先生	温度	軍人
[sense:]	[ondo]	[gunzin]

上面3个单词第一个音节的终声辅音均为拨音/N/，但由于其后辅音是齿龈音[s]、[d]、[ch]，因此/N/也随之发成齿龈音[n]。

第三，/N/在软腭音[k]、[g]前面发为软腭音[ŋ]。

銀行	寢具	韓国
[gingkou]	[singgu]	[kangkoku]

上面3个单词第一个音节的终声辅音均为拨音/N/，但由于其后辅音是软腭音[k]和[g]，因此/N/也随之发为软腭音[ŋ]。受母语发音规则的影响，日语母语者在发"안개[angɛ/ankɛ]、남자[namdza/namtsà]、성냥[shəŋɲyaŋ]、감사[kamsha]"等发音部位不同的辅音连缀时，会感到困难。

接下来看一下促音/Q/。如下例所示，"いっ"的发音随其后辅音变化，分别可发为[ip]、[it]和[ik]。也就是说，根据后面辅音发音部位的不同，/Q/存在[p、t、k]3个音位变体。虽然前一个音节的终声都是促音/Q/，但当其后辅音为双唇音时，/Q/发为[p]；当其后辅音为齿龈音时，/Q/发为[t]；当其后辅音为软腭音时，/Q/发为[k]。详细示例如下：

〈图2〉日语"一[いっ]"的发音

促音的发音规则造成了日语中类似/-pp、-tt、-kk/等前后辅音相同的重复辅音（germinate）现象。详细示例如下：

第一，/Q/在[p]前发为[p]。

失败	切符	圧迫
[sippai]	[kippu]	[appaku]

上面3个单词第一个音节的终声辅音均为促音/Q/，但由于其后辅音是[p]，因此促音也随之发为[p]。

第二，/Q/在[t]前发为[t]。

切手	発展	夫
[kitte]	[hatten]	[otto]

上面3个单词第一个音节的终声辅音均为促音/Q/，但由于其后辅音是[t]，因此促音也随之发为[t]。

第三，/Q/在[k]前发为[k]。

作家	学校	国会
[sakka]	[gakkou]	[kokkai]

上面3个单词第一个音节的终声辅音均为促音/Q/，但由于其后辅音是[k]，因此促音也随之发为[k]。

了解完日语的同化规则，再来看一下英语。英语的发音部位同化现象存在于否定前缀（negation prefix）"in-"与词根的结合中。如下表所示，"in-"在不同环境下的发音也各不相同。

〈表3〉英语"否定前缀+词根"的发音

发音变化	单词	
/n/ → [n]	in + direct	in + tolerable
/n/ → [ŋ]	in + credible	in + capable
/n/ → [m]	in + possible	in + moral

由上表可知，否定前缀"in-"的发音随后面辅音发音部位的不同可分别发为[n]、[ŋ]和[m]，尤其是当其后面的辅音为双唇音时，发音变化甚至会引起单词拼写的变化，如"impossible"或"immoral"。具体来说，否定前缀"in-"中/n/的发音在齿龈音前被同化为[n]，在软腭音前被同化为[ŋ]，在双唇音前则被同化为[m]。

●●○○ **延伸阅读**

英语的鼻音+阻音
英语的单纯词中，鼻音和阻音的发音部位相同。但当鼻音是齿龈音(/n/)时，后面接的阻音可以是齿龈音或硬腭音。 　　a. [mp], [mb]: ca<u>mp</u>, e<u>mp</u>ty, co<u>mb</u>ine, nu<u>mb</u>er 　　b. [ŋk], [ŋg]: i<u>nk</u>, ta<u>nk</u>, pi<u>nk</u>, fi<u>ng</u>er, ju<u>ng</u>le 　　c. [nt], [nd], [ns], [ntʃ], [ndʒ]: te<u>nt</u>, ha<u>nd</u>, se<u>ns</u>e, be<u>nch</u>, cha<u>ng</u>e

以上是相邻辅音在发音部位上存在的相互关系，下面我们来看一下相邻辅音之间发音方法的相互影响。

4.2 发音方法同化

所谓发音方法同化（manner assimilation）是指发音方法不同的辅音连续出现时，其中一个辅音与另外一个辅音的发音方法趋于相同的现象。这种同化现象比较罕见，仅存在于韩语和其他少数一些语言中。韩语中有以下两种同化：一种是类似"국민[궁민]（[kuŋmin]）、심리[심니]（[ɕimɲi]）、종로[종노]（[tsoŋno]）、입력[임녁]（[imɲyək]）"的鼻音化现象，另一种是像"진리[질리]（[tsiʎʎi]）、설날[설랄]（[sʰəllal]）"这样的边音化现象。首先让我们来看一下鼻音化现象：

第一，终声"ㄱ[k̚]（ㄲ、ㅋ、ㄳ、ㄺ），ㄷ[t̚]（ㅅ、ㅆ、ㅈ、ㅊ、ㅌ、ㅎ），ㅂ[p̚]（ㅍ、ㄼ、ㄿ、ㅄ）"等在辅音"ㄴ[n]、ㅁ[m]"前面各自发[ㅇ、ㄴ、ㅁ]（[ŋ、n、m]）音。

막내[망내] ([maŋnɛ])	국물[궁물] ([kuŋmul])	꽃망울[꼰망울] ([k̓onmaŋul])
닫는[단는] ([tannin])	있는[인는] ([innin])	옷맵시[온맵씨] ([onmɛp̓ɕi])
잡는[잠는] ([tsamnin])	없는[엄는] ([əmnin])	맞는[만는] ([mannin])

有意思的是，"막내[maŋnɛ]、국물[kuŋmul]"等阻音在前，鼻音在后的词汇中，前辅音受到后辅音的影响发成鼻音；但情况相反时，阻音不会发成鼻音。也就是说，"안개[angɛ/ankɛ]、연기[yəngi]、한국[hanguk̚]、임금[imgim]、잔디[tsandi]、쌈밥[s̓am-bap̚]、짱구[ts̓aŋgu]"等词汇中，虽然鼻音和阻音相连，但均保持各自的音值。

第二，终声"ㅁ[m]、ㅇ[ŋ]"后的"ㄹ[r]"发为[ㄴ]（[n]）音。

심리[심니]	담력[담:녁]	침략[침냑]	대통령[대:통녕]
([ɕimɲi])	([tamɲyək̚])	([tsʰimɲyak̚])	([tɛtʰoŋɲyəŋ])
정리[정니] ([tsəŋɲi])	궁리[궁니] ([kuŋɲi])	강릉[강능] ([kaŋniŋ])	종로[종노] ([tsoŋno])

但是当边音位于鼻音之前时，边音和鼻音都按原本的音值发音，不发生任何音变现象。例如"설마[sʰəlma]、얼마[əlma]、설명[sʰəlmyəŋ]"等，边音依然发边音，鼻音依然发鼻音。

●●○○延伸阅读

韩语的"ㄹ[l]+ㄴ[n]"

相较于"설마[sʰəlma]、얼마[əlma]、설명[sʰəlmyəŋ]"等词，当出现如"설날[설랄]（[sʰəllal]）、오늘날[오늘랄]（[oniɫlal]）"等"ㄹ+ㄴ"，即边音位于鼻音之前的现象时，会产生音变现象，因为韩语中"ㄹ+ㄴ"在字面上可以组合，但在发音上是不能形成组合的。也就是说，无论在哪种情况下，韩语中的[ㄹ]和[ㄴ]都是不能组合发音的，因此"ㄹ+ㄴ"经常发生音变。依据词性的不同，音变的现象大致可分为以下两种：

第一，动词词干和词尾结合时，如果词干尾音"ㄹ"出现在以"ㄴ"开头的词尾前，则"ㄹ"脱落。例如，놀+는[노는]（[nonin]）、울+니[우니]（[uɲi]）。

这种情况下必须发生音变，因此类似于"하늘을 날으는 양탄자"这样的句子是错误的。

第二，在合成名词中一般发音为[ㄹㄹ]。例如，설날[설랄]（[sʰəllal]）、오늘날[오늘랄]（[oniɫlal]）。

但以下几种情况与动词的情况一样，"ㄹ"发生脱落。例如，솔+나무[소나무]（[sʰonamu]）、딸+님[따님]（[t'aɲim]）。

以上两种现象都是为了回避"ㄹ+ㄴ"而造成的。而在其他语言中"-ln-"的组合也并不常见。这就是所谓的泛语言性异化现象。

第三，收音"ㄱ[k]、ㅂ[p]"后面接"ㄹ[r]"时，阻音同化为相同发音位置的鼻音，边音则发[ㄴ]（[n]）音。

국립[궁닙] ([kuŋnip̚])	막론[망논] ([maŋnon])	국력[궁녁] ([kuŋnyək̚])
입력[임녁] ([imɲyək̚])	협력[혐녁] ([hyəmɲyək̚])	십리[심니] ([ɕim ɲi])

但是，当边音"ㄹ"在前，"ㄱ、ㅂ"在后时，不发生音变现象。我们通过"딸기[t'algi]、얼굴[əlgul]、슬기[sʰilgi]、날개[nalgɛ]、알밤[albam]、울보[ulbo]"等单词便可确认。

　　如上所述，鼻音化等发音方法的同化现象在其他语言中并不常见。例如，英语"good news"和"pop music""nickname""pork ribs"等词组里出现的辅音"d-n，p-m，k-n，k-r"，均按照每个辅音分别发音。但韩语中出现这些连续的辅音却不能分别发音。如"닫는[tat-nɨn]、밥물[papmul]、독립[toklip]、막내[maknɛ]"等应读成[단는（tannɨn）]、[밤물（pammul）]、[동닙（toŋŋipˀ）]、[망내（maŋnɛ）]。由此可见，"阻音＋鼻音"或"阻音+边音"等辅音丛在英语中可以用不同的发音方法进行发音，而韩语中则需要使用相同的发音方法。具体来说，英语中可以出现像"阻音和鼻音（例如good news）"或"阻音和边音（例如pork ribs）"等各自独立发音的辅音丛。但韩语中阻音则应读成同音位的鼻音，而边音则读成[ㄴ]（[n]）音，例如"국민[궁민]（[kuŋmin]）、협력[혐녁]（[hyəmŋyək]）"等，这在韩语中是必然出现的音变现象。因此不难发现，很多韩语母语话者读上述英语词汇时，会运用韩语音变现象发音，如"[군뉴스]（[kunɲyushɨ]）、[팜뮤직]（[pʰammyudzikˀ]）、[닝네임]（[niŋneim]）、[퐁닙]（[pʰoŋnipˀ]）"。至此，我们通过韩英对比，分析了它们发音方法的同化现象。

　　另外，还有一个有趣的现象，就是韩语中出现的辅音发音方法同化现象在印地语中也存在。印地语辅音Sandhi的音变现象与韩语很相似。下面是几个例子：

〈表4〉印地语的辅音Sandhi

音位变动		语素搭配	发音
km	→ [ŋm]	vāk（话语）+maya（词缀）	vākmaya [vāŋmaya] 文学
tn	→ [nn]	ut（向上）+nati（弯的）	utnati [unnati] 发展
tm	→ [nm]	ut（向上）+mūla（根源）+na（-ing）	utmūlana [unmūlana] 杜绝

　　通过上表我们发现，印地语与韩语一样，存在发音方法的同化。如"k-m、t-n、t-m"等辅音连续出现时，并非按照单个辅音依次发音，而是固定发音位置，调整发音方法，读成[ŋm]、[nn]、[nm]。这与韩语中"국물[kuŋmul]""닫는[tannɨn]""곁눈[kyənnun]"的变化一致。这种辅音之间出现的发音方法同化现象不同于发音位置的同化现象，它仅存在于韩语和印地语等少数语言中，因此具有标记性。

　　以下是边音化现象，即"ㄴ[n]"音在"ㄹ[r]"音的前面或后面时读成[ㄹ]（[l]）音：

진리[질리]（[tsiʎʎi]）	난로[날:로]（[nallo]）	신라[실라]（[ɕilla]）	천리[철리]（[tsʰən ɲi]）
설날[설랄]（[sʰəllal]）	물난리[물랄리]（[mullaʎʎi]）	줄넘기[줄럼끼]（[tsul-ləmkɨ]）	오늘날[오늘랄]（[onil-lal]）

　　边音化与鼻音化不同，无论"ㄴ[n]"和"ㄹ[r]"的顺序如何变化都会发生音变。换句话说，无论是"ㄴ[n]"在"ㄹ[r]"的前面还是在后面，"ㄴ[n]"都读成[ㄹ]（[l]）音。

　　英语中虽然不存在鼻音化或边音化，但表示复数的"-s"和表示过去式的"-ed"也会出现发音方法的同化。也就是说，词干或先行词以浊音结尾的话发成浊音，以清音结尾的话发成清音。具体例子如下：

〈表5〉英语复数后缀-s的发音

清音		浊音	
belt+s[s]	cup+s[s]	cub+s[z]	dog+s[z]
book+s[s]	chip+s[s]	egg+s[z]	ball+s[z]
stop(p)+ed[t]	look+ed[t]	receive+d[d]	plan(n)+ed[d]
talk+ed[t]	pass+ed[t]	save+d[d]	bag(g)+ed[d]

由上表可知，复数后缀-s在以清音/p、t、k/结尾的单词之后读成清音[s]、而在以浊音/b、d、g/结尾的单词之后读成浊音[z]。过去式词缀"-ed"也出现了同样的现象，它在以清音/p、t、k/结尾的单词之后读成清音[t]、而在以浊音/b、d、g/结尾的单词之后读成浊音[d]。英语的这种现象属于清浊音在发音方法方面的同化现象。

■■□ 5. 腭化

腭化也是同化现象的一种，但它不是辅音之间产生的变化，而是辅音受到元音的影响而产生的同化现象。这种现象也存在于韩语中，如收音"ㄷ，ㅌ（ㄾ）"与"ㅣ"元音为首的助词或词缀相连时，受到腭化的影响，辅音/ㄷ、ㅌ/（[t、tʰ]）变成[ㅈ、ㅊ]（[ts、tsʰ]）。举例如下：

굳이[구지]([kudzi])	맏이[마지]([madzi])	해돋이[해도지]([hɛdodzi])
같이[가치]([katsʰi])	밭이[바치]([patsʰi])	피붙이[피부치]([pʰibutsʰi])

同时，收音"ㄷ[t]"之后连接后缀"히[hi]"时，"티[tʰi]"读成[치]（[tsʰi]）音，这也属于腭化现象，如"굳히다[구치다]（[kutsʰida]）、닫히다[다치다]（[tatsʰida]）、묻히다[무치다]（[mutsʰida]）"。

除此之外，事实上韩语的所有辅音与后面的/ㅣ/（[i]）元音或/ㅣ/系列双元音（ㅑ、ㅕ、ㅛ、ㅠ）（[ya、yə、yo、yu]）相连时，都会发生腭化。如"언니[ənɲi]、수녀[sʰuɲyə]、다시[taɕi]、시옷[ɕiot]、훌륭하다[huʎʎyuŋhada]"等单词就是典型的例子。辅音/ㄴ、ㅅ、ㄹ/（[n、sʰ、r]）之后连接/ㅣ/（[i]）元音或/ㅣ/系列双元音时，一般会读成[ɲ、ʃ、ʎ]，而不是[n、s、l]。[n、s、l]是舌尖和上齿龈紧贴时发出的齿龈音，受后面/ㅣ/（[i]）元音的影响，与硬腭音/ㅈ、ㅊ/（[ts、tsʰ]）在同一部位上发音。但是

这种腭化现象与上述/ㄷ，ㅌ/（[t、tʰ]）腭化现象略微不同，这种发音现象难以用韩文标记，因此连韩语母语者也不容易辨别。

另外，韩语中还有/一/（[ɨ]）元音前面出现的腭化现象，但这种现象被视为不标准的腭化现象。例如将"끝을[kɨthɨl]、팥은[pʰatʰɨn]、밭을[patʰɨl]"读成"끄츨[kɨtsʰɨl]、파츤[pʰatsʰɨn]、바츨[patsʰɨl]"。一些方言里也会出现腭化现象，例如把"힘[him]"读成[심]（[ɕim]），把"형[hyəŋ]"读成[셩]（[sʰəŋ]），把"기름[kirim]"读成[지름]（[tsirim]），把"키[kʰi]"读成[치]（[tsʰi]）等。这些虽然也属于腭化现象，但都不能被视为标准语。

腭化现象普遍存在于很多语言中。我们可以再来看一下日语的五十音图：

〈表6〉日语的五十音图

	あ行	か行	さ行	た行	な行	は行	ま行	や行	ら行	わ行	
あ 段	あ a	か ka	さ sa	た ta	な na	は ha	ま ma	や ya	ら ra	わ wa	ん ŋ
い 段	い i	き ki	し shi	ち chi	に ni	ひ hi	み mi		り ri		
う 段	う u	く ku	す su	つ tsu	ぬ nu	ふ hu	む mu	ゆ yu	る ru		
え 段	え e	け ke	せ se	て te	ね ne	へ he	め me		れ re		
お 段	お o	こ ko	そ so	と to	の no	ほ ho	も mo	よ yo	ろ ro	を wo	

除了た[ta]行以外，其他所有行都是辅音依次与元音[a、i、u、e、o]结合发音的。只有た[ta]行打破规律读成た[ta]、ち[chi]、つ[tsu]、て[te]、と[to]。在这里，我们可以发现 [i] 元音前的 [ch] 和 [u] 元音前的[ts]都是 [t] 的腭化，由此可知，日语也存在腭化现象。但与韩语不同的是，日语的腭化不仅出现在 / i / 前面，还出现在 / u / 前面，也就是说日语的腭化现象出现在高元音前面。

下面我们通过〈表 7〉，看一下英语中的硬腭化现象：

〈表7〉英语的硬腭化现象

发音	示例				
[s]→[ʃ]	race	-	racial	office	-	official
[z]→[ʒ]	please	-	pleasure	confuse	-	confusion
[t]→[ʧ]	quest	-	question	act	-	actual
[d]→[ʤ]	decide	-	decision	conclude	-	conclusion

通过上述单词可以发现，英语中的腭化现象一般出现在滑音 / j / 和元音 / u / 之前，特别是"quest‑question、decide‑decision"等词汇中，出现了类似韩语"ㄷ[t]→ㅈ[ts]""ㅌ[tʰ]→ㅊ[tsʰ]"的腭化现象，因此韩语母语话者比较容易理解。同时，英语的腭化还会出现在句式结构中，例如"did you、want you、get you"，但是在元音 / i / 前面不发生腭化，例如：

I see *[ʃi]	I miss it *[miʃit]	I did it *[diʤit]

英语中腭化的另一个特征是会受到重音的影响，这是英语的一个特殊现象。也就是说，即便是已经形成腭化的环境，如果该音节重读，也可能不发生腭化。

〈表8〉 英语的重音和腭化

发生腭化	不发生腭化
fórtune	tune
percéptual	opportúnity
artifícial	substitútion

英语的腭化不仅会受到滑音/j/的影响，还会受到高元音/u/的影响，这点与日语相同。这种腭化现象普遍存在于韩语、英语和日语以外的很多语言中，例如汉语。从下面的例子中可以看出，齿龈擦音和塞擦音在前舌高元音前面出现了腭化现象（Lin, 2007）。

金（ʦin）[ʨin]	侵（ʦʰin）[ʨʰin]	新（sin）[ɕin]

我们可以发现，韩语是齿龈爆破音出现腭化，但汉语是擦音（s）和塞擦音（ʦ, ʦʰ）变成硬腭音（ɕ, ʨ, ʨʰ）。汉语的这种硬腭化现象在借用英语单词的时候也经常出现。例如，软腭塞音/k/和齿龈擦音/s/在前舌高元音前面需变成硬腭音（Lin, 2007）。请看下面的例子：

Kentucky [ʨi] 肯塔基	Wisconsin [ɕin] 威斯康星

以下例子是俄语的腭化现象，它一般出现在前舌元音/i/或/e/的前面。

〈表9〉俄语的硬腭化

俄语单词			意思		
stól	-	stolyé	桌子	-	桌子上
vkús	-	vkúsyen	味道	-	好吃的
dár	-	dáryít	礼物	-	给
dóm	-	domyísko	家	-	小家
bómba	-	bombyít	炸弹	-	放炸弹

■■□□ **6. 辅音弱化**

辅音弱化现象（consonant lenition）是指一个辅音出现在相邻的两个元音中间时，受到元音的影响发出弱音（即响度较高的声音）的现象。很多语言中都存在辅音弱化现象，如韩语的动词词干"걷[kəȶ]–（走）"连接词尾"어[ə]"时不发"걷어[kədə]"，而是变成"걸어"，读音为[거러]（[kərə]）。还有形容词词干"덥[təp̚]–（热）"连接词尾"어[ə]"时也不写作"덥어[tʰəbə]"，而是变成"더워"，其读音为[더워]（[təwə]）。

●●○○**延伸阅读**

辅音性和元音性

人们一般按照二分法把语音分为辅音和元音，即把语音分为两个极端，像男女、阴阳之分一样不存在中间阶段。但事实上人类的语音并非如此，就像在第五章音节中提到的那样，语音可分为多个阶段。

辅音性　　　　　　　　　　　　　　　　　　　　　　元音性

　阻音　　　　　鼻音　　　　　边音　　　　　滑音　　　　　元音

阻音是纯辅音，不具有元音性，而元音则不具有辅音性。鼻音和边音虽然属于辅音但是仍存在一定的元音性。滑音的元音性较强，又称半辅音或半元音。

因此像是"걷(다)[kəȶta]"中的"ㄷ[t]"在"걸어[kərə]"中发音为边音"ㄹ/r/"，"덥(다)[təp̚ta]"中的"ㅂ[p]"发为"워[wə]"中的"우[w]"等都是辅音性减弱、元音性增强的现象。响度（sonority）代表了声音的可传播距离，是元音的典型性特点中的一个，响度越高元音性越强。

辅音弱化现象一般出现在谓词的不规则形态变化中，举例如下：

问（老师）：	(선생님께) 묻다	물어	물었다
（用脚）走：	(발로) 걷다	걸어	걸었다
听（收音机）：	(라디오를) 듣다	들어	들었다
装（行李）：	(짐을) 싣다	실어	실었다

英语中也有类似"ㄷ[t]"变成"ㄹ[l]"的弱化现象。如下表所示，英式英语中发/t/音时，不发生音变现象。而美式英语中则把/t/读成[r]（确切地说应该是闪音[ɾ]）。从韩语的角度来看，英式英语属于规则的形态变化，而美式英语则属于不规则的形态变化。

〈表10〉 英式英语和美式英语中/t/ 的发音

语言＼单词	water	city	cotton
英式英语	wa[t]er	ci[t]y	co[t]on
美式英语	wa[r]er	ci[r]y	co[r]on

这种"ㄷ[t]"和"ㄹ[r]"音的交替现象，也可以通过对比韩语和越南语得到印证。

〈表11〉 韩语和越南语的汉字词终声对比

韩语	越南语	韩语	越南语
결과	kết quả	불안	bất an
결국	kết cục	발견	phát hiện
결혼	kết hôn	발생	phát sinh
발음	phát âm	발언	phát ngôn
발행	phát hành	발전	phát triển
물가	vật giá	불변	bất biến

〈表 11〉中的例子是韩语和越南语中的同义汉字词，这些汉字词的韩语收音都为"ㄹ[l]"，而越南语则以/t/来发音。通过这些例子，我们可以发现辅音/r、l/和/t/具有一定的关联性。

●●○延伸阅读

辅音的内部结构

语言学研究的一个极为重要的理论成果是提出了"结构主义"理论的基本概念——"结构"。结构概念的核心主张是，各种音段音位都是由具有区别性特征的更小单位组合而成的。虽然语音内部结构（internal structure of segments）的相关理论经过不断的发展和变化，已经与原本的区别性特征理论大不相同，但不变的是，它依旧认为"所有的语音都是由比其更小的成分构成的"。语音不仅会受到相邻语音的影响而发生变化（例如辅音同化现象），还可能会发生与相邻语音无关的、自身的变化。这种自身变化就是由语音的内部结构造成的。

简单地说，包括"ㄷ/t/"在内的齿龈音基本都含有内部构成要素"ㄹ[r]"。这两个发音非常相似，在经历变化之后，就会出现"ㄷ/t/"→"ㄹ[r]"或相反的语音变化。韩文标记法中提到，在发"ㄷ/t/"音的收音中，如果没有依据证明这个音应当标记为"ㄷ"，就应当标记为"ㅅ"（第7条）。这其实是指，如果这个发音来自于"ㄹ[r]"，就写作"ㄷ[t]"，如果不是，就写作"ㅅ[sʰ]"，因此，在"숟가락（술+가락）"和"젓가락（저+ㅅ+가락）"中，同一个收音"/t/"出现了不同的标记方法，同理，"섣달（설+달）""반짇고리（바느질+고리）"中也使用收音"ㄷ"。

中世韩语中像"戌술，佛붏，日싏"等汉字词收音为"ㄹ"后接"ㆆ"发成入声，出现"以影补来（이영보래）"现象，也正是因为这些汉字词在韩语中的收音"ㄹ"，和它们在中古汉语中的发音/t/是同一个音。著名电影演员周润发的英文名字是Chow Yun Fat，其中最后一个"发"字在韩语中标注为"발"，收音"ㄹ[r]"在英语中标记为"t"也是出于这个原因。（허용，2008b）

<表11>中越南语的终声发音，以及韩语中收音发"ㄹ"的汉字词（如"一""别"等）在日语中无一例外发成"ㅊ/tʃ/"，也是由于汉语的/t/发生了腭化现象所造成的。此外，下文中要提到的双唇辅音弱化现象也是由于辅音内部的结构所造成的。

辅音弱化现象在双唇音中也会出现。不管是英语的"bow-wow, piggy-wiggy"出现的辅音/p/或/b/与/w/之间的交替现象，还是韩语的"ㅂ[p]"不规则用法中出现的"ㅂ[p]"变成"ㅜ[u]"的现象，都属于该现象。下面是韩语"ㅂ[p]"不规则形态变化的例子：

덥-[təp̚]	+	어[ə]	→	더워 [təwə]
춥-[tsʰup̚]	+	어[ə]	→	추워[tsʰuwə]
고맙-[komap̚]	+	어[ə]	→	고마워[komawə]
반갑- [pangap̚]	+	어[ə]	→	반가워[pangawə]

以"ㅂ[p]"结尾的动词或形容词词干与词尾"어/아[ə/a]"连接使用时，"ㅂ[p]"被弱化变成"ㅜ[u]"音，已弱化的"ㅜ[u]"与后面的词尾"어[ə]"结合成"워[wə]"音。这种双唇音和"ㅜ[u]"元音之间的元音交替现象，也出现在韩语和汉语的汉字词发音中。

汉字"望""万"在韩语中读成[망]（[maŋ]）、[만]（[man]），在汉语中却各自读成"wàng[uang]"和"wàn[uan]"。

从第三章开始至此，我们从对比语言学的角度考察了自然语言语音的相关知识，分别为元音（第三章）、辅音（第四章）、音节和超音段音位（第五章）、音变现象（第六章）等。通过上述内容我们了解到，在语音的结构方面，语言之间具有相似性，这些现象并非是偶然出现的，而是人类语言与生俱来的（innate）特点。但与此同时，语言之间也存在不少差异。这种差异事实上是同一种语言项目在不同语言中呈现出来的不同面貌。换句话说，这种语言间存在的相似性和不同面貌，正是语言共性和特性的对立，也是原则（principles）与参数（parameters）的对立。

对比语言学从原则的角度去观察参数，试图揭示自然语言最根本的面貌，这有助于第二外语或第二语言的学习和习得。

第七章　词汇范畴

■□□ 1. 引言

　　每个人都有与众不同的外貌与性格，所做的工作也不同。语言中的单词也是这样，每个单词都有自己固定的表现形式。我们可以按其固有特征对单词进行分类，这样就可以得到不同的词汇范畴（word classes）。

●○○延伸阅读

主要的词汇范畴		
1. 名词（noun）	2. 代词（pronoun）	3. 数词（numeral）
4. 动词（verb）	5. 形容词（adjective）	6. 副词（adverb）
7. 感叹词（interjection）	8. 介词（adposition）	9. 冠形词（prenoun）
10. 连词（conjunction）	11. 系词（copula）	12. 量词（classifier）
13. 冠词（article）	14. 助动词（auxiliary verb）	15. 格标记（case marker）
16. 拟声拟态词（ideophones）	17. 存在词（existential marker）	18. 句式标记（mood marker）

　　按照语法特征和相关语言的语法特点对这些词汇范畴进行分类，就得到词类。也就是说，并非所有的词汇范畴都可以成为词类。例如，在韩语中称为"单位性依存名词"的量

词（分类词，classifier）为例，虽然韩语等语言都将其看作是一种词汇范畴，但韩语并不承认其独立词类地位。相反，汉语却将其称为"量词"，成为独立词类。日语也不把代词和数词看作独立词类，而是将其归为名词，而韩语却将二者视为独立词类。

那么，词类的划分标准究竟是什么呢？上面提到了单词的固有特征，指的是相关单词的形态特征、功能特征、语义特征，这3种要素就是词类的划分标准。如下表所示，名词从语义上看，是用来指称对象的名称；从形态上看，可带有复数标记和特定的后缀、格标记；从语法功能上看，可以在句中成为主语或宾语。而动词从语义上看，是用来描述对象动作的；从形态上看，在有的语言中表现出主谓一致的现象，或带有表示时、句式的词缀或词尾；从语法功能上看，可以在句中成为谓语。

〈表1〉 名词和动词在词汇范畴上的区别

单词的语义	名词	指示对象的名称。（산[山]/mountain-s）
	动词	描述对象的动作。（먹다[吃]/eat）
单词的形态/形式	名词	① 可带复数标记。（산[山]-들[复数标记]/mountain-s） ② 可带特定词缀。（부모[父母]-님[尊称后缀]/parent-hood） ③ 可带格标记。（산[山]-이[主格标记]，산[山]-을[宾格标记]，산[山]-에[处所格标记]）
	动词	① 可能存在主谓一致现象。（You go. : He goes.） ② 可能存在词形变化。（가[走]-고[可表并列]，가[走]-니[可表原因]，가[走]-서[可表顺承]）
单词的功能	名词	在句中充当主语或宾语。 （나는 산을 좋아한다. I like mountains.） 　我　喜欢　山。
	动词	在句中充当谓语。 （철수가 간다. He goes.） 哲洙走了。

但以上3种特征并不适用于所有的词类。例如，韩语的冠形词和副词虽然都有修饰功能，但很难找到两种词类的语义特点，英语的连词也是一样。尽管如此，各语言仍将它们看作单独的词类，这样做主要是为了便于解释相关语言的语法。

如果说，词类是为了方便解释相关语言的语法而设定的单词集合，那么不同语言理应会划分出不同的词类。例如，韩语传统语法共分出"名词、代词、数词、动词、形容词、冠形词、副词、感叹词、助词"9种词类，英语传统语法共分出"名词、代词、动词、形容词、副词、介词、连词、感叹词"8种词类，2种语言具有不同的词类体系。汉语则设定了12种左右的词类，将上面提到的量词和象声词（相当于韩语的拟声拟态词）等设为独立的词类。此外，不同学者对同一语言的词类划分标准也各不相同，有的学者认为韩语和英语的词类均超过10个。词类体系的划分之所以因语言和学者的不同而不同，原因在于不同语言的语法特点各不相同，对其进行解释的方法也不尽相同。

对比语言学关注的重点是各词汇范畴的存在与否，以及各词汇范畴特征的表现情况。具体来讲，第一，从存在性来看，有些语言可能会缺少上文提到的部分词汇范畴。例如，汉语、日语和韩语中就没有与英语的冠词相对应的词汇，而英语中也不存在与这3种语言的量词相对应的词汇。此外，极少数语言中没有形容词。要注意的是，某种语言中是否有某一词类，和是否将其视为独立词类，是不同的概念。

第二，不同的词汇范畴有不同的特点，在某些语言中表现得较为明显，在其他语言中可能没那么明显，这也说明了语言类型的不同。例如，名词多在语法性、数、格等方面表现出屈折变化，但这些变化在日语和韩语中是无法找到的。形容词一般可以直接或是借助系词（copula）等连接动词间接地承担谓语功能，但在有些语言中，形容词根本无法充当谓语。

语言间的这些差异也会干扰外语习得，下一节我们将具体观察韩语学习者在词汇范畴方面出现的几种偏误。

●●○○ 延伸阅读

日语和汉语的词类				

1）日语的词类

在日语的传统语法中，按照能否独立使用、是否拥有词形变化和句中功能等标准，将单词分为下列10种词类（안병곤，2009:24）。

独立词	有词形变化	可单独充当谓语	谓词	① 动词
				② 形容词
				③ 形容动词
	无词形变化	主语	体词	④ 名词
		可以充当修饰语（不能充当主语）	修饰谓词	⑤ 副词
			修饰体词	⑥ 连体词
		不能充当修饰语（不能充当主语）	连接	⑦ 连词
			独立词	⑧ 感叹词
附属词	有词形变化			⑨ 助动词
	无词形变化			⑩ 助词

2）汉语的词类

汉语的词汇分为实词和虚词，大致设立12～15种词类。

实词	名词、动词、形容词、数词、量词、副词、代词、叹词、象声词
虚词	连词、介词、助词、语气词

① 量词：单位名词（分类词）
② 代词：代用词（包括替代名词、动词、形容词、副词的词类）
③ 叹词：感叹词
④ 象声词：拟声词、拟态词（也看作形容词的下位分类）
⑤ 连词：接续词、连接词
⑥ 介词：前置词
⑦ 助词：特殊功能词，与韩语的助词不同
⑧ 语气词：通常置于句末，表示句式或情感

此外，还有学者将承担限定词功能的区别词看作单独的词类。汉语的词性并非固定不变的，使用环境决定了词类的属性。例如，"赠物"一词，既可以成为表示"礼物"的名词，也可以成为表示"赠送礼物"的动词；"直"一词，既可以成为形容词，也可成为副词。

■■□□　2. 韩语学习者的词汇范畴偏误

下面是母语为英语的韩语学习者在词汇范畴方面出现的偏误：

○ 이 가방은 예쁜이다.
　 这个书包很漂亮。
○ 우리 선생님은 아주 친절한입니다.
　 我们老师非常亲切。
○ 나는 한국말 공부 열심하고 싶어요.
　 我想努力学习韩语。
○ 장미 한 꽃 있어요.
　 有一朵玫瑰。

如上所示，母语为英语的韩语学习者在将形容词用作谓语时，会错误地在形容词后添

加叙述格助词 "-이다" 等成分。学习者也容易认为所有由副词派生后缀 "-이/히" 构成的词，其原形均为 "-하다"（例如：명백히 → 명백하다，깨끗이 → 깨끗하다 等），但事实并非如此。此外，母语为英语的学习者还存在量词误用的现象。

下面是母语为日语的学习者在词汇范畴方面出现的偏误：

○ 이번 강의는 어려웠지만 <u>중요하는</u> 내용이 많았다고 생각합니다.
　 我觉得这堂课虽然难，但却包含了很多重要的内容。
○ 일본과 한국의 풍습은 많이 <u>다른다</u>.
　 日本和韩国的风俗大不相同。
○ <u>저</u> 일은 어떻게 되었습니까?
　 那件事进展如何了？

母语为日语的韩语学习者有时会把一些形容词误用为动词。由于韩语和日语的指示代词 "이（这），그（那-近指），저（那-远指）" 用法不同，日本学生也易在该用 "그（那-近指）" 的地方使用 "저（那-远指，あの）"。

下面是母语为汉语的学习者在词汇范畴方面出现的偏误：

○ 나는 지금 한국 남자와 <u>사귀해요</u>.
　 我在和韩国男生谈恋爱。
○ 모든 사람은 다른 사람의 도움을 <u>필요한다</u>.
　 所有人都需要他人的帮助。
○ 우리는 기숙사에서 공부도 하고 <u>놀도</u> 합니다.
　 我们在宿舍既学习也玩耍。
○ 원래 저는 <u>자기</u> 꿈을 성공하고 싶어 한국에 공부하러 왔습니다.
　 起初，我是为了实现自己的梦想而来韩国学习的。

母语为汉语的韩语学习者经常分不清韩语的动词和名词，最典型的偏误就是造出像 "사귀해요、싸우해요" 等 "动词词干+하다（做）" 结构的错误表达。很多学习者在使用韩语形容词词形变化时也会出错，且越是学习经验不足的人越会受到母语汉语的干扰，经常在处理动词和形容词词形变化时不添加词尾。此外，反身代词 "자기（自己）" 一词的误用频率也很高。

从下节开始，我们将会考察名词、代词、动词、形容词等主要词汇范畴在不同语言中表现出的差别。

■■□ 3. 名词

名词是能够指称对象，在句中担当主语或宾语的词类。和动词一样，名词是在所有语言中最为普遍的词汇范畴。与名词相关的语法范畴有：性（grammatical gender）、数（number）、格（case）等，这些语法范畴在不同语言中会表现出不同的词形变化（declension）。

3.1 普遍特征

3.1.1 性

语法的性范畴作为一种语法要素，广泛出现在印欧语系的大部分语言和阿拉伯语，及亚非语系、达罗毗荼语系和尼日尔-刚果语系的语言中。虽然现代英语中没有性范畴，但古代英语中却曾经存在过。

〈表2〉存在性范畴的印欧语系诸语

语族	日耳曼语族	罗曼语族	斯拉夫语族	印度-伊朗语族
语言	德语	法语	俄语	印地语
	荷兰语	西班牙语	波兰语	
	瑞典语等	意大利语	捷克语等	
		葡萄牙语		
		罗马尼亚语		

在划分性范畴时，有的语言采用两分法，如阿拉伯语分为阳性和阴性，荷兰语分为通性（包括阳性和阴性）和中性；有的语言则采用三分法，如德语分为阳性、阴性和中性。一般语言在划分性范畴时通常与自然性别保持一致，但德语等有些语言却并非如此。

区分性范畴的语言，通常也会决定形容词或冠词的性别。如果名词为阴性，那么修饰它的冠词或形容词也需要与之保持一致（agreement），即同为阴性。

(1) 西班牙语的语法性别一致现象
    a. Él es un buen actor.　　　(He is a good actor.)
    b. Ella es una buena actriz.　　(She is a good actress.)

例（1a）的语法性别为阳性，例（1b）则为阴性。从例（1a）到例（1b）的性范畴的变化过程如下：首先，表示第三人称单数的阳性代词él变为阴性人称代词ella，例（1a）中actor的阳性词缀-or也变为例（1b）中的阴性词缀-riz。与此同时，冠词和形容词也要发生形态变化，即在un，buen后面添加阴性词缀-a分别变为una和buena。在法语中，名词的性甚至会影响到谓语。

与上述语言相比，韩语、日语、阿尔泰语系中的土耳其语和蒙古语等、乌拉尔语系中的匈牙利语和芬兰语等，汉语和藏语及泰语中没有性范畴，当然也不存在名词的性范畴与其他要素间的一致现象。

3.1.2 数

与其他大部分语言不同，汉语、越南语、泰语等孤立语和马来语等少数语言中没有复数标记。所以，在这些语言中，同一个句子既可以被理解为单数，也可以被理解为复数。在这些语言中，如果表示复数概念，一般会使用表示复数意义的词汇（包括量词）或采用单词重复的方式[1]。

（2）　马来语的单数和复数形式

单数：	orang	人（person）
复数：	orang-orang	人们（people）

但绝大多数语言中都存在复数标记。大部分欧洲语言严格区分可数名词（countable noun）和不可数名词（uncountable noun），相应地也会严格区分单数和复数形式，因此会出现冠词、形容词和谓语的一致现象。韩语和日语中虽然也有表示复数意义的后缀，但在使用时却并不十分严格。例如，韩语也可以说"사람（人）–들（复数后缀）、나무（树）–들"，但与数词一起使用时，名词通常不加复数后缀，而只说"다섯 사람（五个人）"。韩语中也没有谓语随单复数形式而变化的一致现象。因此例（3a）中，使用单数名词的"나무（树）"在韩语就是正确的，而使用单数名词"tree"的例（3b）就成为病句。

（3）　a. 산에는 나무가 많다. 山里有很多树。

　　　b. *There are lots of tree in the mountain.

虽然也有语言用前缀表示复数概念，但大部分语言一般都采用后缀（或词尾）的方式。从复数后缀的数量上看，有像韩语"–들"这样只拥有一个标记的语言，也有像蒙古语和非洲的豪萨语那样拥有多达十几个标记的语言。此外，有些语言也会像英语的"man/men"那样，通过单词内部的屈折变化来表达复数的含义。

---

[1]　韩语和日语中部分词汇可通过重复的方法来表达复数含义，如"집집（家家）""ひとびと[hitobito]（←hito+hito；人+人）"等。

3.1.3 格

有些语言的名词形态会随格的变化而变化，如俄语等大部分斯拉夫语支语言、印地语和罗马尼亚语等。日耳曼语族的语言在古代存在过明显的格变化，但绝大多数均已消失，仅有部分留存至今。英语的人称代词（I、my、me等）存在格变化，但普通名词没有。如下<表3>所示，德语中名词本身的形态变化只有部分残留，通过先行冠词和形容词的格变化可以判断格的种类。

〈表3〉德语的格变化（单数）：定冠词 + 好的（good） + 男人/女人/房子

格＼语法性别	阳性	阴性	中性
一格	der gute Mann	die gute Frau	das gute Haus
二格	des guten Mannes	der guten Frau	des guten Hauses
三格	dem guten Mann(e)	der guten Frau	dem guten Haus
四格	den guten Mann	die gute Frau	das gute Haus

不发生屈折变化的语言，大多会通过语序、附置词及其他词汇和语法要素表示格关系。如，英语和汉语可以通过语序判定格关系，韩语和日语则可以通过语序和后置词来推断。

3.2 韩语名词的特征

韩语的名词在性、数、格等三个方面均未表现出显著特征。但韩语的活动体名词和非活动体名词却使用不同的格助词。

(4) a. 아기가 <u>엄마에게</u> 안겼다.
　　　孩子被妈妈抱住了。
　　b. 아기가 <u>엄마 품에</u> 안겼다.
　　　孩子被妈妈抱在了怀里。

依存名词是韩语区别于其他语言的显著特征。在重视单复数概念的语言中，可数名词和不可数名词占据着重要的位置；而在区分大小写的语言中，普通名词和专有名词有着明显的区别。与这些语言相比，韩语的特征在于其存在依存名词。名词的显著特征之一在于其在所有词汇中的独立性最强，而像依存名词这般无法独立使用、对先行要素有很强依存性的名词实属特殊，这类依存名词根据分布情况还可划分为不同的种类。

　　韩语把量词（classifier）视为依存名词的一种。量词的选用并非取决于个别名词，而是按照指示对象的特点来确定。换句话说，在选用量词时，应首先判断指示对象是人、动物，还是事物。

（5）a. 차 한 대　　　　　b. 강아지 두 마리
　　　一辆汽车　　　　　　两只狗
　　　c. 나무 세 그루　　　d. 책 네 권
　　　三棵树　　　　　　　四本书
　　　e. 어른 다섯 명
　　　五个大人

　　量词的发达程度也是划分语言类型的重要依据之一，像汉语、日语、韩语、泰语、波斯语、东南亚诸语以及中美洲北部地区的玛雅语族（Maya languages）等，均为量词发达的语言。

　　在韩语中，除了像例(5)那样依存名词用作量词的情况，还有像例(6)这样普通名词充当量词的情况：

（6）a. 과일 두 상자
　　　两箱水果
　　　b. 주스 한 잔
　　　一杯果汁
　　　c. 다섯 사람
　　　五个人

　　韩语名词的另一大特征是有位置名词，如"위（上）、아래（下）、옆（旁边）、앞（前）、뒤（后）"等。在印欧语系语言中，这类词一般为前置词，但在韩语中，这类词则一般用于"名词+位置名词+助词"结构。此外，如例(7)所示，由于方位名词后可直接添加助词用作主语或宾语，因此属于名词。

（7）그 사람 (앞、뒤、옆、위、아래)에
　　　那个人（前面、后面、旁边、上面、下面）

　　从语法功能上看，韩语的名词可充当主语、宾语和补语等句子成分，且在使用时一般需要搭配格助词使用。但是，名词无法独立充当谓语，在做谓语时需要和"이다"一起使用。我们可以通过下列例句中"꽃（花）"的变化形式，了解韩语句词的语法特点：

(8)　a. <u>꽃</u>이 피었다.　　　（主语）

花开了。

b. 나는 <u>꽃</u>을 좋아한다.　（宾语）

我喜欢花。

c. 이것은 <u>꽃</u>이 아니다.　（韩语的补语）

这不是花。

d. 이것은 <u>꽃</u>이다.　　　（谓语）

这是花。

3.3　其他语言名词的特征

3.3.1　英语

英语的名词和其他语言一样，在句子中可充当主语、宾语和补语。

(9)　a. <u>Birds</u> sing.　　　（主语）

b. I like <u>birds</u>.　　　（宾语）

c. They became <u>birds</u>.　（补语）

英语中名词的形态不受性和格的影响，但是会随数的变化而变化。单数形式无标记，复数形式用"-(e)s"来表示。

(10)　a. *There are lots of tree in the mountain.

b. There are lots of trees in the mountain.

英语的名词无法单独充当谓语，用作谓语时，必须和"be"动词一起使用。

(11)　a. *He a student.

b. He <u>is</u> a student.

英语的名词必须与冠词搭配使用。例(12)之所以被判定为病句，是因为其违反了英语的语法规则，即在构成名词短语时，名词前必须要出现冠词、指示词或数词（안상철、최인철，2006:96）。

(12) a. *There is sandwich in the refrigerator.

b. *There is a sandwich in refrigerator.

c. *I am teacher.

除形容词前置修饰名词外，英语名词的修饰语均在名词之后。这一内容将在第九章进行详细说明。

(13) a. I met a boy who is very tall.

b. The house of her dreams is in this town.

3.3.2 日语

日语的名词是指没有词形变化，能够充当主语的独立词，因此也包括代词和数词。这一点与将代词和数词按照词义划分为独立词类的韩语有所不同。日语的名词可分为具体名词和形式名词，分别与韩语的自立名词和依存名词相对应。

日语的名词与韩语一样，没有数的变化，带有格标记"助词"。日语名词也区分活动体名词和非活动体名词，前者与动词いる（[iru]，有）搭配，后者则与动词ある（[aru]，有）搭配。

(14) いる[iru] vs. ある[aru]

a.	友達が[tomodachiga] 朋友	いる[iru]。 有	有朋友。
b.	家が[iega] 家	ある[aru]。 有	有家。

日语的名词同样不能独立充当谓语，在用作谓语时，必须与-だ[da]，-である[dearu]，-です[desu]等词（相当于韩语中的"-이다"）搭配使用。

日语与韩语一样，量词发达，具体特征如下（안수정，2006）：

第一，[人类]量词包括"名[mei]""人[nin]""方[kata]"3种。其中，"人[nin]"最为常用，"名[mei]"用于公文、报刊及统计数量中，而固有词"方[kata]"则为敬语，相当于韩语的"분（位）"。

第二，[动物类]量词包括"頭[tou]""匹[hiki]""羽[wa]"等。其中"頭[tou]"用于牛等体型较大的动物，"匹[hiki]"用于狗、猫、鱼等体型较小的动物，而"羽[wa]"则用于鸟类。

第三，［－生物，＋形象性］量词的选择取决于物品的形状。例如，一维线性量词"本［hon］"用于细长的事物，其使用范围相当广泛，既可以用于领带、皮带、香烟等物品，也可用于江河、道路，还可用于黄瓜、葱、香蕉等蔬果，以及胳膊、腿等身体部位。而二维平面类量词"枚［mai］""面［men］"等，则用于文件、纸币、邮票、明信片、卡片和毯子等平展的物体。

3.3.3 汉语

汉语是孤立语，其名词无性、数、格的变化。汉语的"是"相当于英语中的系词"be"，是名词充当谓语时的必需成分，但在日期、星期、天气等名词充当谓语时可以省略，如例（15）。

(15) 他是韩国人。

与韩语相同，汉语量词发达，其具体特征如下（안수정，2006；리란，2007；금보강，2010）：

第一，汉语中［人类］量词有"名""个""位"等。其中，"名"用于学生、军人、职员等具有特定身份的人；"个"的使用范围最广；而"位"相当于韩语中的"분"，带有尊敬意味。

第二，汉语中不存在像韩语的"마리"一样可以泛指各种动物的量词，而是根据动物的种类和体型不同，选用不同的量词。例如，描述猫、狗、鸟类等体型较小的动物时用"只"，描述体型较大的动物时用"头"，描述马等可驮运行李的动物时用"匹"，描述鱼类时则使用"条"或"尾"。

第三，汉语中不存在可以泛指各类交通运输工具的量词。韩语在说明汽车、火车、飞机等交通运输工具的数量时，可一概使用量词"대"，但汉语中却不存在这样通用的量词。在汉语中，描述汽车时用"台"或"辆"，描述飞机时用"架"，描述火车时则用"列"。

■■□ 4. 人称代词

代词是包括代动词在内的替代形式（pro-form）中最基本的一个分类。对比语言学对于替代词的关注点主要是几乎存在于所有语言中的人称代词。下面我们将考察自然语言中人称代词的普遍特征，以及韩语等个别语言中人称代词的具体特征。

4.1 普遍特征

人称代词通常会有人称和数的变化。在几乎所有的语言中，人称都会分为第一人称、第二人称和第三人称三种类别。数基本上可分为单数和复数两种形式。但在像缅甸的巴郎语（Palaung）等语言中，还存在双数（dual）形式，有些语言中甚至存在四种数的形式。

〈表4〉缅甸巴郎语（Palaung）的人称代词

数＼人称	第一人称	第二人称	第三人称
单数	ɔ（我）	ni（你）	ə（他/她）
双数	ar（我和你） yar（我和他/她，不包括听者）	par（你和他/她）	gar（他们俩）
复数	ɛ（我、你、他/她[们]） yɛ（我和他/她们，不包括听者）	pɛ（你和他/她们）	gɛ（他/她们[三人以上]）

大部分语言的第三人称有性的区分。虽然在汉语和西班牙语等语言中，单数和复数都有性的区分，但大部分语言都像英语那样，只有第三人称单数存在性的区分，复数则采用单一形式。在区分自然性别和语法性别的语言中，有些语言优先考虑语法性别，如德语；而有些语言则优先考虑自然性别，如荷兰语。

人称代词也可体现出谦逊或恭敬之义。如韩语、日语和汉语等语言中拥有表示谦逊的第一人称代词。表示尊敬含义的第二人称代词也广泛存在，在东方语言中，这些第二人称代词一般用来体现对话双方的地位高低，但在另一些语言中，这些代词的使用与地位高低无关。例如，在德语中，如果对话者一方使用了表示尊敬的第二人称代词，那么另一方也必须使用相应的代词以表示相互尊重（황중인，2003）。

人称代词表示尊敬之义时存在一个有趣的现象，即这些敬语通常源于人称代词的复数形式，这一点可以在德语等欧洲语言中得以印证。德语"Kommen Sie?（您来吗？）"中的"Sie"与"Kommen sie?（他们来吗？）"中的"sie"，拼写和发音完全相同，两者的区别仅在于书写时是否区分字母大小写。蒙古语中的"ta"原本也是第二人称代词的复数形式，但现在它的复数意义已经消失，仅用于需要表示尊敬的对象，如长辈、老师和老人等第二人称单数（유원수，2003）。

人称代词有时也会出现格的变化，如英语中的I、we和me、us等。这种屈折变化常见于日耳曼语族、罗曼语族、斯拉夫语族等隶属于印欧语系的大部分语言之中。

此外，在巴郎语等部分语言中，人称代词会根据是否包含听者而改变。具有这一特征的语言还有南美克丘亚（Quechua）族语言以及分布于澳大利亚东北方的所罗门群岛、巴布亚新几内亚、斐济等地的美拉尼西亚语族诸语。

4.2 韩语人称代词的特征

韩语的人称代词原则上存在人称和数的变化，共有三种人称形式，并有单复数之分。但是，韩语与日语一样，同属人称代词较不发达的语言，日常生活中常用的只有第一人称的平称"나（我）"和"우리（我们）"，谦称"저희（我们）"以及第二人称的平称"너（你）"和"너희들（你们）"，而表示尊敬的第二人称"당신（您）"仅在特定场合使用。最近在称呼老人时则常常使用"어르신（老人家）"。

可以说，韩语不存在单纯词形式的第三人称代词。"그（他）"虽然是单纯词，但其使用范围仍仅限于书面语。复合词"그녀（她）"虽然近些年来经常用于书面语中，但在一些语境中使用仍不够自然，如例(16a)。口语中，第三人称通常以"指示冠形词+名词"的形式出现，如例(16d)的"그 사람（那个人）""그 남자（那个男人）""그 여자（那个女人）"等。

(16)　a. ?여고 동창회에서는 그녀들만의 이야기로 꽃을 피운다.

女子高中同学聚会时，她们聊得兴致盎然。

b. 여고 동창회에서는 그들만의 이야기로 꽃을 피운다.

女子高中同学聚会时，她们聊得兴致盎然。

c. ?그/그녀 웃기지 않아? ?나는 그/그녀 별로 안 좋아해.

他/她不可笑吗？我不喜欢他/她。

d. 그 남자/여자 웃기지 않아? 나는 그 남자/여자 별로 안 좋아해.

他/她不可笑吗？我不喜欢他/她。

在口语中，"애、걔、쟤、이분、그분、저분"等词均可作为第三人称代词使用，但是它们都具有复合词的特征，且家庭成员或亲朋好友之间不能使用"이분、그분、저분"，而要使用与家庭成员身份相对应的称谓。

(17)　우리 아버지는 시골에서 태어나셨습니다. 가난한 시골 농부의 아들

태어난 (?그/?그분/우리 아버지)는 어렸을 때부터 효자였습니다.

我爸爸生在农村，他是一个贫穷农民的儿子，从小就是孝子。

另外，"저희（我们）"虽然是第一人称复数"우리（我们）"的谦称，但两者所指代的范围不同，"우리"包含听者，"저희"则不包含听者。

4.3 其他语言人称代词的特征

4.3.1 英语

英语人称代词（不包括事物）的特征如下：

〈表5〉英语的人称代词

数 格 人称	单数				复数			
	主格	属格	宾格	物主代词	主格	属格	宾格	物主代词
1	I	my	me	mine	we	our	us	ours
2	you	your	you	yours	you	your	you	yours
3	he	his	him	his	they	their	them	theirs
	she	her	her	hers				

第一，英语的人称代词会根据格的不同发生屈折变化。

第二，只有单数和复数的区分，无双数概念。

第三，第三人称单数有性的区分。

第四，第一人称复数不区分是否包括听者。

第五，不存在表示谦逊或尊敬的人称代词。

英语的人称代词有单复数之分，且必须与名词的数保持一致，如下例(18)：

(18)　a. He lost his shoes.

　　　b. He enjoys reading mystery novels, but I don't like them.

4.3.2 日语

日语的人称代词特征如下：

〈表6〉日语的人称代词

人称 \ 数		单数		复数	
1	平称	わたし ぼく 自分 おれ	[watashi] [boku] [jibun] [ore]	おれたち	[oretachi]
	谦称	わたし わたくし	[watashi] [watakushi]	われわれ わたしたち わたくしたちぼ くたち	[wareware] [watasitachi] [watakusitachi] [bokutachi]
2	平称	きみ おまえ	[kimi] [omae]	きみたち おまえたち	[kimitachi] [omaetachi]
	尊称	あなた	[anata]	あなたたち	[anatatachi]
3	男	彼	[kare]	彼ら	[karera]
	女	彼女	[kanozyo]	彼女たち	[kanojotachi]

第一，只有单数和复数的区分，无双数概念。

第二，第三人称的单复数均有性的区分。

第三，第一人称复数不区分是否包括听者。

第四，第一人称有平称和谦称的区分，第二人称中存在敬称。

第五，日语中常常使用第三人称代词，如"彼（kare，他）""彼女（kanozyo，她）"等。

●●○○延伸阅读

日语人称代词的用法

日语人称代词中的第一人称表达方式非常丰富。日常对话中较常使用的第一人称代词有表示单数的"わたし[watasi]""ぼく[boku]"和表示复数的"わたしたち[watasitachi]""ぼくたち[bokutachi]"等。在英语和韩语中，第一人称即"I"和"나（저）"的使用与性别、年龄无关；而日语中则需要根据性别、年龄、话者与听者的关系以及听者的地位，选用不同的人称代词。例如，使用频率最高的"わたし[watasi]"在用于女性时不分年龄，在用于男性时则多为成年男性所用；而"ぼく[boku]"和"おれ[ore]"的使用者一般为男性，这两词的使用虽不受年龄限制，但在辈分或地位比自己高的人面前，则不能使用。

　　表示尊敬的第二人称单数"あなた[anata]"主要用于妻子称呼丈夫，辈分或地位较高的人称呼辈分或地位较低的人，或是用于称呼第一次见面的人。除这些情况以外，日常对话中几乎不再使用。辈分或地位较低的人在称呼辈分或地位较高的人时，一般不使用，而要根据听者的性别和社会地位选用相应的称呼。日语中不存在类似于韩语"-님"的后缀形式。

あなた（?）/松尾	社長,	ここに	サイン	お願いします。
anata（?）/Matsuo	shacho:	kokoni	sain	onegaisimasu
你（?）/松尾	社长,	在这里	签字	请。

　　日语中第三人称"彼（kare, 他）"和"彼女（kanozyo, 她）"在口语中均较为常用，也可用于辈分或地位较高的人称呼辈分或地位较低的人时，或用于称呼第三者。

彼とは	いつごろ	結婚するつもり？
karetoWa	itsugoro	kekkonsurutsumori
和他	什么时候	结婚？

　　另外，日语也常用类似于韩语的"指示冠形词+名词"结构，例如"この人（konohito, 이 사람，这人）""その人（sonohito, 그 사람，那人）""あの人（anohito, 저 사람，那人）""この方（konokata, 이분，这位）""その方（sonokata, 그분，那位）""あの方（anokata, 저분，那位）"等。

4.3.3　汉语

　　汉语人称代词的特征如下：

〈表7〉汉语的人称代词

人称 ＼ 数		单数	复数
1		我	我们
2	平称	你	你们
	尊称	您	
3	男	他	他们
	女	她	她们

　　第一，只有单数和复数的区分，无双数概念。

　　第二，第三人称的单复数均有性别区分。

第三，第一人称复数不区分是否包括听者。

第四，第二人称单数"你"可用于称呼父母或近亲中的长辈，"您"则用于称呼陌生人、年长者以及地位较高的人。

大爷，您去哪儿？

第五，和韩语不同的是，汉语中第三人称单数"他"和"她"的使用频率非常高。

汉语的反身代词"自己"可用于第一人称，但韩语中"자기（自己）"只用于第三人称，第一人称的反身代词则为"나（我）"。这种差异也导致了母语为汉语的韩语学习者在造句时常常会出现例(19)中的偏误（고석주，2004）。

(19)　a. 제가 회사에 입사하려는 동기는 *자기(제가) 좋아하는 일이라서 하는 겁니다.
　　　　我申请贵公司的动机是因为自己喜欢。
　　　b. 나는 재학동안(학교 다니는 동안) *자기(저의) 대학 잡지의 영어판 편집장이었다.
　　　　在校期间，我是自己学校杂志的英语版总编。
　　　c. 나는 다시 한 번 *자기(자신)에게 스스로 물어봤다.
　　　　我再一次问自己。

■■□ 5. 动词

动词用来表示对象的行为，在句子中充当谓语，与名词一样，普遍存在于所有语言中。

5.1 普遍特征

动词会随主语的人称和数、时、体（aspect，如完成体、未完成体）、句式（mood，如陈述句式、虚拟句式、命令句式、疑问句式等）、语态（voice，如主动、被动）、极性（polarity，如肯定、否定）等而发生形态变化。前文已经提到，有些语言的名词和代词会根据人称和数而变化，在这些语言中，绝大部分的动词通常也会出现词形变化。

第一，有些语言的人称体现在动词中，如在土耳其语、阿拉伯语、西班牙语、德语和法语等语言中，动词的词形会因人称而改变。英语中也有类似情况，如动词后添加"-(e)s"表示主语为第三人称。

〈表8〉土耳其语动词的人称变化: gel（来）+di（表示过去）

数 ＼ 人称	第一人称	第二人称	第三人称
单数	geldim （我来了）	geldin （你来了）	geldi （他来了）
复数	geldik （我们来了）	geldiniz （你们来了）	geldiler （他们来了）

第二，有些语言的动词要与数保持一致。这一现象在欧洲的大部分语言和阿拉伯语等闪语族语言中很常见。

〈表9〉西班牙语动词的人称和数的变化: hablar（说）[2]

数 ＼ 人称	第一人称	第二人称	第三人称
单数	hablo	hablas	habla
复数	hablamos	habláis	hablan

第三，有些语言的"时"通过语法形式体现在动词中，如在韩语、英语和日语等很多语言中，有表示"时"（特别是过去时）的语法要素，动词的词形会因之而改变。而在汉语、泰语、越南语、马来-印尼语、缅甸语等语言中，不存在表示"时"的语法要素，动词也不会发生相应的词形变化[3]。

第四，"体"与"时"密切相关，一般表示行为的开始、进行和完结。同一种"时"可以同时表示完结和进行，如韩语中"먹어 버렸다（吃完了）"和"먹고 있었어（那时正在吃）"虽均为过去时，但前者表示行为的完结，后者则表示行为的进行。

俄语、波兰语等斯拉夫语支诸语和阿拉伯语都是"体"发达的语言。汉语中没有表示"时"的语法要素，但有表示"体"的语法要素，使用"了""着"等助词分别表示动作的完结、持续或进行（오미영译，2007）。"体"一般可分为完成体（perfective）和未完成体（imperfective）。进行体具有一定的选择性，英语有进行体，但德语和大部分的斯拉夫语支的语言却没有。大部分语言同时存在着"时"和"体"，根据其细分程度和是否在句子中必需出现，又可分为"时突显的语言"和"体突显的语言"。斯拉夫语支语言和阿拉伯语等属于后者，而前述的韩语、英语和日语等则属于前者。

第五，有些语言将助动词看作动词的次级分类，其中最为典型的当属印欧语系语言。

---

2 西班牙语的/h/为默音，并不发音。

3 有关"时"和"体"的说明详见第十章。

5.2 韩语动词的特征

韩语动词基本以"–다"结尾，其词形随时、体、句式和语态的不同而发生变化，例如动词"먹다（吃）"的词形变化有"먹었다（吃了）、먹고（있다）（在吃）、먹어라（吃吧）、먹히었다（被吃了）"等。但是动词的词形变化并不受人称和数的影响，例如动词"먹다（吃）"在表示不同人称和数时都只有一种形式。这与<表9>的西班牙语不同。

另外，韩语中存在补助动词（如먹어 보다），它类似于英语的助动词（如can、may、will等）。补助动词可表达多种含义，如进行（如먹고 있다）、完结（如먹어 버리다）、施与（如보여 주다）、尝试（如먹어 보다）、使动（如먹게 하다）、被动（如없어지다）、否定（如먹지 않다）、应当（如먹어야 하다）等。补助动词的语序与英语相反，位于主动词之后。

韩语的动词由词干和词尾构成。除了由于语音规则而发生的脱落现象（가+아→가，서+어→서）之外，这两个成分均为动词的必备成分。词尾在韩语中承担十分重要的功能，与敬语法（表示听者与话者的关系）、情态表达（表示话者意图和推测等）、使动表达（如-게 하다）、被动表达（如-어지다）和否定表达（如-지 않다/못하다/말다）等均有密切的关系。而韩语存在终结词尾这一点，在印欧语系，甚至在与韩语相近的阿尔泰语系中均难以发现，这是一个十分显著的特征（송재목, 1999a&b）。

韩语动词的另一个特征是韩语中存在连动词（serial verb）结构，如"잡아먹다（抓来吃）、삶아먹다（煮着吃）、구워먹다（烤着吃）"等。类似的连动词在泰语和西非的伊博语中也能见到。

5.3 其他语言动词的特征

5.3.1 英语

前文提到，动词的形态会因人称和数、时和体、句式和语态而改变，这些变化规则在不同语言中也存在差别。英语的"be"动词随主语的单复数形式以及语态不同而不同（参见例20a）。一般动词的形态只取决于语态（参见例20b），仅在第三人称单数现在式的情况下受主语人称的影响（参见例20c）。现在时借由动词原形实现，过去时中动词形态会发生变化，未来时则一般通过助动词（will, shall等）或类似"be going to"的短语动词（phrasal verb）得以实现（参见例20d）。其他如体、句式和语态等均通过助动词实现，否定极性也是如此（参见例20e–h）。

(20) a. I am a teacher.　　　　　　　They were teachers.

　　 b. I want a book.　　　　　　　I wanted a book.

　　 c. She reads a book.

　　 d. I am going to read a book.

　　 e. Spring has come.　　　　　　（体：完成）

　　 f. If you should find it, please let me know.　　（语气：虚拟）

　　 g. The city was destroyed by the war.　　（语态：被动）

　　 h. I don't like it.　　　　　　（极性：否定）

　　除此之外，英语动词还有现在分词、过去分词等分词形式，亦可以与承担连接作用的to一起构成不定式句。

(21) 现在分词例句：The dog came smiling wide.

　　 过去分词例句：She remains unmarried.

　　 不定式例句：　I want to see him.

5.3.2 日语

　　日语动词与韩语动词既存在相同或相似之处，也存在不同之处。例如，日语动词不会像西班牙语动词那样随着人称和数的变化而变化，但由于日语是黏着语，动词分为词干和词尾，词尾表现出形态变化的特点，这一点与韩语动词相同。除此之外，日韩动词还有以下共同点：

● 韩语和日语动词的共同点

① 属于独立词，在句中能单独充当句子成分。

② 有原形（日语为'-う[u]'，韩语为'-다'）。

③ 属于谓词的一个种类，可单独做谓语。

　　同时，日语动词和韩语动词也存在下列不同之处（안병곤，2009）：

　　第一，韩语由"词干+词尾"构成，而日语则由"词干+词尾+助动词（或助词）"构成。但日语的命令形和与韩语定语功能类似的连体形，不与助动词和助词结合。

　　第二，韩语的词尾拥有丰富的语义和语法功能，因而展现出多样的词形变化，而日语的词形变化与语义无关，通过助动词或助词，表现出六种词形变化形式（未然形、连用形、终止形、连体形、假定形、命令形）。日语中助动词和助词的功能与韩语的词尾类

似。例(22)是与韩语"읽다（读）"对应的日语动词"読む[yomu]"的几种词形变化形式。

---

(22)　日语动词"読む[yomu]"的词形变化

　　　a. 読[yo] ＋ま（ma, 词尾）　　＋ない（nai, 否定助动词）　　　읽지 않는다（不读）

　　　b. 読[yo] ＋み（mi, 词尾）　　＋ます（masu, 郑重助动词）　　읽습니다（读）

　　　　　　　　　　　　　　　　　＋が（ga, 转折格助词）、意味は[imiwa] わからない[wakaranai]。

　　　c. 読[yo] ＋める（meru, 词尾）　읽을 수 있지만, 의미는 알지 못한다（会读，但不懂意思。）

日语词尾和韩语一样，会随着时、语态（被动、使役）、体、句式（陈述、劝说、断定、推测等）、肯定、否定和郑重与否等发生形态变化。但日语和韩语词尾的具体变化规则不同。下面是日语词尾在不同"时"中的形态变化，由例句可知，日语词尾的现在时和未来时均以原形出现。

---

(23)　日语动词的现在时与未来时

　　　a. 现在: 今日[kyo:] …… 行く[iku]/読む[yomu].

　　　　　　　오늘 　　…… 간다/읽는다

　　　　　　　今天 　　…… 走/读

　　　b. 未来: 明日[asita] …… 行く[iku]/読む[yomu].

　　　　　　　내일 　　…… 갈 것이다/읽을 것이다

　　　　　　　明天 　　…… 要走/要读

此外，日语动词在敬语法中的使用规则不仅取决于话者和听者的关系，也受第三者的影响，这是日语动词区别于韩语的一个显著特征。如例(24)所示，在韩语中，不论听者是谁，动词"운동하다（运动）"在使用时一般都要与表示主体尊敬的"-시"相结合；而在日语中，当听者为家人时，"-します（simasu, 합니다）"不能使用主体敬语表达形式"-なさいます（nasaimasu, 하십니다）"。因此例(24a)是正确的，例(24b)则为病句。

---

(24)	a. 父は	毎	朝	運動-します。
	[chichiwa]	mai	asa	undo:-simasu]
	아버지는	매(일)	아침	운동합니다.
	爸爸	每(天)	早晨	运动。
	b. *父は	毎	朝	運動-なさい-ます。
	[chichiwa]	mai	asa	undo: -nasai-masu]
	아버지는	매(일)	아침	운동하십니다.
	爸爸	每(天)	早晨	运动。

上述规则同样适用于与授受关系相关的表达中。如例(25)中，(b)之所以是病句，是

因为该句使用的是表达主体尊敬的补助动词 –てください–[tekudasai]（←–てくださる [tekudasaru]），而没有使用补助动词 –てくれ–[tekure]（←–てくれる[tekureru]）。

(25)	a.	この	本は	父が	買って-くれ-ました。
		[kono	honwa	chichiga	katte-kure-masita]
		이	책은	아버지가	사 주었습니다.
		这本	书是	爸爸	买的。
	b.	*この	本は	父が	買って-ください-ました。
		[kono	honwa	chichiga	katte-kudasai-masita]
		이	책은	아버지가	사 주시었습니다.
		这本	书是	爸爸	买的。

●●○○延伸阅读

绝对敬语和相对敬语

　　虽然韩语和日语中都有敬语法，但具体用法却不同。韩语使用绝对敬语法，日语则使用相对敬语法。韩语中，给公司打电话询问社长是否在公司时，会使用动词"있다"的敬语"계시다"，即"사장님 계십니까?（社长在吗？）"，而接电话的职员也会使用"계시다"回答，即"사장님 안 계시는데요.（社长不在）"。这种情况下，职员使用了绝对敬语法，即在回答时优先考虑的是自己与社长的关系，而不是与打电话的人的关系。日语则相反，即说话时使用相对敬语法，对同属一个公司的人不使用敬语，而对其他公司的人则使用敬语。因此，上述情况中，"不在"对应的日语表达为"（おりません[orimasen]）（相当于韩语的"없습니다"）。（임형철，2008）

　　日语中也存在与韩语类似的补助动词，虽然种类比韩语少，但也可表达如"进行（-ている[teiru]，-ていらっしゃる[teirassyaru]）、保持（-ておく[teoku]）、完结（-てしまう[teshimau]）、施与（-てやる[teyaru]，-てくださる[tekudasaru]）、尝试（-てみる[temiru]）"等类似语义。

　　除补助动词以外，日语中还有助动词。日语助动词的作用不同于英语的助动词，不是用来辅助主动词表达一定的语义，而是位于谓词后，为谓词添加多种语义，以实现叙述功能，并能展示一定的词形变化。换句话说，日语的助动词不是"助+动词"的形式，而是"动+助"的形式，可将其看作与动词一样拥有词形变化的助词，或是像词尾一样具有补助动词功能的助词。日语助动词的概念在韩语中并不存在，但其很多语法和意义特征都与

韩语类似，如不能在句中独立使用、展示一定的词形变化、能够终结句子等特点，与韩语的后缀（使动、被动）、词尾、补助谓词和叙述格助词等在功能上有部分重叠之处（안병곤，2009）。也有学者主张不能将助动词看作词类。

从意义特征上来看，日语助动词种类繁多，可分为使役（せる[seru]，させる[saseru]）、被动（れる[reru]，される[sareru]）、可能（れる[reru]，される[sareru]）、自发（れる[reru]，される[sareru]）、尊敬（れる[reru]，される[sareru]）、否定（ない[nai]，め[me]）、推量（らしい[rashii]）、过去（た[ta]）、完成（た[ta]）、愿望（たい[tai]）、断定（だ[da]，です[desu]）、比喻（ようだ[youda]）等。这些助动词有的位于谓词或助动词之后，有的位于体词或助词之后，还可以根据词形变化分为动词变化形、形容词变化形、形容动词变化形和特殊活用形。除此之外，助动词还具有下列特征（안병곤，2009：193）：

第一，属于附属语，不能独立做句子成分，但有词形变化。

第二，一般位于谓词后面，用于添加一些语法含义或明确说话人的判断。

第三，与独立词相连，添加一定的语义。

5.3.3　汉语

汉语是孤立语，仅凭词汇形态很难区分词类。无论一个单词在句中充当主语、谓语、宾语、补语、定语、状语等何种句子成分，形态都可能不会发生变化。汉语的动词同样没有形态变化，更没有屈折变化形式，也不存在词尾或词缀。如在下列例句中，虽然"昨天、今天、明天"等词表现出不同的"时"，但动词"学习"的词形却始终相同。

(26)　汉语的"时"和动词
　　　a. 昨天我在学校学习。
　　　　어제 나는 학교에서 공부했다.
　　　b. 今天我在学校学习。
　　　　오늘 나는 학교에서 공부한다.
　　　c. 明天我要在学校学习。
　　　　내일 나는 학교에서 공부할 것이다.

汉语中还存在类似英语助动词概念的动词，即能愿动词。能愿动词一般用来表达"可能、允许、希望、意愿、必要、应该"等含义（송경안、이기갑等，2008a：85）。

(27)　我想买一些绿茶。
　　　나는 약간의 녹차를 사기를 원한다.

■□□ 6. 形容词

　　形容词用于表现人或事物的属性或状态，在句中具有修饰或叙述功能，存在于多种语言之中。

6.1 普遍特征

　　形容词具有以下特征：

　　第一，形容词主要表示事物的属性概念，属性的程度不同有时会引起形容词形态的变化（如bigger、biggest），而形容词前面也可以添加与程度相关的表达（如really big、too big）加以修饰。

　　第二，按引言处所说的语义分类标准来看，形容词兼具动词和名词的特征。名词具有稳定性，如"房屋、山、石头"等一般不随时间的推移而发生改变，而动词"跳、吃、扔"则会随着时间的变化而变化。从时间稳定性上来看，形容词位于名词和动词之间（Givón，1979）。正因如此，有些语言的形容词会表现出名词的特征，而有些语言的形容词却表现出动词的特征。前者可称为"形容词-名词语言（adjective-noun language）"，如拉丁语、法语、蒙古语和土耳其语等；后者可称为"形容词-动词语言（adjective-verb language）"，如泰语、印尼语等。

　　第三，在不同语言中，形容词既可以是开放性的，也可以是封闭性的。前文曾提到，名词和动词在所有的语言中都属于开放性词类，但形容词和副词却不一定。如英语的形容词属于开放性词类，而豪萨语的形容词只有12个，属于封闭性词类。

●○○ 延伸阅读

开放性词类和封闭性词类	
① 开放性词类（open class）	可持续出现新词汇，无数量限制的词类，如名词、动词。
② 封闭性词类（closed class）	不易出现新词汇的词类，如韩语的助词、英语的连接词。

6.2 韩语形容词的特征

韩语的形容词也表示属性的概念，但与英语不同，韩语形容词的词形不会像"bigger、biggest"一样随程度变化，但可以接受程度副词的修饰，如"더 맛있다（更好吃）"、"제일 크다（最大）"。韩语形容词不同于非洲的豪萨语，其词库是开放的。

前面提到，拉丁语、法语等印欧语系语言和蒙古语、土耳其语等阿尔泰语系语言的形容词的范畴与名词范畴相似，难以明确区分，而韩语的形容词范畴则与动词范畴具有类似的关系。

（28）　韩语形容词能够参与动词性动词结构

	韩语	英语
a. 动词句： 形容词句：	그들은 달린다. 他们　跑。 ↑ 착하다.（O） 善良	They run. ↑ kind（×）
b. 名词句： 形容词句：	그들은 학생이다. 他们　是学生。 ↑ 착하다.（×） 善良	They are students. ↑ kind（O）

由例（28a）可知，在韩语中，形容词"착하다（善良）"可以替换到动词"달린다（跑）"的位置上，从而构成"그는 착하다（他善良）"这一句子；但在英语中，形容词"kind"取代动词"run"构成的"They kind"这个句子则存在语法错误。例（28b）则与之相反，韩语例句中的名词"학생（学生）"不能替换成形容词"착하다（善良）"，而英语例句中的名词"students"却可以被形容词取代，构成"They are kind"这一句子。由此可知，韩语属于"形容词-动词语言"，其形容词具有动词的特征；而英语则属于"形容词-名词语言"，其形容词具有名词的特征。这也是韩语形容词本身具备叙述功能的原因。换句话说，韩语的形容词和动词一样，同属谓词。也正因如此，有些学者否认韩语中形容词的存在，而将其看作为状态动词（state verb）。（注：韩语中隶属修饰词的词类是副词和冠形词。）

韩语中没有"系动词+形容词"结构，形容词本身可通过各种词形变化构成谓语。如例（29、30）所示，形容词成句时的词形变化体系和词尾搭配规则与动词相同。但形容词不存在命令形和共动形，也不能与现在形词尾"-는다"连用（홍재성，1999a&b）。

(29) a. 재미있고　　　　b. 재미있어서　　　　c. 재미있게　　　　d. 재미있는

　　有意思　　　　　　因为有意思　　　　有意思地　　　　有意思的

(30) a. 재미있-으-시-겠-습-니-다　　　　　　　　d. 재미있어요?

　　有意思　　　　　　　　　　　　　　有意思吗?

b. 재미있습니까?　　　　　　　　　　　　e. 재미있느냐?

　　有意思吗?　　　　　　　　　　　　有意思吗?

c. 재미있니?

　　有意思吗?

(31) a. *재미있거라　　　　b. *재미있자　　　　c. *재미있는다

韩语形容词所具有的动词特征还体现在以下几点:

● **韩语形容词的动词特征**

① 一个词可以拥有形容词和动词两种词性。

例: 쓰다 (苦, 写)、달다 (甜, 挂)、차다 (凉, 踢)、되다 (硬, 完成)

② 可以是多义词, 即同时具有动词词义和表示静态的形容词词义。

例: 밝다/밝는다 (亮)、늦다/늦는다 (晚)、늙다/늙는다 (老)

③ 存在与不完全动词的概念相对应的不完全形容词。

例: "약아 빠지다 (机灵极了)"里的"빠지다 (表示程度深的助词)"只能以过去形出现。

④ 同一个意思既可用动词进行表达, 也可用形容词进行表达。

例: 모자라다 (动词, 缺) = 부족하다 (形容词, 缺)

6.3 其他语言形容词的特征

6.3.1 英语

英语的形容词不像动词那样随主语、"数"或"时"的不同而发生形态变化, 而是根据程度的不同, 通过添加比较级-er或最高级-est发生形态变化。"形容词"的英文表达为"adjective", 它来源于表示附加之意的动词"adject"。这一名称也很好地说明了英语形容词的功能为"进一步解释名词"。形容词在英语中发挥的作用可分为两种: 一是对名词的修饰功能, 也就是所谓的限定作用; 二是对名词的叙述功能, 也就是叙述作用。

(32)　a. There is a <u>pretty</u> house.　　　　（修饰）

　　　b. This house is <u>pretty</u>.　　　　（对主语的叙述）

　　　c. I found the house <u>pretty</u>.　　　（对宾语的叙述）

　　如例(32a)所示，英语形容词一般具有修饰功能，但它在句中却不能单独做谓语。这一点有别于动词，而与名词相同。因此，形容词在实现其叙述功能时，与名词一样需要一种形式来连接形容词和主语，这种形式就是例(32b)中的"be"动词，即前面提到的系动词（copula）。换句话说，英语中动词直接位于主语的后面，而形容词和名词则不能直接出现在动词的位置上，需置于动词之后。在这种情况下，系动词"be"紧跟主语之后，起到了连接动词的作用。例(32c)为"be"动词句的变形。

(33)　英语的be动词位置

此外，英语的形容词属于开放性词类，允许添加新词。

6.3.2 日语

　　日语中有两个范畴和韩语的形容词功能相似，一个是以"-い[i]"结尾的形容词，另一个是以"-だ[da]"结尾的形容动词，这两个范畴是在修饰后面的名词时，可以采用的两种不同形态。它们的很多特征都与前述的韩语形容词相同。如例(34)所示，日语的形容词和形容动词均体现了"形容词-动词语言"的特征，在句中可单独发挥叙述功能，也有不同的词形变化。但日语形容动词的词形变化规则与动词相似。

(34)　日语的形容词和形容动词

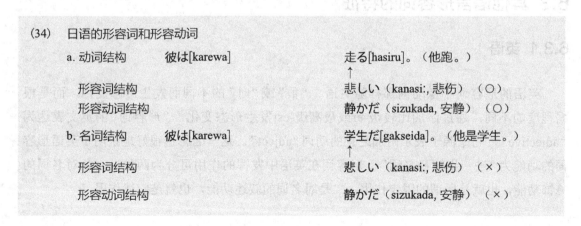

　　韩语和日语形容词在修饰名词时的不同之处在于，韩语的形容词后面要加定语转成词尾；日语的形容词则保持形态不变，依旧为基本形词尾"–い[i]"。与此同时，形容动词的原形"–だ[da]"则变为连接体词的连体形"–な[na]"，承担类似韩语转成词尾的功能。

（35）　形容词和形容动词的体词修饰功能
　　　　a. 形容词　　　バナナは　おいしい。　　　→　　　おいしい バナナ
　　　　　　　　　　　[bananawa oisi:]　　　　　　　　　　[oisi:　banana]
　　　　　　　　　　　香蕉好吃。　　　　　　　　　　　　 好吃的香蕉
　　　　b. 形容动词　　教室が　　　きれいだ。　　　→　　　きれいな　　　　　教室
　　　　　　　　　　　[kyo:sitsuga kireida]　　　　　　　　[kireina　kyo:sitsu]
　　　　　　　　　　　教室干净　　　　　　　　　　　　　 干净的教室

　　日语的形容词也具有开放性，可以添加新词，同时也可以受程度副词的修饰，如"もっと おいしい（motto oisi:，更好吃）、一番 おいしい（ichiban oisi:，最好吃）"。但日语形容词的词形不随程度的变化而改变，这一点与英语不同。

6.3.3 汉语

　　汉语的形容词既对名词起修饰限定作用，也承担对名词的叙述功能。与韩语相同，也属开放性词类。同时，汉语的形容词和动词范畴区分不明确，这也与韩语类似。因此，汉语的形容词也具有动词的部分特征。

（36）　汉语形容词的动词特征
　　　　动词句：　　　　　　　　他　　　　　　跑
　　　　　　　　　　　　　　　　　　　　　　　↑
　　　　形容词句：　　　　　　　　　　　　　 好

　　汉语形容词在修饰名词时位于名词前面，主要受程度副词的修饰。

（37）　好　东西
　　　　新　房子

　　如前文所述，不同于韩语或日语，汉语具有孤立语的特征，无词形变化，因此一个词不论用作名词、动词还是副词都不会发生形态变化。汉语的形容词在句子中转换为其他词类时，也会保持原来的形态。这一现象称为兼类现象，在这种情况下，一个词的词类是由句子的语序和结构决定的。

(38) 兼类现象

　　a. 形容词和名词兼类

　　　　形容词　　　　痛苦

　　　　名词　　　　　好多痛苦

　　b. 形容词和动词兼类

　　　　形容词　　　　训练严格

　　　　动词　　　　　严格训练

　　c. 形容词和副词兼类

　　　　形容词　　　　他快

　　　　副词　　　　　他快回来了

　　从上述例句中可以看出，汉语的形容词在句中可做谓语，且不像英语需要系动词连接。汉语的单音节形容词做谓语时，一般要和"更、真、很"等程度副词连用，在这种情况下，程度副词原本的含义有所弱化。

(39) 形容词做谓语

　　a. 双音节形容词

　　　　那个人诚实。

　　　　这个人老实。

　　b. 单音节形容词

　　　　花儿真美。

　　　　天气很冷。

　　汉语的多音节形容词在充当定语或状语时应借助结构助词，这也是汉语与其他语言的不同之处。当两个或两个以上音节的多音节形容词在句中做定语修饰名词时，形容词后要加"的"；当多音节形容词在句中做状语修饰动词时，形容词后要加"地"。汉语的单音节形容词则不需要加结构助词。

(40) 形容词和结构助词

　　a. 多音节形容词做定语

　　　例：漂亮

　　　　　我买了很漂亮的房子。

　　b. 多音节形容词做状语

　　　例：辛辛苦苦

　　　　　他辛辛苦苦地完成了。

第八章　构词法

■□□ 1. 引言

元音和辅音结合组成单词，单词和单词结合组成句子。尽管交流沟通是在句子或话语层面实现的，但根本在于单词。因为单词不仅能传达词义，也能传递很多其他信息。

> (1) 쓰신 책 (写的书)

上面的短语由两个单词构成，我们可以从中得出以下信息：

① 写的是书，而不是信。
② 不是读了书，而是写了书。
③ 写书的人不是我，而是比我年长的人。
④ 写书的时间点是过去。

通过词汇"쓰(다)（写）"和"책（书）"可推断出信息①和信息②，通过"-시"和"-(으)ㄴ"等语法要素可以得出信息③和信息④。这些单词和语法要素构成了最小的语义单位（minimal units of meaning），即语素（morpheme）。（语素是一个引进的概念，原为描述③"-시"和④"-(으)ㄴ"等不同语法表达方式的术语。）

例(1)中的"쓰신"里包括三个语素，即动词词干"쓰-"、非词末词尾"-시-"和属于词末词尾之一的定语形转成词尾"-(으)ㄴ"。这三个语素组合形成了整个单词的含义。词

干"쓰–"意指"用文字表达自己的想法"，它是"쓰신"这一部分的核心概念。非词末词尾"–시–"表示尊敬，通过该词尾可以得到信息③，即写书的行为主体不是话者的朋友或弟弟妹妹，而是比话者更年长、或身份地位更高，需要尊敬的人。词末词尾"–(으)ㄴ"是与"时"相关的语素，由此可推断出写书的时间点不是现在或将来，而是过去，并且后面接的不是"먹다（吃）、가다（去）、착하다（善良）、좁다（狭窄）"等谓词，而是"책（书）、편지（信）"等之类的名词。可见，语素用于构成词汇，是体现词汇具体含义的语言要素。

语素的种类和功能非常丰富。有的语素构成单词的基本材料或核心概念，如"쓰–"和"책"。有的语素位于单词的主干之后，用于表达附加信息或语法信息，如"–시–"和"–(으)ㄴ"。以"불만족스럽다（不满）"为例，该词的结构为"불（不）+만족（满足）+스럽다（表示具有该性质的形容词后缀）"。其中"불（不）"表示"아니다（不是）"之意，它位于名词前，将名词变为与原来相反的含义；"–스럽（다）"的功能是将前面的名词变为形容词。"불（不）"和"–스럽（다）"均为词缀，前者是附加于词根"만족（满足）"前面的前缀，后者是附加于词根后面的后缀。

本章我们将考察语素和单词的一般规则、语素的组合方式，以及它们在不同语言间的差异。

■■□□ 2. 韩语学习者的构词偏误

下面是母语为英语的韩语学习者在构词方面出现的偏误：

○ 그는 물건을 <u>도둑하였다</u>.
  他偷了东西。
○ 저는 어제 늦게 <u>잠하였습니다</u>.
  我昨天睡得很晚。
○ 친구들 내가 한국어 <u>배우기</u>를 몰라요.
  朋友们不知道我学习韩语。
○ 우리는 <u>다음</u> 아침에 떠났다.
  我们在第二天早晨离开了。

韩语中有一类派生法是在名词后加上后缀"–하다"构成动词。上述前两个句子正是由于这种派生法的过度泛化而造出的病句。第三个句子是由于派生后缀"–기"的过度泛化而导致的病句。最后一个句子属于与"다음날"等合成词有关的偏误。

下面是母语为日语的韩语学习者在构词方面出现的偏误：

○ 일본에도 유명한 스포츠 선수가 있지만 국내 <u>유명일</u> 뿐이에요.

日本也有著名的运动员，但只是在日本国内有名。

○ 대체로 한국 사람들은 <u>친절이다</u>.

韩国人大都很亲切。

○ <u>남자학생</u>들은 운동을 좋아해요.

男学生喜欢运动。

○ 나는 <u>국어의 교사</u>가 되고 싶어요.

我想当语文老师。

首先，"유명일、친절이다"是由于学习者受母语日语的干扰，没有使用"-하다"等后缀而出现的偏误。类似的例子还有"간단이다、편리이다、불편이다、위험이다、중요이다"等。后面两个句子中的"남자학생、국어의 교사"则是由于日语和韩语的复合法不同，学习者受母语干扰而出现的偏误。

下面是母语为汉语的韩语学习者在构词方面出现的偏误：

○ 나는 이런 아름답고 작은 <u>도(岛)</u>를 정말 좋아한다.

我非常喜欢这种美丽的小岛。

○ 우리 선생님이 우리 한국어학당에서 <u>최(最)</u> 훌륭해요.

我的老师在我们语学堂是最棒的。

○ 방의 문이 <u>닫았습니다</u>.

房门关了。

"도（岛），최（最）훌륭해요"是由于学习者没有掌握好韩语的汉字词使用方法而出现的偏误。因为在汉语中，汉字在使用时不发生谓词性变形，且单音节也可以单独使用，在韩语中则不然。最后一个句子是学习者不能正确使用使动和被动而出现的偏误，这类病句也很常见。

■■□□ 3. 语素的分类

语素相关的基本概念就是语素的类别。

3.1 依据实际意义分类

在前文例(1)中，"쓰신 책"的"쓰-"和"책"分别表达"写"和"书籍"的词汇意义，

而"–시–"和"–(으)ㄴ"则没有词汇意义，只具有语法功能。简单来说，若将这一表达翻译为其他语言，前者可以替换成与之对应的词汇，后者却很难甚至无法找到对应的表达。类似前者的语素称为词汇语素或实语素（lexical morpheme，full morpheme），类似后者的语素称为语法语素或虚语素（grammatical morpheme，empty morpheme）。名词、动词等称为单词的单位大体都属于实语素，而词缀或词尾等则属于虚语素。但在韩语中，助词虽类属单词，却被看作是虚语素。另外，从单词的角度上看，韩语的助词与英语的介词、连接词、冠词、代词一样，同属功能词（function words），与实义词（content words）相对立。实义词意指名词、动词、形容词、副词等表示事物、行动或属性的词汇，大体与词汇语素一致。功能词意指不传达词汇意义或概念，只承担语法功能的单词，大体上与语法语素一致。[1]

3.2　依据独立性分类

根据能否单独出现，即是否具有语法独立性，语素可分为自由语素（free morpheme）和黏着语素（bound morpheme）。从构词法角度上看，这一分类极具意义。因为词缀或词尾等黏着语素，除了其本身所具有的性质之外，在构成派生词等单词的过程中也起着重要的作用。韩语中"책（书）、가방（包）、어머니（妈）、집（家）、종이（纸）、매우（非常）、갑자기（突然）、온갖（所有）"等词属于自由语素，而"먹–고、착하–지"等谓词的词干或词尾，"이/가、을/를、은/는、도"等助词，以及"풋–、–쟁이"等词缀在句中不能单独出现，必须依存于其他语素，因此属于黏着语素。也就是说，判断某一语素是自由语素还是黏着语素，要视其语法独立性而定。

●○○延伸阅读

语法独立性与单词
所有的单词都具有语法独立性吗？显然不是。前面提到的韩语的助词即可说明并非所有单词都具有语法独立性。虽然大部分语言中的名词都是自由语素，但也有部分语言将名词看作黏着语素。例如，古希腊语中名词必须与表示格的词缀连用（Whaley, 1997）。

1　鉴于此，将代行名词功能的代词归类为实语素的合理性也有待商榷。词汇语素或实义词大致上属于开放性词类，新造词较多，而语法语素或功能词则属于封闭性词类，很难增添新词。从这一点上看，代词属于封闭性词类的可能性较大。

log-os	"word（主格）"	log-oi	"words（主格）"
log-ou	"word（属格）"	log-ōn	"words（属格）"
log-on	"word（宾格）"	log-ois	"words（宾格）"
log-ō	"word（与格）"	log-ous	"words（与格）"

上述表达中都含有"log"，由此可以确定其含义为"话（word）"，但该词并没有单独使用。该词与韩语的谓词相似，韩语中"먹＋（−다、−고、−게、−지、−으니、−어서）"虽含有"식（食）"的含义，但不能单独使用，古希腊语的"log"也是如此，它与韩语的谓词词干一样，同属黏着语素。

与名词相反，英语"-s"或韩语"−들"等复数标记虽然在大部分语言中都隶属黏着语素，但少数语言也将其视为自由语素。

3.3 依据功能分类

韩语中的"먹고、먹으면、먹어서"等表达和"먹이"一词都是在"먹（다）"的基础上附加黏着语素形成的，但它们的性质却不同。前者保留了"食物放到口中"的动词原义，仅借由词尾发生了形态变化；而后者则扩充或改变了原有的含义，其词性也由动词变成了名词，意指"动物的饲料"。英语中的"worked"和"worker"也是如此，这两个单词都是从"work"演变而来，但前者保留了"work"所具有的全部性质，只是将"时"变为了过去时；后者则不同，不仅扩充了词汇意义，其词性也变为名词[2]。在这种情况下，我们将前者称为屈折（inflection），将属于该类的语素称为屈折语素（inflectional morpheme，或屈折词缀），而将后者称为派生（derivation），将属于该类的语素称为派生语素（derivational morpheme，或派生词缀）。

具体来说，屈折语素是指表示句中各成分之间语法关系的语素，它提供句子的语法信息。例如，韩语词尾"-었/았-"表示"时"为过去时，助词"을/를"表示前面的名词为宾语，英语的-(e)s表示主语为第三人称单数，"时"为现在时。与此相反，派生语素是指改变词义，有时甚至改变词性或发音的语素。派生语素构成新的单词，因此，附有派生语素的词不同于附有屈折语素的词，它会作为新词收录到词典中。从宏观上看，屈折语素关乎句子，派生语素则关乎单词。屈折语素和派生语素都属于黏着语素,但两者存在以下不同点：

2　"work"也有名词词性，意为"工作"，但由于词缀-er的功能是接在动词后面，将动词变为表示动作主体的名词，因此"worker"应看作是由动词"work"派生而来的名词。

〈表1〉 屈折语素与派生语素的差别（Fromkin等，2011）

屈折语素	派生语素
语法功能	词汇功能
词性不变	词性可变
语义几乎不变	语义有一定的变化
与语法规则有关	与语法规则无关
位于派生语素后	位于屈折语素前
能产性	非能产性

关于<表1>的附加说明如下：

第一，派生语素并非一定会改变词性。如"치-（숯다）、（선생）-님、re-(turn)、(child)-hood"之类的派生语素是不能改变词性的。

第二，屈折语素应遵照语法规则使用，如"The boy is coming. vs. The boys are coming."，派生语素则不受语法规则影响，如"The waiter/waitress is coming."。

第三，屈折语素和派生语素的排列顺序为"词根+派生语素+屈折语素"，如"사랑-하-고、지혜-롭-은（지혜로운）、work-er-s、moral-ize-s"等。换句话说，靠近词根的是派生语素，而不是屈折语素。

〈图1〉语素的排列顺序

第四，韩语的助词和词尾分别与体词和谓词词干相结合，英语中表示复数的-(e)s可以与绝大部分名词相连。从这一点来看，屈折词素具有极强的能产性。与此相反，韩语中的"-답다、-롭다"等和英语的"-ize"等派生语素只能与特定词汇相结合，因此具有非能产性。换句话说，屈折语素不同于派生语素，其分布情况呈现出一定的规律。例如，英语的复数词尾-(e)s视情况而定，可有[-s]、[-z]、[-əz]三个发音，极具规律性。而派生语素的分布则很不规律，以"-ly"为例，它附加于形容词后，将形容词变为副词，但这一规则并非适用于所有的形容词，如不能构成"*small-ly、*big-ly、*young-ly"等词。-un也是如此，虽然它可构成"unhappy、unfair"等词，但"*unsad、unbrave"等词是不存在的（이익환、안승신，2001）。但从韩语的角度看，派生语素并非总是只具有非能产性，韩语中表示尊敬的"-님"和复数的词缀"-들"的能产性就是极强的。此外，将动词词形变为名词的"-(으)ㅁ，-기"也有较强的能产性，但这些语素原本为屈折语素，用于将动词短语或句子

变为名词，后来才作为派生语素使用，变为名词化词缀。

　　此外，屈折语素中经常会出现对立式形态变化（paradigm of opposites），而派生语素中则很难发现这种情况（Whaley，1997）。所谓对立式形态变化是指意义或功能上相互矛盾、相互排斥的语素集合，如"时"标记就属于对立式形态变化。两个不同的"时"不能同时出现在一个动词上，因此相应的语素之间也会互相排斥，不能同时使用。与之相比，派生语素则没有这种排斥现象。

　　相较于派生语素，屈折语素的含义更容易推断。如在英语中，屈折语素比较级"-er"的含义很容易被推测出来，但派生语素"-er"随前面的单词不同，意义也各不相同。例(2b)中的"-age"也是如此（이익환、안승신，2001）。

(2)	a.	teach-er	职业教师
		New York-er	纽约居民
		toast-er	烤面包机
		draw-er	抽屉
	b.	orphan-age	孤儿院
		post-age	邮费
		marri-age	婚姻行为

　　就屈折语素和派生语素的关系而言，Greenberg（1963）认为一种语言里若有屈折，必有派生 （语言共性，29）。

　　在世界语言中，相较于英语或汉语，韩语和日语的助词和词尾非常发达，屈折语素也较多。而英语中屈折语素的数量，同西班牙语等罗曼语族或俄语等其他欧洲语言相比，也是偏少的。

■□□　4. 词缀

　　词缀（affix）是派生语素，大体可分为前缀（prefix）与后缀（suffix）。此外，还有较为罕见的中缀（infix，又称插入词）和环缀（circumfix，又称框缀）。

　　词缀中最为常见的就是前缀和后缀。前缀是接在词根前面的词缀，后缀是接在词根后面的词缀。

〈表2〉 前缀和后缀

前缀	韩语	군—소리 废话	짓—밟다 践踏
		드—높다 高昂	풋—사랑 初恋
	英语	in-correct, re-play, pre-fix, de-composition, en-large	
后缀	韩语	사랑—하(다) 爱	선생—님 老师
		우리—들 我们	열심—히 认真地
	英语	parent-hood, journal-ism, social-ize, beauty-ful	

●●○○延伸阅读

词根与词干
从普通语言学的观点来看，词根（root）是指与词缀结合的实义语素，词根与词缀结合构成词干（stem）。例如，"system"是词根，"systematic，unsystematic，unsystematical"等是词干。词根和词干也可统称为词基。 　　韩语中词根的概念与上述内容相同，但词干一般是指谓词中区别于词尾的词汇语素。例如，"사랑하다（爱）"是词根"사랑（名词，爱）"后附加词缀"하—"而派生出的动词，其中"사랑하—"为词干，"—다"则为词尾。

　　词缀的意义或功能并不能决定它是前缀还是后缀。换句话说，某种语言中的后缀（如复数标记）在其他语言中可能成为前缀。相较于前缀来说，世界语言中后缀更具普遍性。学者们在对三大语言类型（依据动词位置划分）进行研究后，发现后缀和前缀的比例如下：

（3）后缀和前缀的比例
　　①动词居末型（SOV/OSV）语言　　—　　后缀5　：　前缀1
　　②动词居中型（SVO/OVS）语言　　—　　后缀2　：　前缀1
　　③动词居首型（VSO/VOS）语言　　—　　后缀1　：　前缀1

中缀是指既不位于词根前，也不位于词根后，而是位于词根内部的词缀。相较于前缀或后缀，中缀比较少见。环缀是指在词根前后同时出现的词缀，这种情况也比较罕见。德语的规则动词的过去分词形式，如"ge-lieb-t（loved、beloved）"便属于环缀。中缀和环缀比较罕见的原因之一在于单词具有难以分割的凝聚性。中缀会破坏词根的凝聚性，环缀则会破坏词缀的凝聚性。词缀各种类型的蕴涵关系大体如下：

(4) 后缀＞前缀＞中缀 ＞环缀

也就是说，如果一种语言中存在环缀，那么基本也会拥有其他所有类型的词缀；而存在中缀的语言中一般也都存在前缀和后缀；存在前缀的语言一般也存在后缀。韩语、英语等大多数语言中只存在前缀和后缀。

■■□ 5. 构词

5.1 单词的分类

单词按照结构可划分为如下几类：

(5) 单词的结构分类

单词 ┬ 简单结构（单语素词）：单纯词
　　　└ 复合结构（多语素词）┬ 合成结构: 合成词
　　　　　　　　　　　　　　　　└ 派生结构: 派生词

① 单纯词

单纯词是指由一个语素构成的词，或是由单一语素与词尾等屈折语素结合而成的结构简单的词语。前者的例子有"집（家）、나무（树）、바다（海）、house、tree、sea"等，后者的例子有"먹-다、가-고"等。前文提到，屈折语素不能用于构成新单词，因此不属于词汇的构成部分。

② 合成词

合成词是指由两个或两个以上的词根结合而成的复合结构的词语，如"시계탑（钟楼）、돌다리（石桥）、돌아가다（回去）、 housewife、highlight"等。

③派生词

派生词是指由词根和词缀结合而成的派生结构的词语，如"드높다（드+높다）（高昂）、개살구（개+살구）（野杏）、singer、moralize"等。

单词一般可分为单纯词、合成词、派生词三种类型，构词最为重要的过程便是合成和派生。接下来我们结合屈折变化，重点分析一下这两种构词法。

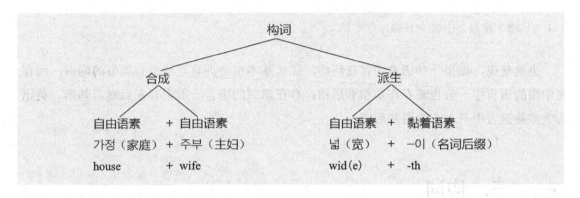

〈图2〉两种构词法：复合结构

●●○○ 延伸阅读

单词的定义：最小的独立语言单位

　　对单词进行准确定义并不容易，学界一般将单词看作最小自由形式（minimal free form）。类似"집（家）、얼굴（脸）、나（我）、너（你）、하나（一）、둘（二）"等体词，以及"매우（非常）、다른（不同的）"等修饰词由于本身具有独立性，因此可称为单词。

　　而"좁다（狭窄）、웃다（笑）"等谓词在词干和词尾结合时才具有独立性，因此这样结合的整体称为一个单词。所谓最小自由形式指的是单词应具备的两种性质，即最小性和独立性。

　　从最小性的观点来看，"시계탑（钟楼）、안팎（内外）"等合成词是存在问题的，因为这些单词从某些角度看违背了最小性原则。而这些合成词仍旧被看作单词的原因就在于停顿（pause）和分离性。也就是说这些单词的内部不能出现停顿，也不能插入其他词语进行分离。从独立性的观点来看，英语的"a、the"等冠词、韩语的"새（新）、온갖（一切）"等冠形词和助词也存在问题。因为英语的冠词和韩语的冠形词在句子中无法单独使用，必须与名词相结合。但是从分离性的角度上看，冠词或冠形词与名词这两种成分之间可以插入其他词，例如"the old boy""온갖 나쁜 소리（一切坏话）"等，并且在两种成分之间也可以很自然地添加停顿，如"a # boy、새 # 집"等，因此它们仍旧可被视为单词。（Whaley，1997）

　　助词也没有独立性，将助词看作单词的原因在于与之相结合的体词的独立性。换句话说，是因为助词附加于具有独立性的词上，具有易分离的特点。

5.2 屈折、派生与复合

5.2.1 屈折

前文提到，所谓屈折是指黏着语素附于词根上，表示格、时、复数、进行、完成等语法信息。屈折不会改变词义或词性，因此严格来讲不属于构词法。以下是与屈折相关的例句：

> (6) A. 韩语
>
> 먹+는：定语形 먹+고：连接形
>
> B. 俄语的格
>
> koška　　　"cat"（猫）
>
> koški　　　"of a cat"（猫的）
>
> koške　　　"to/for a cat"（给猫/为了猫）
>
> košku　　　"cat (direct obj.)"（把猫）
>
> C. 英语
>
> a. 名词：与数有关的屈折形式
>
> baker vs. bakers　　man vs. men
>
> b. 名词：与格有关的屈折形式
>
> baker vs. baker's
>
> c. 动词：与"时"有关的屈折形式
>
> pass vs. passed　　go vs. went
>
> d. 动词：与人称有关的屈折形式
>
> I like her. vs. He likes her.
>
> e. 形容词：与比较级有关的屈折形式
>
> pretty vs. prettier vs. prettiest
>
> f. 助动词：与"体"有关的屈折形式
>
> She is working. vs. She has worked.

如前所述，屈折不会改变词的固有含义或词性。拿例(6A)来说，"먹는"和"먹고"只是根据其后面的词选择了不同的词尾，而动词"먹다"所具备的词义和词性保持不变。例(6B)中的俄语也一样，即名词"猫"保留了固有的词义和词性，只是格出现了变化。例(6C)中的英语也是如此。

屈折的方法非常多样，既可以像韩语和英语一样将后缀置于词根之后，也可以像德语的"ge-lieb-t"一样在词根的前后添加环缀，还可以在词根前面添加前缀。阿拉伯语的屈折方法是在两个辅音之间添加元音（如 / ktb/ "写"的词根 → [katab] "他写了"），而马来西亚语则使用单词重叠的方法来表达复数（如orang "人" → orang orang "人们"）。

　　屈折分为体词性变形（declension）和谓词性变形（inflection、conjugation）两种类型。体词性变形是指第七章中所介绍的名词、代词、形容词的形态随性、数、格而发生变化的现象。例(6B)中俄语的格变化就属于体词性变形。韩语中"책이、책을、책에서"等名词后附加格助词的现象也被看作是体词性变形，但由于这种变化不是在名词内部，容易分离，因此其性质有别于印欧语系的体词性变形。值得一提的是，古代韩语中曾经存在"ㄱ的体词性变形"（如나모（木）–남기、**남ᄀᆞᆯ**等）和"ㅎ的体词性变形"（如돌（石）–돌히、돌콰）等单词内部的体词性变形现象。

　　谓词性变形是指动词的形态随人称、数、性、时、语态、语气等因素的变化而发生变化的现象。例如西伯利亚地区的原始部落语言楚科奇语（Chukchee）中，由动词词缀即可推断出主语、宾语的单复数形式和人称。古代韩语中的一部分动词也存在谓词性变形现象。

●●○○ 延伸阅读

古代韩语的谓词性变形

a. 청초 우거진 골에 **자ᄂᆞᆫ다 누엇ᄂᆞᆫ다**

　　绿荫幽谷里你是在**熟睡**，还是在**休憩**？

　　푸른 풀 우거진 골짜기에 (너는) 자고 있느냐 누워 있느냐?

b. 내 이룰 윙(爲)ᄒᆞ야 어엿비 너겨 새로 스믈 여듧ᄍᆞ롤 **밍ᄀᆞ노니**

　　我怜悯百姓，为此创制二十八字。

　　내가 이것을 위하여 불쌍히 여겨 새로 28자를 만드니.

　　例(a)的"ᄂᆞᆫ다"相当于现代韩语的疑问形终结词尾"–니/느냐?"，但二者有所不同。古代韩语的"–다"只用于第二人称，因此即便句中没有明确标示，也能通过该词尾推断出其主语为听者。例(b)也是同理，与现代韩语的"만드니"（创制）相对应的古代韩语"노니"中，包含了表示主体为第一人称的语素（"–노–"의 "오"：＋오），我们由此可以推断出写这篇文章的主体正是创制训民正音的人。

5.2.2 派生

1）派生的分类

　　派生指通过附加词缀增添新的单词意义。根据词根是黏着语素还是自由语素，派生可分为一次派生和二次派生。（이철수、김준기，2000）

(7) 根据词根是黏着语素还是自由语素可分为:

a. 一次派生: 词根为黏着语素时

英语	con-ceive anim-al	de-ceive anim-ate	re-ceive anim-ism
韩语	맞-웅(마중)	깨끗-하다	아름-답다

b. 二次派生: 词根为自由语素时

英语	en-able act-ive	en-close act-or	en-list act-ress
韩语	집-웅(지붕)	청소-하다	꽃-답다

派生既可以保持词根词性,也可以改变词根词性。例如,韩语动词"먹(다)(吃)"后加上派生后缀"-이"就变成了名词"먹이(吃的东西)",即词性发生了变化,而动词"밟다(踩)"前加上派生前缀"짓-"构成"짓밟다(践踏)",虽然形成了一个新的词,但词性并没有发生变化。

〈表3〉 改变词性的派生法和不改变词性的派生法

不改变词性的派生法	英语	dis-continue boy-hood	dis-count man-hood	dis-trust neighbor-hood
	韩语	짓-밟다(践踏) 부채-질(扇扇子)	애-쓰다(费心) 선생-님(老师)	휘-감다(缠绕,围绕) 녹-이다(融化,解冻)
改变词性的派生法	英语	名词 → 动词	en-courage	n-danger	en-slave
		动词 → 名词	love-er	run-er	teach-er
		名词 → 形容词	care-ful	girl-ish	child-less
		形容词 → 名词	warm-th	good-ness	similar-ity
		形容词 → 动词	real-ize	sharp-en	simple-ify
		动词 → 形容词	read-able	sleep-y	forget-ful
	韩语	名词 → 动词	사랑-하다(爱) 청소-하다(打扫) 공부-하다(学习)		
		动词 → 名词	먹-이(饲料,食物) 맞-웅(→마중)(接站,接机) 죽-음(死亡)		
		名词 → 形容词	꽃-답다(如花) 지혜-롭다(智慧、聪明) 가난-하다(穷、穷困)		
		形容词 → 名词	넓-이(宽度) 크-기(大小) 검-둥이(小黑、黑狗)		
		形容词 → 动词	높-이다(增高、加高) 좁-히다(使减小、缩小) 낮-추다(降低、压低)		
		动词 → 形容词	믿-업다(→미덥다)(可靠、值得信任) 깃-브다(→기쁘다)(高兴、开心) 반기-압다(→반갑다)(开心、喜悦)		

　　派生词缀中既有能产性较强的词缀，也有能产性较弱的词缀，前者称为活性词缀（living affix），后者称为僵化词缀（dead affix）（이익환、안승신，2001）。英语中的"-ness、-able、-ly"等词缀属于活性词缀，而"-hood、-dom"等词缀则属于僵化词缀，这些僵化词缀仅存在于"childhood、kingdom"等特定单词中，基本不再构成新词。韩语中的后缀"-엄、-웅"也属于僵化词缀，仅在"무덤（묻+엄）（坟墓）、주검（죽+엄）（尸体）、기둥（긷+웅）（柱子）"等特定词语中使用，不能再发挥派生词缀的功能。

　　2）各语言的特征

　　本节主要介绍韩语、英语和日语的派生法。汉语属于孤立语，在派生法方面并无特别需要提及的特征，在此不做分析。

　　① 韩语的派生法

　　韩语派生法的特征如下（이관규，2012）：

　　第一，前缀派生的使用环境较为有限，仅出现在名词、动词和形容词中。

군-소리（名词）	치-솟다（动词）	드-높다（形容词）
废话	往上涌	高昂

　　第二，前缀不改变词性，即前缀派生除特殊情况（如"마르다[动词, 干] → 메마르다[形容词, 干枯]"）外, 词性不会发生变化。

　　第三，前缀的形态有时会发生变化。

올-벼 vs. 오-조	애-호박 vs. 앳-되다
早稻 vs. 早谷	西葫芦 vs. 稚气
멥-쌀 vs. 메-벼	찹-쌀 vs. 찰-벼
粳米 vs. 粳稻	糯米 vs. 糯稻

　　第四，后缀派生的能产性较强，可广泛用于名词、代词、数词、动词、形容词、冠形词、副词和助词等多种词类。

　　第五，后缀派生中，既包括不改变词性的单词性词缀，也包括改变词性的句法性词缀（syntactic affix）。

单词性词缀:	멋-쟁이	깨-뜨리(다)
	潮人	打破
句法性词缀:	넓-이	사랑-하(다)
	宽度	爱
	없-이	밖-에(조사)
	没有	除了
	믿-업(다) (→미덥다)	
	可靠	

●●○○延伸阅读

名词后缀和名词形转成词尾 "-음"

얼음①이 얼음②은 날씨가 추워졌기 때문이다.
结冰是因为天冷了。
그의 죽음①은 우리를 슬프게 한다.
他的牺牲令我们伤心。
그가 죽음②으로 우리는 전쟁에서 이길 수 있었다.
他的牺牲使我们在战场上取得了胜利。

上述"얼음（冰）"和"죽음（死亡）"中的"-음"就是名词后缀或名词形转成词尾。像"얼음①"和"죽음①"这样添加了名词后缀的是名词，"얼음②"和"죽음②"这样添加了名词形转成词尾的就是动词。两者如何区分呢？以下是两种判断方法：

1）名词不能变为过去时，而动词可以。上述例句中"얼음②"和"죽음②"可以变为"얼었음"和"죽었음"来描述过去发生的事情，但"얼음①"和"죽음①"则不行。
2）添加修饰词时，添加定语形词尾"-(으)ㄴ"的是名词，添加状语形词尾"-게"的是动词。
(단단한) 얼음①이 (단단하게) 얼음②은 날씨가 추워졌기 때문이다.
冰结得很厚是因为天冷了。
그의 （거룩한） 죽음①은 우리를 슬프게 한다.
他（伟大的）牺牲令我们伤心。
그가 (거룩하게) 죽음②으로 우리는 전쟁에서 이길 수 있었다.
他（伟大的）牺牲使我们在战场上取得了胜利。

② 英语的派生法

英语的派生法特征如下（이익환、안승신，2001）：

第一，前缀派生时也可能改变词性。

en-courage　　en-danger　　a-bed　　be-cloud

第二，派生后缀非常多，且大部分都会改变词性。

●●○○ 延伸阅读

英语的派生法

1) 派生词
   a. 名词 → 形容词

   boy + ish　　　　　virtue + ous　　　　Elizabeth + an
   picture + esque　　affection + ate　　　health + ful
   alcohol + ic　　　　father + ly　　　　　idea + al
   child + like　　　　cloud + y

   b. 动词 → 名词

   acquit + al　　　　clear + ance　　　　accuse + ation
   confer + ence　　　sing + er　　　　　　conform + ist
   predict + ion　　　free + dom　　　　　post + age
   inhabit +ant　　　　drive + ing　　　　　arrange +ment

   c. 形容词 → 副词

   exact + ly　　　　　easy + like

   d. 名词 → 动词

   category + ize　　　vaccine + ate　　　　brand + ish
   beauty + fy

   e. 名词 → 副词

   north + ward(s)　　clock + wise

   f. 形容词 → 动词

   national + ize　　　black + en　　　　　simple + ify

   g. 动词 → 形容词

   read + able　　　　creat + ive

   h. 形容词 → 名词

   happy + ness　　　sane + ity　　　　　free + dom
   ideal + ism　　　　radical + ist

2) 派生词的规律
   通过上述派生词，我们可以构建派生规律。以下就是例(g)关于"-able"的相关规律：他动词后加后缀"-able"，便可构成意为"可以成为~"的形容词。

$$[_{vt} X] \rightarrow [_{adj} [_{vt} X] \text{-able}]$$
意义：X可以成为

第三，英语中还有不添加词缀就能转换词性的情况，这种现象在韩语中很罕见。

名词　→动词: water（给水），fish（捉鱼）
形容词→动词: free（释放），clean（清扫）
动词　→名词: permit（驾照），import（收入）
形容词→名词: (the) rich（富人），(the) old（老人）

第四，从词缀的排列顺序来看，屈折词缀加在所有派生词缀之后，且只能添加一个，因此英语中没有类似"playinged、playeding"的单词。

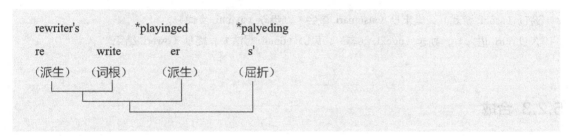

●●○ 延伸阅读

Greenberg的语言共性 39：词缀的排列顺序

表示数和格的语素在与名词词根结合时，要按照"名词＋数＋格"的顺序排列。Greenberg将表示数和格的语素定义为屈折语素，在韩语和日语中，这一规则也同样适用，如"학생（学生）+들（表复数）+이（主格助词）""学生（学生）+たち（表复数）+が（主格助词）"。

③ 日语的派生法

日语派生法的特征如下（양경모，1990；안병곤、최태욱，2000）：

第一，日语的派生大多借由汉字前缀来实现，通过纯日语前缀进行派生的情况不多。日语的汉字前缀约有250种。纯日语前缀中能产性较强的有表示尊敬或谦虚的"お（御[o]）"以及表示"大"的"（大[o:]）"、表示"小"的"（小[ko]）"、表示"首次"的"（初[hatsu]）"等。

お（御）：	お顔（ogao, 尊颜），	お話（ohanasi, 话语）
おお（大）：	大波（o:nami, 大浪），	大通り（o:do:ri, 大路）
こ（小）：	小島（kozima, 小岛），	小雨（kosame, 细雨）
はつ（初）：	初霜（hatsusimo, 初霜），	初雪（hatsuyuki, 初雪）

第二，后缀派生可分为单词性派生和句法性派生。句法派生中由动词派生而来的名词较为特殊，它不需添加任何后缀，而是直接采用动词词形变化之一的连用形充当名词。这一方法有别于由形容词或形容动词派生而来的名词。

> 遊び（asobi, 游戏），集まり（atsumari, 聚会），歩み（ayumi, 步伐），
> 入り（iri, 进入），動き（ugoki, 动态），思い（omoi, 想法），終り（owari, 结束）

5.2.3　合成

1）合成的特点

合成法是指由两个或两个以上的实义语素（词根）结合构成新词的方法，如"school-bus、밤-낮（昼夜）"。虽然构成合成词的语素在不同语言之间存在着差异，但从语言共性的角度来看，这些语素主要是名词、动词和形容词。合成词的词性取决于中心词（head）的词性，一般为名词、动词或形容词。韩语中可以构成合成词的还有冠形词、副词和叹词，且合成词的词性非常多样。

〈表4〉合成词示例

语言　　　合成词的构成	英语	韩语
名词 + 名词	housewife	돌다리（石桥）
名词 + 动词	window-shop	힘들다（累）
名词 + 形容词	snow-white	맛있다（好吃）
动词 + 名词	pickpocket	디딤돌（阶石）
动词 + 动词	sleepwalk	돌아가다（回去）
形容词 + 名词	greenhouse	큰형（大哥）
形容词 + 动词	whitewash	게을러빠지다（懒惰不堪）
形容词 + 形容词	bittersweet	머나멀다（遥远）

大部分语言都存在"名词＋名词"，即两个或两个以上名词相结合的构词法。然而单词的位置在不同语言中存在一定的差异。例如，英语和德语等日耳曼语系的语言是属于左分枝语言（即附属语位于其修饰的中心语前面），而法语等罗曼语族的语言则恰好相反。因此，英语的"railway"在法语中则变为"chemin[road]-de[of] -fer[iron]"。韩语和日语的构词法与英语相同，例如"철로（铁路）、鉄路[tetsuro]（铁路）"。

合成名词的另一种结构是"动词＋名词"结构。这个结构常见于动词和宾语的结合，即VP（动词短语）中。英语或法语等使用VO语序的语言中普遍存在"动词＋名词"的结构；而在韩语等OV语序的语言中构成合成词时，需先把动词变为定语形或名词形，例如"볼일（보–＋ㄹ＋일，要做的事）， 디딤돌（디디–＋ㅁ+돌，垫脚石）"，形容词亦是如此。欧洲语言中，既有像英语一样在动词原形后加单数名词的语言（如"pickpocket、breakfast、spoil-sport"）；也有将动词用作第三人称现在时的语言，如法语（例如grille-pain "toaster" [lit. "toasts bread"]）；还有将中心词变为复数形式的语言，如西班牙语（rascacielos "skyscraper" [lit. "scratches skies"]）。

(8) 合成法

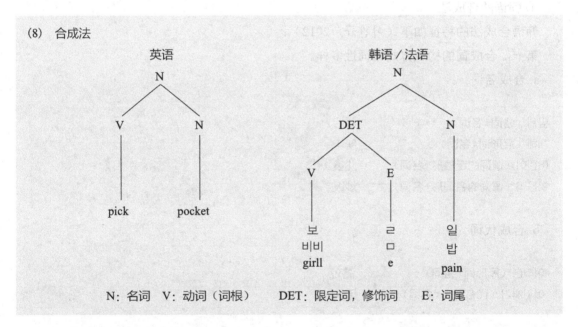

N: 名词 V: 动词（词根）   DET: 限定词，修饰词   E: 词尾

关于合成动词，我们还能发现一个有趣的现象，就是在世界上的一些语言中，所有动词都为"V＋N"结构，如澳大利亚的部落语金古卢语（Jingulu）。这门语言只有"do、make、run"三个基本动词，因此在需要表达其他动词意义时，会将相应的名词和基本动词结合。例如"睡觉"一词的表达为"do a sleep"（Wikipedia, Compound）。合成动词中最为常见的两种结构是"动词（V）＋动词（V）"结构（如"알아보다[了解]，sleepwalk"）和"名词（N）＋动词（V）"结构（如"힘들다[累]，manhandle"）。但由于前一种结构还可被用来表达连动词（serial verb）和"主要动词＋助动词"结构，因此"V＋V"结构并不一定是合成动词。

　　连动词和合成动词的差异在于，前者是用两个或两个以上的动词来表达两个或更多的动作，而后者则是用两个或两个以上的动词来表达一个动作。因此，从严格意义上来讲，英语的"come and see"以及韩语的"오르내리다（上上下下）、삶아먹다（煮着吃）"等词不算合成动词（但韩语中将其视为合成词）。这些词包含的两个动作在意义和语法表达中发挥的作用相似，有的还具有连续性。构成合成动词的两个动词中，一般有重要程度之分（light verb或vector），某些情况下即使省略其中不重要的动词，词义也不会发生大的变化，这些不重要的动词可以被其他词代替。例如韩语的"알아보다（打听）"中"알다（知道）"是中心词，而动词"보다（尝试）"即使被删除，也不会对整个词义产生大的影响。再如"돌아가다（去世）"可以用"죽다（死）"来替换。类似的合成动词在英语中很少出现，常见于韩语、日语、一些阿尔泰语系语言（如乌兹别克斯坦语、哈萨克语）和印地语中。另外，与"V+N"结构相比，"N＋V"结构更为常见。

2）各语言的特征

① 韩语的合成法

韩语合成法的特征如下（이관규，2012）：

第一，合成词的构成方式和词性多样。

a. 合成名词

앞뒤（名词+名词）	前后
새해（冠形词+名词）	新年
어린이（谓词的定语形+名词）	儿童
볶음밥（谓词的名词形+名词）	炒饭

b. 合成代词

여러분（冠形词+名词）	各位
여기저기（代名词+代名词）	到处

c. 合成数词

열하나（数词+数词）	十一
하나하나（数词+数词）	一一

d. 合成动词

갈아입다（动词+动词）	换（衣服）
좋아하다（形容词+动词）	喜欢
힘들다（名词+动词）	累
잘되다（副词+动词）	好

e. 合成形容词

희디희다（形容词+形容词）	雪白
깎아지르다（动词+动词）	陡峭
맛있다（名词+形容词）	好吃
힘차다（名词+动词）	充满力量
가만있다（副词+形容词）	安静待着
못나다（副词+动词）	没出息
쓸데없다（谓词的定语形+名词+形容词）	没用

f. 合成冠形词

한두（冠形词+冠形词）	一二
온갖（冠形词+名词）	各种
스무남은（数词+动词）	二十多个
기나긴（形容词+形容词）	长长的
몹쓸（副词+动词）	恶毒的

g. 合成副词

곧잘（副词+副词）	相当好
하루빨리（名词+副词）	尽快
제각각（代词+副词）	各不相同
한바탕（冠形词+名词）	一场
밤낮（名词+名词）	昼夜
이른바（动词+名词）	所谓
가끔가다（副词+动词）	有时
더듬더듬（动词词干的重复）	摸索
느릿느릿（形容词词干的重复）	慢吞吞地
아슬아슬（副词的重复）	惊险

h. 合成感叹词

얼씨구절씨구（感叹词+感叹词）	哎嗨呦哎嗨呦
아이참（感叹词+名词）	哎呀
웬걸（冠形词+名词）	不知为何
자장자장（动词+动词）	睡吧睡吧
여보（代词+动词）[3]	喂

　　第二，从合成词的形态上看，韩语的句法性合成词（syntactic compound）可分为两种，一种是谓词的定语形"-(으)ㄴ、(으)ㄹ"和体词结合，如"작은집（小屋）、큰형（大哥）、쥘손（抓手）"等；另一种是两个谓词之间借助"-고、-어/아"等连接词尾结合，如"들고나다（进出）、돌아가다（去世／返回）"。但并非所有的合成词都属于句法性合成词，如"꺾쇠（扒钉）、덮밥（盖饭）"等谓词和体词的结合词，以及"여닫다（开关）、우짖다（鸣叫）、검푸르다（暗绿）、뛰놀다（跳动）、흩날리다（纷飞）"等谓词和谓词的结合词都是非句法性合成词（asyntactic compound）。另外，像"보슬비（毛毛细雨）、산들바람（微风）"等词属于副词修饰体词的非句法性合成词。

●●○○延伸阅读

合成词的词义结合方式
联合式合成词：两个词根并列复合的合成词，如"앞뒤（前后）、춘추（春秋）"； 偏正式合成词：先行词根从属于后行词根的合成词，如"돌다리（石桥）、시계탑（钟楼）"； 融合式合成词：具有与词根原义不同的第三种语义的合成词，如"춘추（年龄）、내외（夫妇）"。

　　② 英语的合成法
　　英语的合成法具有以下特征（이철수、이준기, 2000；이익환、안승신, 2001）：
　　第一，英语的合成词词性多样，但大部分是合成名词、合成动词或合成形容词。

bath-room（合成名词）, him-self（合成代词）, snow-white（合成形容词）,
window-shop（合成动词）, some-where （合成副词）, al-though（合成叹词）

3　"자장자장"源自动词"자다（睡觉）"的重复使用，"여보（喂）"是"여기 보오（看这里）"的缩略形。（이관규, 2012）

　　合成词的词性大多都遵守右手中心词规则（right-hand head rule），即取决于右侧单词的词性。

　　第二，英语合成词的主重音在第一音节上。

géntleman　　ráilroad　　bláckbird　　dárkroom（暗室）　　bríefcase　　hótrod（改装汽车）

　　相较于合成词，"dàrk róom、brìef cáse、hòt ród"等"形容词＋名词"结构短句的主重音则放在名词上。此外，由于一个词只能有一个主重音，因此像"íce créam"等有两个主重音的情况不能视为合成词。

　　第三，合成词的读音一般都不同于原来的读音。

break[breik]+fast[faːst/fæst] → breakfast[brékfəst]
two[tuː]+pence[pens] → twopence[tpəns]（两便士）

　　第四，合成词的构成要素是固定的，不能随意变更。

bread-and-butter（cf. I want some butter and bread.）

　　另外，构成合成词的各语素中间不能再添加其他成分。若能添加其他成分，则意味着该词不是合成词。

She has a sweetheart（恋人）.（cf. She has a sweet, kind heart.）
I like sweet potatoes（红薯）.（cf. I like sweet, fresh potatoes.）

　　第五，英语合成词的语法关系如下：
　a. 主语 ＋ 动词

earthquake　　sunrise　　sunset

　b. 动词 ＋ 宾语

breakfast　　killjoy（扫兴的人）　　password

　c. 名词 ＋ 介词短语

treetop（= top of tree）　　　Sunday（= the day of the Sun）

d. 现在分词 ＋ 名词

falling star (= star that falls)　　magnifying glass (glass that magnifies)

e. 动词 ＋ 副词（状语）

swimming pool (= X swims in the pool)　　hard- working (=X works hard)

f. 省略动词的复合词

girl-friend (= the friend [is] a girl)　　doorknob (= the door [has] a knob)

●○○延伸阅读

英语合成词的标记法
英语合成词有好几种标记方法，一种是将两个词紧密结合，例如"bathroom、income"；一种是用连字符（hyphen）连接两个词，如"above-mentioned、hit-man"；还有一种是隔写，例如"high chair、sweet potato"。不同的标记方式代表了词与词之间不同的结合强度。

③ 日语的合成法

日语的合成法具有以下特征（양경모，1990）：

第一，日语合成词中动词和形容词位于其他成分之前时，动词只能以添加助动词"–ます[masu]"的连用形态出现，如"飛び[tobi]、焼き[yaki]、食べ[tabe]"等。

飛ぶ（tobu, 基本形）＋箱[hako]　　→　　飛び（连用形）ます，＋箱
　　　　　　　　　　　　　　　　　　　　飛び箱（tobibako, 跳板）[4]

焼く（yaku, 基本形）＋飯[meshi]　　→　　焼き（连用形）ます，＋飯
　　　　　　　　　　　　　　　　　　　　焼き飯（yakimeshi, 炒饭）

食べる（taberu, 基本形）＋物[mono]　→　　食べ（连用形）ます＋物
　　　　　　　　　　　　　　　　　　　　食べ物（tabemono, 食物）

如上所示，日语中构成合成词时，首先将基本形变成附有"–ます[masu]"的连用形，然后删除"–ます"，最后将其与后面的名词相结合。

4　这种情况下，/h/变为/b/。

另外，形容词是将位于基本形音节末的"–い[i]"删除后构成词干，再将其与后面的名词相结合。

寒い（samui, 基本形）＋風（kaze, 风）　　　→　　　寒い＋風
　　　　　　　　　　　　　　　　　　　　　　　　　寒風（samukaze, 寒风）

浅い（asai, 基本形）＋瀬（se, 险滩）　　　→　　　浅い＋瀬
　　　　　　　　　　　　　　　　　　　　　　　　　浅瀬（asase, 浅滩）

第二，遵照右手中心词规则，日语合成词的词性取决于最右侧词的词性。但也存在与下列例句类似的情况：若后一成分是动词的连用形，这类合成词的词性一般是名词；若后一成分为形容词词干时，该类合成词的词性一般为形容动词。

草（kusa, 草）＋とる（toru, 取）　　　→　　　草＋とり（tori, 连用形）
　　　　　　　　　　　　　　　　　　　　　　　草とり（kusatori, 除草）

平（hira, 平）＋およぐ（oyogu, 游泳）　　　→　　　平＋およぎ（oyogi, 连用形）
　　　　　　　　　　　　　　　　　　　　　　　　　平およぎ（hiraoyogi, 蛙泳）

氣[ki]＋短い（mizikai, 短）　　　→　　　氣短（kimizika, 焦急）

第三，合成词的后一成分有时会受"连浊现象"影响，发为浊音。

つり（tsuri, 釣, 挂）＋かね（kane, 钟）　　　→　　　つりがね（tsurigane, 挂钟）
雨（ame, 雨）＋雲（kumo, 云）　　　→　　　雨雲（amagumo, 阴云）

第四，日语的"转音"现象有时会改变合成词前一成分的词末元音。

酒（sake, 酒）＋屋（ya, 屋）　　　→　　　酒屋（sakaya, 酒吧）
雨（ame, 雨）＋雲（kumo, 云）　　　→　　　雨雲（amagumo, 阴云）

除此之外，日语的合成词中还存在很多其他的语音现象。

第五，部分叠词是借由同一成分的重复构成的，包括名词重复、形容词重复和动词重复等。其中动词重复是指动词连用形的重复，形容词重复则是指词干的重复。另外，从功能上来看，既有表示数量众多的叠词，也有仅强调词义的叠词。

　　a. 名词重复

ひと-びと　　　　　　（人人, hitobito, 人人）
すみ-ずみ　　　　　　（隅隅, sumizumi, 处处）
ところ-どころ　　　　（所所, tokorodokoro, 到处）
くに-ぐに　　　　　　（国国, kuniguni, 各国）

b. 形容词重复

なが‐なが	（長長, naganaga, 长长的）
はや‐ばや	（早早, hayabaya, 快快的）
くろ‐ぐろ	（黒黒, kuroguro, 乌黑的）

c. 动词重复

とび‐とび	（飛び飛び, tobitobi, 偶尔）
なき‐なき	（泣き泣き, nakinaki, 哭闹）
おもい‐おもい	（思い思い, omoiomoi, 随心所欲）

d. 表示数量众多

たび‐たび	（度度, tabitabi, 多次）
やま‐やま	（山山, yamayama, 很多山）
くに‐ぐに	（国国, kuniguni, 各国）
ひと‐びと	（人人, hitobito, 人人）

e. 强调词义

そろ‐そろ	（sorosoro, 悄悄）
めちゃ‐めちゃ	（mechamecha, 一塌糊涂）
いよ‐いよ	（iyoiyo, 更加）

■■□□　6. 单词结构对比

6.1 依据综合性分类

　　从形态学的角度来看，名词有复数或属格形式，动词则要与时、体、句式和主语等保持一致，因此它们都是可以与多个语素相结合的单词。简单来讲，名词和动词可与多种词缀连用。在世界语言中，一些语言的语素成分能够以词缀形式出现，但在另一些语言中，语素成分只能以独立的单词形式出现。换句话说，前者可在词根之后添加多种词缀，而后者则需要通过单词来表达。如例(9)所示，韩语中表达过去时的成分作为动词的内部构

成要素出现，形成类似"샀다"这样的单词；而在汉语中不会出现这样的词缀形式，动词"买"和语气助词"了"分属独立的词。

(9) 韩语　　나 (我)과일(水果) 샀어(买了).

　　汉语　　我买了水果。

北美的很多土著语中词缀非常发达，其他语言里需要用几个词语来表达的意思，往往只需要依靠一个单词就能解决。例如，要表达"你们俩买了帽子"时，在莫霍克语（Mohawk）中便是一个单词 "Men-mukhin-tuwi-ban"。

通过上述内容可知，不同语言在借由语素构词时存在差异，这时便涉及"综合性"的概念。所谓综合性（synthesis）是指词汇中语素的词缀化。从形态学的角度来看，自然语言在综合程度（degrees of synthesis），或者说综合指数（index of synthesis）上各不相同，既有完全"孤立性（isolating）"，或者叫"分析性（analytic）"的语言，也有多式综合语。（Wikipedia, Synthetic language；Whaley, 1997）[5]

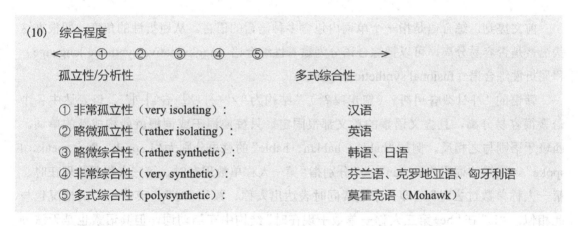

(10) 综合程度

　　孤立性/分析性　　　　　　　　多式综合性

　　①非常孤立性（very isolating）：　　　　　汉语
　　②略微孤立性（rather isolating）：　　　　英语
　　③略微综合性（rather synthetic）：　　　　韩语、日语
　　④非常综合性（very synthetic）：　　　　芬兰语、克罗地亚语、匈牙利语
　　⑤多式综合性（polysynthetic）：　　　　莫霍克语（Mohawk）

如例(10)所示，依照单词综合性的程度可划分出几个阶段，孤立语（isolating language）也可称为分析语（analytic language），是指单个单词的语素数量相对较少（low morpheme-per-word ratio），语素和单词数量比为1:1的可能性较大的语言，如汉语。综合语（synthetic language）是指单个单词内包含多个语素的语言（high morpheme-per-word ratio）。而多式综合语则指上图中极度综合的语言。

孤立语和多式综合语的类型学特征如下：

◎ 孤立语的类型学特征

5　世界语言中不存在极端孤立或极端综合的语言。前者是指该语言中没有派生或合成，后者是指该语言中所有的话都只借由单个的单词来表达。

① 没有纯粹的孤立语。汉语虽属于孤立语，但也存在屈折（如"朋友们"）和派生（如"可靠"）现象。
② 语序固定。孤立语没有名词的格标记，也没有表示动词和附属词关系的标记，因此只能通过固定的语序体现语法关系。
③ 具有复杂的音调体系，如声调。
④ 构成连续动词时不需要连接成分[6]。

◎ 多式综合语的类型学特征

① 没有纯粹的多式综合语。或者说，所有句子都以单个词语构成的语言是不存在的。
② 存在多种形式的词缀。
③ 存在复杂的语法一致规则。

6.2 依据屈折性分类

前文提到，综合语是指一个单词内包含多种语素的语言。从屈折性的角度，即根据这些语素是否容易分离，可以把综合语分为黏着性综合语（agglutinative synthetic language）和屈折性综合语（fusional synthetic language）。

韩语的"가시겠습니까?（您走吗？）"结构为"가+시+겠+습니까"，该表达中各个语素很容易分离，且虚义语素的意义都很固定，只替换词干或词根就能构成新的单词。西班牙语则与之相反，例如"hablo、hablan、hable"的意思分别为"I speak、they speak、I spoke"。这里的词缀"-o、-an、-e"分别指"第一人称单数现在时、第三人称复数现在时、第一人称单数过去时"，即一个语素同时表达出人称、数和"时"。英语"is"的情况也与此相似，"is"在"be+第三人称＋单数＋现在时"结构中充当动词，但其语素也是无法分离的。因此，韩语属于黏着性综合语或黏着语，西班牙语则属于屈折性综合语或屈折语（inflecting language）。

根据本章内容，单词结构的类型可整理如下：

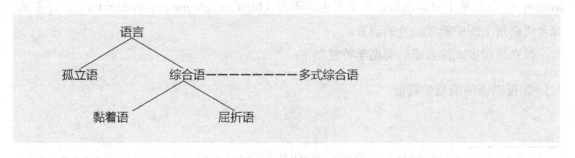

〈图3〉单词结构的类型

---

6 连接成分是指连接两个动词的成分，例如韩语"삶아먹다（煮着吃）"中的"-아/어-"或英语"I want to sleep"中的"to"。

第九章　语序

1. 引言

我们在语言学领域研究句子结构时，经常会看到以下符号：

(1)　S →　NP ＋ VP
(2)　VP → V ＋ NP（或 NP ＋ V）

例(1)是指句子（S：sentence）是由名词短语（NP：noun phrase）和动词短语（VP：verb phrase）构成的，例(2)是指动词短语是由动词和名词构成的。例如句子"철수가 한국어를 가르친다（哲洙教韩语）"由名词（短语）"철수(가)（哲洙[+主格助词]）"和动词短语"한국어를 가르친다（教韩语）"构成，动词短语又是由名词（短语）"한국어(를)（韩语[+宾格助词]）"和动词"가르친다（教）"构成的。可以用树形图表示如下：

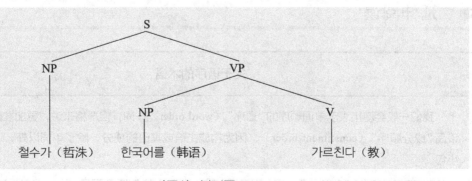

〈图1〉 树形图

由例（1）和例（2）的符号及＜图1＞的树形图可知，构成句子的基本成分共有三个，分别是：主语"철수가（哲洙）"、宾语"한국어를（韩语）、动词"가르친다（教）"。 因此，在探讨语序时，首先会提到这三种基本成分的顺序，但语序的种类非常多样，并不仅仅是指基本成分的顺序，具体情况如下：

(3) 语序的种类
　　a. 基本语序
　　　① 主语、宾语、动词的语序
　　　② 主语和动词的语序
　　　③ 宾语和动词的语序

　　b. 名词短语内部的语序
　　　④ 名词和指示词／限定词的语序
　　　⑤ 名词和形容词的语序
　　　⑥ 名词和关系从句的语序
　　　⑦ 名词和附置词的语序
　　　⑧ 名词和所有格的语序
　　　⑨ 名词和数词的语序

　　c. 动词短语内部的语序
　　　⑩ 主动词和助动词的语序
　　　⑪ 动词和状语的语序
　　　⑫ 形容词和程度词的语序
　　　⑬ 动词和否定标记的语序
　　　⑭ 比较级的语序

上述语序既可以相互独立，又可以相互关联或相互包含。本章将具体考察上述各种语序。

●●○延伸阅读

关于语序的术语
我们一般会使用表示单词顺序的"语序"（word order）一词，但严格来讲，更加准确的说法应该是"成分顺序"（constituent order）。因为构成主语或宾语的成分，除了单词以外，还有短语和小句。

■■□ 2. 韩语学习者的语序偏误

下面是母语为英语的韩语学习者的语序偏误：

○ 나는 친구가 없어요. <u>John밖에는.</u>

　我没有朋友，除了约翰。

○ <u>중앙 서울의 남대문 시장은</u> 재미있어요.

　首尔中央的南大门市场很有意思。

○ <u>많이 한국 영화</u> 보고 싶어요.

　我想看很多的韩国电影。

○ <u>두 개 책상</u> 있어요.

　有两张桌子。[1]

第一个句子是由英语 "I have no friends except John" 翻译而来的。如果这是因为学习者想用倒装来表示强调，就没有太大问题，但如果是因为学习者不了解韩语的正确语序，则应该视为误用现象。我们发现，机械地按照英语语序翻译成韩语时，经常出现上述语序偏误。母语为英语的学习者还会在量词语序上出错。

母语为汉语的韩语学习者也会出现类似的偏误：

○ 나는 먹었다. <u>맛있는 밥.</u>

　我吃了好吃的饭。

○ 기숙사에서 <u>나간 두 학생</u> 있어요.

　有两个学生从宿舍出去了。

○ 나의 <u>두 권 사전이</u> 없어졌어요.

　我的两本词典不见了。

○ 저는 <u>많이 사진을</u> 찍어서 부모님께 보내 드릴게요.

　我会照好多照片，给父母寄过去。

第一个句子的韩语正确表达应该是 "나는 맛있는 밥을 먹었다（我吃了好吃的饭。）"，第二个句子的正确表达是 "기숙사에서 학생 두 명이 나갔다（有两个学生从宿舍出去了。）"。 此外，还存在量词语序和动词短语内部语序方面的偏误。

下面是母语为日语的韩语学习者在语序方面出现的偏误：

1　此处译文为表达正确的汉语句子，并非机械对译错误的韩语句子。

○ 저는 열심히 공부하고 <u>많이</u> 술을 마셔요.

我努力学习，喝很多酒。

○ <u>더</u> 한 잔 주세요.

请再给我来一杯。

○ <u>잘</u> 이야기를 할 수 있을 때도 있어!

也有讲得好的时候！

母语为日语的韩语学习者在语序上很少出现偏误现象，但也会受到日语副词特点的影响，而造出错误的韩语句子，上述例句便体现了这一点。

■□□ 3. 基本语序

3.1 固定语序与自由语序

在大部分语言中，句子构成要素之间的顺序一般是固定的，但是语序完全固定的语言是不存在的，有些语言的语序会因句子内部环境的不同而变化（请参照3.2），有些语言的语序会因语用环境的不同而变化。例如，英语中在语用中立的情况下，不会使用例（4a）这样的语序，但在一些特定情况下，如需要强调某要素时，也可以像例（4b）一样，通过变换语序来表达。这时，句首的John会出现主重读现象。

(4) a. * John, I don't like .

b. Do you like John?　　　John(O), I(S) don't like(V).

在世界语言中，既有一般情况下，语序几乎完全固定的语言（rigid order），也有语序相对自由或灵活的语言。在前者中，如果违反固定语序，就会出现病句。所以除特殊情况外，一般不使用其他语序。但在韩语或日语等语言中，即使改变语序，在语法上也不会出现太大问题，这种语序就被称为"灵活语序（flexible order）"，我们常说的"自由语序（free order）"便属于此。

还有一些语言的语序比韩语更为灵活。不过，即使是在语序相对灵活的语言中，也存在着某种在使用频率或语用中立性方面表现突出的语序（dominant order，优势语序）。这时我们会说，"A语言的语序为SOV，B语言的语序为SVO"。另外，还有一些语言并不存在所谓的优势语序（lacking a dominant word order）（请参照〈表1〉）。在这种情况下，还可分为语序几乎完全自由的语言，和虽然没有优势语序，但会根据语法语境而使用不同语序的语言。

●○○**延伸阅读**

确定语序的困难和标准

我们在观察世界语言中的多种语言现象，从句子的角度对语序进行类型划分时，会碰到很多困难。下面列出其中的几点：

第一，有些语言语序会根据句子类型而变化，如英语。

第二，有些语言语序会根据语法环境或句子环境而变化。

① 主句和从句的语序不同，如德语；

② 自动词和他动词的语序不同，如俄语；

③ 动词位置固定，其他语序自由，如荷兰语；

④ 宾语是名词和代词时，语序不同，如法语；

⑤ 信息的新旧不同，语序也不同，如萨摩亚语。

第三，从语序的演变过程来看，有的语言同时拥有两种语序。如标准阿拉伯语本来是属于VSO语序的语言，但是多数阿拉伯方言正处于向SVO语序发展的过程中；芬兰语目前虽然是SVO语序，但在很多情况下还保持着过去的SOV语序。

除此之外，还有一些语言由于不存在他动词句，因而无法判断其是SVO还是SOV语序；甚至有些语言根本不适合使用"主语"或"宾语"等术语。考虑到上述情况，学者们一般将下列条件做为判定语序的标准：

① 主要观察语用中立的句子；

② 主要观察最具无标记的陈述句；

③ 主要观察主句；

④ 主要观察主语和宾语都是名词的情况；

⑤ 主要观察主语为行为者"人"，动词为行为动词的情况。

正是基于上述⑤的考虑，我们在分析语序时，除S（主语）和O（宾语）等成分之外，也会将词类V（动词）也作为判定语序的条件之一。

3.2 自然语言的基本语序

3.2.1 语序类型

如前文所述，基本语序指的是主语（S）、动词（V）和宾语（O）的顺序。从逻辑上看，基本语序可分为以下6种，但要注意，有些语言的语序并不明显。

(5)　语序的类型

　　① SOV　② SVO　③ VSO　④ VOS　⑤ OVS　⑥ OSV

　　但是，自然语言中以上6种类型的语序分布并不均衡。①型和②型的语言数量最多，两者加起来占75%以上。根据WALS，例(5)中所示的6种类型所占比例如下：

〈表1〉　自然语言的语序（WALS, 81）

类型	语言数量（种）	比例（%）
① 主语＋宾语＋动词（SOV）	565	41.0
② 主语＋动词＋宾语（SVO）	488	35.4
③ 动词＋主语＋宾语（VSO）	95	7.0
④ 动词＋宾语＋主语（VOS）	25	1.8
⑤ 宾语＋主语＋动词（OSV）	11	0.8
⑥ 宾语＋动词＋主语（OVS）	4	0.3
⑦ 缺乏特定语序	189	13.7
	1377	100

　　基于〈表1〉的内容，我们可以总结出自然语言语序的几条特点：

　　第一，SO型优于OS型。如〈表1〉所示，主语位于宾语之前的SO型语言（①、②、③）比主语位于宾语之后的OS型语言在数量上占有压倒性优势，自然语言中大多数语言的语序都属于这3种类型之一；

SO型：①②③（1148种语言）　　OS型：④⑤⑥（40种语言）

　　第二，SV型优于VS型，即大部分语言的主语都位于动词之前；

SV型：①②⑤（1064种语言）　　VS型：③④⑤（124种语言）

　　第三，动词更靠近宾语，而非主语。由〈表1〉可知，动词与宾语分离的只有类型③和类型⑤，这2种类型的语言占比不到9%，其余全部类型都是动词与宾语相邻。

VO相邻型：①②④⑥（1082种语言）　VO分离型：③⑤（106种语言）

　　相较于主语来说，动词与宾语关系更为密切，这一点可以通过前文介绍的短语结构规则和树形图确认。根据这些理论，句子（S）可分为名词短语（NP）和动词短语（VP），动词短语又可分为名词短语（NP）和动词（V），其中包含于动词短语的名词短语（NP）正是宾语，与动词（V）成为一个整体。通过<图1>的树形图，可以清楚地确认这一点；

第四，宾语位于句首的语序类型（O-initial type）很少。由<表1>可知，这一类型（⑤和⑥）的语言占比仅为1％。

●○○ 延伸阅读

语序和认知

很多学者认为，语序跟人类的认知有着密切的关系。例如，主语位于宾语之前的主语优先（subject-before-object）现象就与人们更加注重主语的认知方式相关。心理语言学家Bock（1982）指出，新信息一般出现在宾语中，而不是主语里。主语优先型语言把表示旧信息的主语放在前面，把表示新信息的宾语放在后面，这样做能够减少听者的理解负担。这种处理方式被看作是交际中的"听者突显原则（addressee-oriented principle）"，以区分于采用"话者突显原则"的OS型语序。因为在OS语序中，话者首先传达的是新信息（Asher等，1994：4995）。在所有语序类型中，只有SOV类型和SVO类型能够同时满足上述两个特征：一，主语优先；二，动词更靠近宾语，而不是主语。这就是自然语言中这两种类型语言最多的原因。另外，之所以主语会位于动词之前，是因为大部分语言都表现出将主题或话题（topic）置于句首的认知倾向，而主语正好很大程度上发挥着这种作用。

3.2.2 地域分布

上述6种语序类型的分布地区各不相同，其中最主要的3种类型分布如下：

① SOV语序

SOV语序在自然语言中占比最多，广泛分布于世界各地。其中分布最广的是亚洲地区，在除东南亚和中东以外的整个亚洲地区的语言中都可以见到，如韩语、日语、蒙古语、土耳其语、满语、印地语、尼泊尔语和乌尔都语等。另外，大部分新几内亚（New Guinea）的语言，以及除太平洋西北部以外的大部分北美洲地区的语言也都使用SOV语序。有些学者将德语也纳入该类型之中。

② SVO语序

SVO语序集中分布在3大区域，即撒哈拉沙漠以南的非洲地区，从中国和东南亚至印度尼西亚及西太平洋一带，还有欧洲和地中海沿岸地区。而在其他地区的语言中基本不会出现SVO语序。从大范围来看，欧洲的语言、非洲的语言，以及阿拉伯语都属于SVO语序，还有亚洲的汉语、泰语、越南语、马来语和印尼语等。

③ VSO语序

该类型分布较分散，如东非、北非及菲律宾周边地区，爱尔兰语和威尔士语也使用该语序。

从历史的角度来看，这些语序类型也呈现出了动态变化。如现在欧洲和地中海地区的语言很多都是SVO类型，但在1000～4500年前，该地区的很多语言还是类似拉丁语的SOV类型，而中东地区曾有很多VSO类型的语言。（WALS，81）

●●○○ 延伸阅读

OV vs.VO
在自然语言的众多语序特征中，最具语言学意义的当属宾语（O）和动词（V）的语序。这是因为其与下面将要涉及的其他语序拥有相关关系或蕴涵关系。从中心语的位置来看，作为核心的动词位于宾语之后的OV语言被称为"核心后置语言"，与之相反，VO语言则被称为"核心前置语言"。 　　但是也有学者认为，同上述的OV和VO语序分类相比，"动词居首语言（verb-initial language）""动词居尾语言（verb-final language）"和"动词居中语言（verb-medial language）"的分类方法更适合于解释与其他语序之间的蕴涵关系。

■■□□　**4. 其他语序**

语序不仅指句子层面上主语、宾语和动词的顺序，也包括存在于较小的语法单位"短语"中的顺序。接下来我们将按照短语的类型，考察世界主要语言的短语内部语序：

4.1 名词短语的语序

名词短语是指以名词为核心（head），以修饰成分为附属（dependant）的结构，如"빨간 차（红车）"。名词短语的相关语序可以分为以下几种：

① 名词与指示词、限定词的语序
② 名词与形容词的语序
③ 名词与关系从句的语序

④ 名词与附置词的语序

⑤ 名词与属格的语序

⑥ 名词与数词的语序

4.1.1 名词与指示词、限定词的语序

指示词（demonstrative）是指用于表示远近关系或直接、间接关系的表达方式，广泛存在于大多数语言中，如韩语中的"이것（这个）、저것（那个）""이（这）、저（那）"、英语中的"this、that"等。在某些语言中，指示词是以词缀的形式出现的，但在大多数语言中，则是以单词形式存在的。指示词既可以出现在名词前，也可以出现在名词后。指示词位于名词前的语言和指示词位于名词后的语言比例约为1:1，如下表所示：

〈表2〉名词和指示词的语序（WALS，88）

① 指示词 + 名词（DN）	542
② 名词 + 指示词（ND）	560
③ 指示前缀	9
④ 指示后缀	28
⑤ 前后缀	17
⑥ 混合	67
合计	1223

从地域分布来看，指示词位于名词之前的语言主要是亚洲（东南亚除外）语言和印欧语系的大部分语言，而指示词位于名词之后的语言主要是非洲语言、泰语和越南语等东南亚语言。

〈表3〉名词和指示词语序不同类型的语言分布

名词 + 指示词	指示词 + 名词
东南亚语言（泰语、越南语等）、非洲语言	其他地区语言（韩语、日语、汉语、蒙古语、印欧语系等）

但冠词等限定词（determiner）的情况则有所不同。冠词这一词类仅存在于印欧语系，以及阿拉伯语和希伯来语等所属的闪语族中。即使是在印欧语系的斯拉夫语支中，冠词也并不发达。如果将冠词扩大到限定词，那么几乎所有语言的冠词或限定词都位于名词之前（송경안、이기갑等，2008a）。但是，在瑞典语等大部分斯堪的纳维亚语族或北日

耳曼语族的语言中，定冠词以后缀的形式位于名词之后。

4.1.2 名词与修饰性形容词的语序

当形容词修饰名词时，该类修饰性形容词在某些语言中位于名词之前，在某些语言中位于名词之后。例如在韩语、日语、英语和汉语等语言中，修饰名词的形容词出现在名词之前；而在法语、泰语和越南语等语言中，大部分形容词位于名词之后。下文的例子是"빨간 차（红车）"在不同语言中的表达，我们可以看出，除了法语之外，其他语言都是"红+车"的语序。

(6)	韩语	빨간 차
	日语	赤い[akai] 車[kuruma]
	汉语	红车
	英语	red cars
	法语	voiture[vwaty:ʀ]] rouge[ʀu:ʒ]（车+红）

下面是WALS对名词和修饰性形容词语序的统计结果：

〈表4〉名词和修饰性形容词的语序（WALS，87）

① 修饰性形容词 + 名词（AdjN）	373
② 名词 + 修饰形容词（NAdj）	878
③ 两者均可	110
④ 其他	5
合计	1366

如〈表4〉所示，从数量上看，像法语那样形容词位于名词之后的语言（共878种），是像韩语那样形容词位于名词之前语言（共373种）的两倍，而两者均可的语言（110种）也占了相当大的比重。

从地理位置上看，非洲地区的语言以"名词+修饰性形容词"居多，而印欧语系的语言则大致两分：日耳曼语族语言（如英语、德语）和斯拉夫语族语言（如俄语）属于"修饰性形容词+名词"语序，而罗曼语支语言（如法语和西班牙语）则相反。亚洲地区也存在这种差别，越南语、泰语等东南亚地区语言使用"名词+修饰性形容词"语序，而韩语、日语、汉语、印地语等其他地区的语言，大多使用"修饰性形容词+名词"语序。

〈表5〉 名词和修饰性形容词语序不同类型的语言分布

修饰性形容词 + 名词	名词 + 修饰性形容词
韩语、日语、印地语（OV）、汉语、英语、德语、俄语（VO）等	法语、西班牙语、泰语、越南语、阿拉伯语、非洲语言（VO）等

●○○延伸阅读

宾语–动词语序与修饰性形容词–名词语序的蕴涵关系

　　自Greenberg（1963）发表至今，人们普遍认为，OV语言的修饰性形容词一般位于名词之前，VO语言则相反，但WALS（第97章）却提出了不同观点。

　　第一，如下表所示，不论是OV语言还是VO语言，"名词+修饰性形容词"语序的语言（②、④）要多于"修饰性形容词+名词"语序的语言（①、③，788：330）。

① OV & AdjN	216
② OV & NAdj	332
③ VO & AdjN	114
④ VO & NAdj	456
⑤ 其他	198
合计	1316

　　第二，由上表可知，类型④语言的数量大约是类型③语言的4倍，因此看上去，Greenberg认为"VO语言拥有'名词+修饰性形容词'语序"的观点是正确的，但这其实是因为尼日尔-刚果语系和南岛语系语言数量过于庞大。这些语言约占全世界语言的20%，且均为VO语言，在这些语言中，修饰性形容词位于名词之后。然而，如果我们不统计语言数量，而是统计语族数量，甚至是更高层级的语系数量，可以发现，比例各为2：1和1.2：1，远远低于4：1。

　　总而言之，无论宾语–动词的语序如何，修饰性形容词位于名词之后的语言（②、④）数量更多；不同于既有认知，在VO语言中，修饰性形容词位于名词之前的语言（③）数量也相当庞大。因此，"VO语序中'名词+修饰性形容词'语序占优"的蕴涵关系是不成立的。换句话说，通过WALS的统计可知，宾语–动词语序与形容词–名词语序之间并不存在蕴涵关系。Greenberg关于"动词优先语言（verb-initial language）中几乎不存在形容词位于名词之前的情况"的判断，也被证明是错误的。从实际情况来看，若从语族和语系的比例来观察，在该类语言中，形容词位于名词之前的数量反而略多一些。

4.1.3　名词与关系从句的语序

在韩语、日语和汉语中，名词与关系从句的语序和前面讨论的名词与修饰性形容词的语序一样，关系从句位于名词之前；而英语和法语则相反，关系从句位于名词之后。以下是"내가 만난 아이（我遇到的孩子）"在不同语言中的相应表达：

(7) 韩语	내가　만난　아이			
	我　　遇到的　孩子			
日语	私が[watasiga]	会った[atta]		子ども[kodomo]
	我	遇到的		孩子
汉语	我昨天遇到的孩子。			
英语	the boy who I met			
法语	l'enfant[lɑ̃fɑ̃]	que[k(ə)]	j'ai[ʒe]	rencontré[ʀɑ̃kɔ̃tʀe]
	定冠词+孩子	关系代词	我+助动词	遇到（过去分词）

从统计结果来看，关系从句位于名词之后的语言数量上明显占优势。这是由"结构重度原理（heavy construction principle）"决定的。该原理是指，复杂的结构应尽可能地置于句子尾部。这也与英语中的"尾重原则（end weight）"是一致的。因为在英语中，若主语较长，则会在句首添加形式主语，而将真正的主语置于句尾。

〈表6〉名词与关系从句的语序（WALS, 90）[2]

① 名词＋关系从句（NRel）	580
② 关系从句＋名词（RelN）	141
③ 两者均存在	64
④ 其他	40
合计	825

还有一个特殊的现象是，关系从句位于名词之前的语序仅存在于亚洲地区，在其他地区几乎不存在。这一事实也与这些语言"修饰性形容词位于名词之前"的特征有关。我们可以说，汉语作为VO型语言，却与韩语和日语一样，形容词和关系从句也位于名词之前，正是由于这个原因。

2　在这里将与本节所述三种类型之外的类型归入了"其他"类别之中，而实际资料的类别是十分多样的。

〈表7〉 名词-关系从句语序不同类型的语言分布

关系从句 + 名词	名词 + 关系从句
韩语、日语、汉语等亚洲语言	其他语言

由〈表8〉还可以知道，名词-关系从句的语序和宾语-动词的语序存在一定的关联。

〈表8〉 宾语-动词语序与名词-关系从句语序之间的蕴涵关系（WALS，96）

① OV & RelN	132
② OV & NRel	113
③ VO & RelN	5
④ VO & NRel	416
⑤ 其他（不属于上述4种类型）	213
合计	879

从〈表8〉中可以看出两点：一是几乎所有的VO语言（③、④）均为"名词+关系从句"的语序；二是"关系从句+名词"的语序（①、③）几乎只出现在OV语言中。然而这种蕴涵关系的判断是"单向的（unidirectional）"，即反向的推断是不成立的。也就是说，并不是所有"名词+关系从句"语序（②、④）都是VO语序，OV语言（①、②）也并非全为"关系从句+名词"语序。

4.1.4 名词与附置词的语序

在句子中，名词能够与用于标记主语、宾语、处所、时间等句法和语义关系的"语法要素"搭配使用，这些语法要素被称为"附置词（adposition）"，其中位于名词之前的称为"前置词（preposition）"，位于名词之后的称为后置词（postposition）。英语、德语、法语和汉语属于前置词语言，而韩语、日语等则属于后置词语言。

(8)	韩语	나는 집-에서 공부한다.		
		我 家-在 学习		
	日语	私は[watasiwa]	家-で[ie-de]	勉強する[benkyo:suru]。
		我	家-在	学习
	汉语	我在家学习。		
	英语	I study at home.		

统计显示，拥有后置词的语言（577种）略多于拥有前置词的语言（512种），但这个差别并不大。也就是说，我们大致可以认为，这两种语言各占一半[3]。后置词和前置词的差异与宾语–动词语序之间存在着密切的蕴涵关系。

〈表9〉宾语–动词语序与名词–附置词语序之间的蕴涵关系（WALS，95）

① OV & 后置词	472
② OV & 前置词	14
③ VO & 后置词	42
④ VO & 前置词	456
⑤ 其他（不属于上述4种类型）	158
合计	1142

由〈表9〉可知，韩语和日语等OV语言中一般存在后置词，而英语和汉语等VO语言中则多存在前置词，并且这种关系是双向（bidirectional）蕴涵关系，可以进行逆向推导。换句话说，如果一种语言中存在后置词，那么这种语言一般为OV语言；如果一种语言中存在前置词，那么它一般为VO语言。学者们对导致这一现象的原因进行了不同的解释。其中有一种说法认为，VO语言属于核心居前语言，即属于"中心语+修饰语"的语序，因此附置词作为附置词短语的中心语，出现在名词之前；而OV语言属于核心居后语言，因此作为中心语的附置词应当放在名词之后。

〈表10〉名词–附置词语序不同类型的语言分布

前置词 + 名词	名词 + 后置词
英语、法语、汉语、泰语、越南语、他加禄语、阿拉伯语、俄语等VO语言	韩语、日语、土耳其语、蒙古语等OV语言

4.1.5 名词与属格的语序

属格不仅包括"朋友家"这样的领属格，还包括"五月的新娘"和"民主主义建设"这样一个名词修饰另一个名词的结构。名词与属格结合的语序也会因句子层面语序的不同而变化。以下是"친구의 집（朋友的家）"在不同语言中的表达方式。

3　有30种语言不存在附置词，有58种语言同时拥有前置词和后置词，甚至还有一些语言拥有出现在名词内部的内置词（inposition）。

(9) 韩语 친구의[ts^hingue] 집 [tsip˺]
朋友的 家

日语 友達の[tomodachino] 家[ie]
朋友的 家

汉语 朋友家

英语 My friend's house, the house of my friend

法语 la[la] maison[mɛzˇ] de[d(ə)] mon[m] ami[ami]
定冠词 家 的 我的 朋友

从数量上来看，像韩语一样使用"属格+名词"语序的语言有685种，约为使用"名词+属格"语序语言（467种）的1.5倍。而像英语这样两种语序同时存在的语言也不少，达到了96种（WALS，86）。

名词-属格语序与宾语-动词语序之间也有一定的关系。一般来说，OV语言多是"属格+名词"语序，包括VSO和VOS等动词优先语言在内的VO语言则与之相反，多为"名词+属格"语序；而SVO语言，如英语等，则大多同时兼具OV语言和动词优先语言的特征，允许两种语序同时存在。可以说，前文提到的"属格+名词"语序语言数量是"名词+属格"语序语言的1.5倍，也是与此有关的。

〈表11〉 名词-属格语序不同类型的语言分布

属格 + 名词	名词 + 属格
韩语、日语、汉语、英语等	英语、法语、德语、西班牙语、俄语、阿拉伯语等

至此，我们分析了名词内部的几种语序。除此之外，还有"名词、数词和量词"的语序，大致可分为"（数词+量词）+名词"和"名词+（数词+量词）"两种[4]。前者包括汉语（如"一个人"）、马来-印尼语、越南语等；后者包括韩语、日语（如"車一台[kuruma ichi dai]"）、泰语和缅甸语等。尽管英语和法语的量词并不发达，但在使用量词时，属于前者（如"ten stem of roses"）。

从名词短语内部的语序来看，韩语和日语等OV语言大体属于核心词居后的"修饰语+中心语"语序；而在不同语言中，VO语言却不一定都是核心词居前的"中心语+修饰语"语序。从例(10)中可以看出，阿拉伯语是最典型的VO语言，而汉语则最不典型（송경안、이기갑等，2008a）：

(10) 阿拉伯语 > 法语/西班牙语 > 俄语 > 英语 > 德语 > 汉语

---

4 从韩语的角度来看，同"数词"相比，"数冠形词"这一术语更为准确，但这里还是统称为"数词（numbers）"。

4.2 动词短语的语序

动词短语在句子中充当谓语，该结构以动词为中心语，其余成分为附属成分。动词短语里有些成分是与动词有直接联系的，但也有副词短语之间的语序、与格和宾格的语序等不包含动词的语序。与动词短语相关的语序有：

① 动词与宾语的语序
② 主动词与助动词的语序
③ 动词与状语的语序
④ 形容词与程度词的语序
⑤ 动词与否定标记的语序
⑥ 比较级的语序

4.2.1 动词与宾语的语序

动词与宾语的语序分为OV和VO两类，这两种类型在自然语言中的占比各为50％。而在一些语言中，由于这两种类型同时并存，很难判断更接近于哪种类型。

动宾语序类型的地域分布也非常明显，OV语言主要分布于除东南亚以外的亚洲地区和新几内亚、除中南美和太平洋西北地区以外的美洲地区，而VO语言则多见于欧美和北非、中东等地，也分布于包括中国和东南亚、印度尼西亚在内的广阔地区。同时，两个类型并存的语言，主要分布在澳大利亚（WALS, 83）。

除主语之外的两种基本成分，其语序和前节所述的"名词-附置词语序"等其他语序之间有着相当密切的联系。在动词短语的内部也是如此，并且其语序与下文将要考察的主动词与助动词的语序等也有关联。

4.2.2 主动词与助动词的语序

在助动词结构中，中心语为助动词，主动词为附属成分。处在这种关系中的主动词与助动词的语序同句子层面上的动词与宾语语序相一致，因此，如韩语、日语、蒙古语、印地语等OV类型的语言，即核心居后语言，其中心语（即助动词）位于主动词的后面；而如英语、法语等VO类型的语言，即核心居首语言，其中心语（即助动词）位于主动词的前面。

(11)　韩语　　먹어 보다
　　　　　　　吃　看

　　　　日语　　食べ[tabe]　　　　　-てみる[temiru]
　　　　　　　吃（连用形）　　　　-看（助动词）

　　　　汉语　　想　　　　　　　　吃

　　　　英语　　I can eat it.

　　与英语等其他欧洲语言有所不同，在德语、荷兰语等V2语序的语言中，助动词处于V2位置，主动词位于句尾。而动词居前（VSO）的阿拉伯语与英语相同，助动词位于主动词之前，只不过如果句首出现助动词，主动词就会位于主语之后。

●●○延伸阅读

V2 语序
V2 语序是日耳曼语族极具特色的一种语序，是指限定动词（finite verb，根据时态而变化的动词）总是位于陈述句主句第二位置的语序。代表性语言是德语与荷兰语，英语中也存在类似情况。以下德语例句表达的英语含义为"The kids play soccer in the park before school"。其中（a-d）中表示"play"含义的动词"spielen"总是位于第二位。如果像例句（e、f）一样，动词位于第三位的话，就会成为病句。 　　a. [Die Kinder] [spielen] [Fussball] [vor der Schule] [im Park]. 　　　 the kids　　 play　　 soccer　 before school　 in the park. 　　b. [Fussball] [spielen] [die Kinder] [vor der Schule] [im Park]. 　　c. [Vor der Schule] [spielen] [die Kinder] [Fussball] [im Park]. 　　d. [Im Park] [spielen] [die Kinder] [vor der Schule] [Fussball]. 　　e. *[Vor der Schule] [Fussball] [spielen] [die Kinder] [im Park]. 　　f. *[Fussball] [die Kinder] [spielen] [vor der Schule] [im Park].

那么，如果助动词和主动词并存的话，会是什么样呢？V2语序只适用于限定动词，非限定动词（non-finite verb，不考虑时态变化的动词，包括不定式、动名词、分词等）在不同的语言中各不相同。如前文所述，德语与荷兰语的非限定动词位于主句的宾语之后，即句子的最后。在下面的例句中，"hat"是限定动词，相当于英语的助动词"has"，主动词"getrunken"是非限定动词，相当于英语的过去分词"drunk"，它位于宾语"das Wasser"的后面。由此可知，德语与荷兰语的助动词与主动词的语序和同属日耳曼语族的英语不同，它们的语序相当于韩语的OV语序。因此，这些语言的语序到底属于SVO还是SOV，一直存在争议。

[Det Lehrer]	[hat]	[das Wasser]	[getrunken].
the teacher	has	the water	drunk.
		O	V

〈表12〉 主动词与助动词语序不同类型的语言分布

主动词＋助动词	助动词＋主动词
OV 类型语言	VO类型语言

4.2.3 动词与状语的语序

动词与状语（包括副词）的语序，与句子语序（尤其是作为中心语的动词的位置）有着密切的关系。韩语等OV类型语言，属核心居后语言，动词作为中心语位于状语之后。与此相反，英语、法语、阿拉伯语等VO类型语言，属核心居首语言，动词作为中心语位于状语之前。

(12)	韩语	그는	빨리	달린다.
		他	快	跑得
	日语	彼は[karewa]		速く[hayaku]	走る[hasiru].
		他		快	跑得
	英语	He runs fast.			

换句话说，在SOV类型中，句子总是以包含动词的谓语形式结尾，其后不能出现其他成分，因此状语应位于动词的前面。相反，阿拉伯语等动词居首的VSO类型中，动词之前不能出现其他成分，因此状语需位于动词之后。SVO类型中具有固定语序特征的语言，其动词总是位于第二位（如V2语言）或位于主语之后（如英语），所以状语只能位于动词之后。但俄语和汉语例外，这两种语言虽属VO型，但较为独特的一点是，其语序表现为

"副词+动词" 的顺序。

●○○延伸阅读

英语中副词的位置

英语副词的位置会根据动词的性质（是自动词还是他动词）而有所不同。

a. 修饰自动词   He runs <u>slowly</u>.
b. 修饰他动词   I closed the door <u>slowly</u>.
c. 修饰他动词   I <u>slowly</u> closed the door.

根据上述例句可知，当副词修饰自动词时，它位于自动词的后面；修饰他动词时，则可以像例句(b)那样位于宾语的后面，或者像例句(c)那样位于自动词的前面。从这一点来看，我们似乎很难确切地说英语的副词一定位于动词后面，但例(c)原则上应看作是例(b)的变型。表现出这种变化的副词是 "so、well、slow、hard、thus、right、fast" 等情态副词，而这类副词原本是位于宾语后面的，例(c)为了表示强调而将它们前置了。而像 "always、often、usually、sometimes、almost、seldom、hardly、never" 等频度副词和程度副词，则一般是出现在一般动词的前面或助动词、"be" 动词的后面。

〈表13〉 主动词与助动词语序不同类型的语言分布

动词 + 状语	状语 + 动词
VO 类型语言	OV 类型语言，汉语、俄语

4.2.4 形容词与程度词的语序

程度词（degree words）是指像韩语的 "매우（很）、더（更）" 那样表示形容词程度属性的词语。程度词一般被归为副词，但在一些语言中也不尽然。因此，相比 "程度副词"，"程度词" 这一说法更为准确。在自然语言中，有227种语言的语序为 "程度词+形容词"，这个数量比拥有相反语序 "形容词+程度词" 的语言（192种）稍多一些。在我们所熟知的大多数语言中，欧洲和亚洲的大部分语言属于前者，而阿拉伯语和泰语等属于后者。该语序与OV或VO语序的分布并不一致，相当多的语言两者皆可[5]。（WALS，91）

---

5   在英语中，有时程度词会位于形容词的后面，如 "good enough"，但这种情况并不多见，因此本书将英语归为 "程度词+形容词" 的语序。

4.2.5 动词与否定标记的语序

标准的否定一般通过否定标记来进行，这时动词与否定标记之间的语序会因语言的不同而有所区别。否定标记的位置一般分三种类型，在不同的语言中，要么位于动词之前，要么位于动词之后，要么位于动词前后两侧。也有极少数语言的否定标记位置不定。

〈表14〉动词与否定语素的语序（WALS, 143）[6]

① 否定语素+动词（NegV）	686
② 动词+否定语素（VNeg）	374
③ 双重否定（Double Negation）	195
④ 类型①与类型②的混合（Type1/Type2）	31
⑤ 其他	40
合计	1326

由〈表14〉可知，否定标记位于动词之前的语言（686种，约占52%）远远多于否定标记位于动词之后的语言（374种，约占28%），以及否定标记同时位于动词前后的双重否定（double negation）语言（195种，约占15%）。从宏观角度来看，英语、汉语、西班牙语、俄语、阿拉伯语等VO型语言的否定标记大致位于动词之前，而OV型语言的否定标记则有选择性地位于动词之前或之后。日语的否定语素则位于动词之后，如下所示：

(13)	英语	I don't eat.		
	汉语	不	吃	
	日语	食べ[tabe]	ない[nai]	不吃

但是，即便同属VO型语言，否定标记的位置也会有所不同，大体可分为两种情况：一种是仅有主动词时，否定标记位于主动词之后，如北欧的德语、荷兰语、丹麦语等；另一种是主动词和助动词并存时，否定标记则位于主动词之前，如英语。而法语的否定标记"ne~pas"原则上需同时置于动词的前后。另外，韩语既可以用"안、못"在动词前面进行否定，也可以用"-지 않다、-지 못하다"在动词后面进行否定，详见以下例句（关于否定句的类型，可参考第十一章）：

6　WALS（143）的归类非常详细，为了便于论述，这里进行了简化。WALS中对否定前缀、否定后缀和法语等双重否定非必要条件的情况进行了详细的区分，但上述表格中这些被分别合并到①～③。

(14)	德语	Ich gehe <u>nicht</u> in die Schule.	我不去学校。
	法语	Je <u>ne</u> vais <u>pas</u> à l'école.	我不去学校。
	韩语	나는 학교에 <u>안(아니)</u> 간다.	我不去学校。
		나는 학교에 가지 <u>않는다</u>.	我不去学校。

〈表15〉动词与否定标记语序不同类型的语言分布

动词＋否定标记	否定标记＋动词	两者均可	双重否定
韩语、日语、土耳其语、印地语等	英语、韩语、西班牙语、俄语、阿拉伯语等	韩语、德语、荷兰语、丹麦语	法语、缅甸语

4.2.6 比较级的语序

句子"민호는 철수보다 크다（民浩比哲洙高）"中，"크다（高）"是对两人进行比较的形容词，"철수（哲洙）"是与"민호（民浩）"进行比较的基准项，"보다（比）"是比较标记。比较形容词与基准项的语序在不同语言中有所差异。韩语和日语的语序为"基准项＋比较标记＋比较形容词"，而英语则正好相反。通过例(15)可比较不同语言在表达"我比妈妈（个子）高"时的语序。

(15)	韩语	나는 엄마보다 (키가) 크다.		
		我　　妈妈比　（个子）　高		
	日语	私は[watasiwa] お母さんより[oka:sanyori] 背が[sega] 高い[takai]。		
		我　　　　　妈妈比　　　　　个子　　高		
	汉语	我比妈妈高。		
	英语	I am taller than my mom.		

一般来讲，OV型语言的基准项位于比较形容词之前，VO型语言则正好相反。从这一点上来看，我们可以说，汉语属于特例。

●○○延伸阅读

汉语的语序

　　除了"动词+宾语"的基本语序不同之外，汉语修饰语（定语和状语）的语序几乎与韩语完全一致，尤其是在不带宾语的自动词句中，汉语谓语部分的语序和韩语完全一致，这与汉语语序中状语位于动词之前的基本原则存在一定关系。在汉语的自动词句中，谓语其他成分的语序与英语正好相反（송경안、이기갑等，2008a：368）。

a. 철수는	어제	서울에서	왔다.
	①	②	③
b. 哲洙	昨天	从首尔	来了。
	①	②	③
c. John	came	from Seoul	yesterday.
	③	②	①

　　除上述内容之外，动词短语的语序还包括状语之间的语序、宾格和与格的语序等。从状语之间的语序来看，如前所述，韩语等OV型语言大体为"时间（T）+方式（M）+场所（P）"语序，英语等VO型语言则正好相反，使用"场所+方式+时间"语序。韩语、日语、汉语、俄语、阿拉伯语是"与格+宾格"的语序，而法语和西班牙语则是"宾格+与格"的语序。英语和德语则根据前置词使用与否，两种语序均可。

　　最后再来看一下从句与从属连词（subordinator）的语序，英语的"if""because"等从属连词出现在从句之前，而在韩语中，"-면，-기 때문에"则出现在从句之后。我们不能简单地将这视为位置前后的问题，这一现象与一种语言的从属连词，究竟是和英语一样以词汇形式表达，还是像韩语那样以词尾或词缀形式表达，有着一定的联系。在以词汇形式表达的语言中，从属连词位于从句之前，而以词尾或词缀形式表达的语言中，从属连词则位于从句之后。

第十章 时与体

■□□ 1. 引言

　　人类存在于流动的时间里，因此人类使用的语言会反映出时间流动的意识，而这种意识出现的方式大体上分为时、体、句式三种，其中最为直接的是时与体。时是对某个事件发生的特定时间点的语法表达，即语法化的时间定位。所谓的过去、现在、未来就属于时。而体是对某种情状（或事件）内在时间的构成方式，它与特定时间点无关，也就是说从时的角度上来看，即使某个事件发生在某个时间点，但语言可以将这一过程用"开始、过程、结束"来表达。下面的例句就能很好地说明时与体的差异：

(1)　a. 나는 어제 숙제를 했다.
　　　我昨天做了作业。
　　b. 나는 어제 숙제를 하고 있었다.
　　　我昨天正做着作业。

　　从时的观点来看，例(1)中的两个句子都是过去时，但例(1b)是将过去这一特定时间点用显微镜放大后再观察其内部，此时表示"做作业"这件事处在未完成状态。而在例(1a)中，我们则不能确认这一过程。因此，例(1a)和(1b)的时虽一致，但体不相同。一般看来，时是指一个事件被定为过去、现在还是未来，但例(1b)的进行状态是在任何时中都可以出现的。这就是时与体的最大区别。

　　与场所或人称代词一样，时若没有特定的语境就无法解释，正因为这一点，时带有指示性（deictic）。这里所说的指示（deixis）是指句子的意义取决于语境。如下面例句：

> (2)　그가 여기서 그런 나쁜 짓을 했어.
> 　　　他在这里做了那样的坏事。

上述例句的意思是一个被称为"그（他）"的人在叫"여기（这里）"的场所做了坏事，但是在解释句子意思时，"그（他）"是什么样的人及"여기（这里）"的场所是哪里，会使句子的意义出现很大的区别。也就是说，为了解释得更准确，我们需要了解更多、更确切的情境。"时"也同样如此，比如有个"밥을 먹는（吃饭）"的事件，那么"我"处于该事件的什么时间点上，会使事件相应地变为过去、现在、将来时。而如果有语境，它就能代表特定的时间点。

●○○延伸阅读

时间与时

　　时间（time）在于宇宙中自然地流逝，时间是不可分割的。相反，时（tense）是人类意识创造出的概念。从概念上看，前者是自然的，后者是人为的；前者是实存（real）的、物理的，后者是假想的、理论性的；前者是客观（语言外部）的，而后者是主观（语言内部）的。也就是说，时的区别或者范畴化并不是自然世界一开始就存在的，而是使用语言的人所创造的。所谓的时间，从某种角度来看，只存在"现在"，但从另一种角度来看，所谓的"现在"根本就不存在。前者是说我们迎来的时间只有"现在"，后者是指当我们意识到"现在"这一瞬间时，它却已经成为了过去。

　　a. 그 사람 지금 떠났어.　　那个人刚离开了。
　　b. 그 사람 지금 떠날 거야.　那个人正要离开。

　　上述的"지금（现在）"一词是表征"现在"的单词，但在例句中"떠나다（离开）"这一动词的"时"分别为过去和现在。这样的句子之所以能成立，是因为人类的意识在一定程度上可以扩大"现在"的范围，从而将相近的"过去"和"将来"都包括在"现在"内。

　　自然界中时间作为客观存在的实体，两个时间点之间只有先后关系，并不会分为过去、现在和将来（윤병달，2009）。但人类会区分过去、现在和将来，人们将这种区别设定成一种语言和语法手段，将其定义为"时"。时间在宇宙中是客观存在的，它不会因国家不同而呈现出差异，但之所以每种语言在"时"的区分上有所不同，正是因为"时"并没有如实反映出自然时间的存在。

■■□□　2. 韩语学习者的"时"与"体"偏误

　　下面是母语为英语的韩语学习者在"时"与"体"方面出现的偏误：

○ 나는 미국에서 커피 <u>만든</u> 일을 했어요.
　　我在美国做过咖啡。

○ 나는 저기 안경을 <u>쓰는</u> 사람이 좋아요.
　　我喜欢那个戴眼镜的人。

○ 여러분, 시작할까요? <u>준비돼요?</u>
　　各位，我们开始吧？准备好了吗？

○ 나는 우리 엄마를 <u>닮아요.</u>
　　我长得像妈妈。

　　前两个句子与定语形的时相关，外国学习者常在这个问题上出错。需要注意的是，在韩语中，并不是发生在过去的事情就一定要用过去时表达，像"입다（穿，动词，与衣物类名词搭配使用）、신다（穿，动词，与鞋相关的名词搭配使用）、쓰다（戴，动词，与头部、面部所戴的相关名词搭配使用）"等动词的用法是相当复杂的。后两个句子在其他语言中为现在时，可是在韩语中却为过去时，这种情况在韩语中非常常见。

　　下面是母语为日语的韩语学习者在"时"与"体"方面出现的偏误：

○ 우리 결혼하고 <u>있어요.</u>
　　我们结婚了。

○ 한국에 <u>오는</u> 기회가 많지 않았어요.
　　来韩国的机会并不是很多。

○ 어린 때 오사카에서 살았어요.
　　小时候我住在大阪。

　　就韩语和日语而言，其表达方式虽为相似，但直接进行替换是不可以的。虽然日语的"–ている[teiru]"与韩语的"–고 있다（表达进行时的惯用表达）"相互对应，都可以表示动作的进行状态，但它还表示在某种情况下产生的结果（임헌찬，2008：193）。第一个句子是因为把日语的"–ている[teiru]"直译为韩语而出现的偏误。在某些情况下，韩语会使用将来时定语形词尾的固定搭配，但这时却与实际时无关，第二个句子和第三个句子就是由此导致的偏误。

　　下面是母语为汉语的韩语学习者在"时"与"体"方面出现的偏误：

○ 1학년 때 저는 늘 <u>지각합니다</u>.

一年级的时候我总是迟到。

○ 선생님, 죄송합니다. 숙제를 다 못 <u>합니다</u>.

老师，对不起，我没写完作业。

○ 나는 어제 책을 사지 <u>않다</u>.

我昨天没买书。

○ 어제 네가 전화할 때 나는 자고 <u>있다</u>.

昨天你打电话的时候，我在睡觉。

汉语和韩语不同，汉语中没有与动词结合来表达时的语法要素（如韩语中的"-었/
았-"），但是汉语可以用表示完成体的"了"来表达过去时。需要注意的是，二者并非一
对一的对应关系。上面的句子在韩语中都是用过去时来表达的，但是用汉语表达时却不能
添加"了"，因此，学习者受母语的干扰出现了偏误（김성란，2012:201）。

■■□□ 3. 时

3.1 时的分类

3.1.1 过去、现在、将来

划分时的标准是时间点。时间点大体上可以分为两类：一是某个事件或某种状况发生
的事件时间（point of event），二是话者的说话时间（point of speech）。我们常说的"过
去""现在"和"将来"应是根据这两个时间点的相互关系来划分的。"过去"就是事件时间
早于说话时间，如例（3a）；"现在"就是事件时间等同于说话时间，如例（3b）；"将来"就
是事件时间晚于说话时间，如例（3c）。

（3）过去、现在、将来

a. 过去：나는 밥 먹었어.（我吃过饭了。）

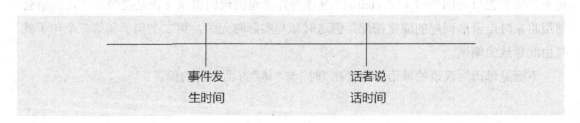

事件发
生时间

话者说
话时间

b. 现在: 나는 지금 밥 먹어. （我在吃饭。）

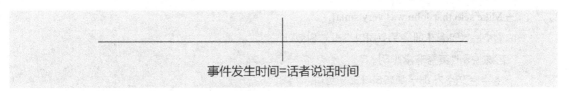

事件发生时间=话者说话时间

c.将来: 나는 나중에 밥 먹을게. （我一会儿再吃饭。）

话者说
话时间

事件发
生时间

3.1.2 绝对时和相对时

　　单看前文内容，可能会认为过去时、现在时、将来时都是由话者说话时间决定的，但并非总是如此。请看下面的示例:

(4)　a. 행사 때 연주할 악기가 고장이 났다.

　　　　表演的时候乐器出了问题。

　　　b. 나는 지하철에서 노래를 부르는 사람을 보았다.

　　　　我在地铁上看见有人在唱歌。

　　仅从谓语"났다（出了）、보았다（看见了）"来看，例(4)中两个句子都是过去时，也就是说，例(4a)中的"악기가 고장이 난 것（乐器出了问题）"和例(4b)中的"노래를 부르는 사람을 본 것（看见有人在唱歌）"都是过去时。那么"그 악기로 연주를 하였든 못하였든（不管用没用那个乐器来演奏）"，这一事实和"그 사람이 노래를 부른（那个人唱了歌）"的事实也都应该是过去时，但例(4a)中使用"연주할（即将演奏的）"，表示为将来时，例(4b)中使用的是"부르는（唱歌的）"，用了现在时。换句话说，此部分并未使用"연주한 악기（演奏过的乐器）"和"노래를 부른 사람（唱过歌的人）"等过去时。那么为什么会出现这种情况？其他语言也是如此吗？

(5)　a. Mike said, "John is very smart."

　　　→ Mike said that John was very smart.

　　b. 철수는 "영수가 매우 똑똑하다." 라고 말했다.

　　　哲洙说："英秀非常聪明。"

　　　→ 철수는 영수가 매우 똑똑하다고 말했다.

　　　哲洙说英秀很聪明。

　　　如例（5a）所示，英语中直接引语句里的谓语"is"为现在时，可是间接引语句里谓语的时需要与主句保持一致，所以变成过去时"was"。而韩语里的间接引语和直接引语都使用了"똑똑하다（聪明）"的现在时。这两种语言的区别是什么呢？

　　　如前文所述，时间线上两个时间点的关系决定了时。此时，最重要的是确定参照点。参照点可以是话者的说话时间，也可以是事件发生的时间。时会因参照点的选取而有所不同。在例（5a）的间接引语中，话者发话时间成为参照点，那么主句为过去时的话，其他所有的"时"都应该为过去时，即主句对时的选择具有决定性作用。这里，我们将其称为绝对时（absolute tense）。相反，在例（5b）的韩语例句中，参照点并不是话者说话时间，而是事件发生时间，因而用了现在时。即主句不能影响从句的时，因为站在哲洙说话的时间点来看，"聪明"是描述当下的情况，所以使用了现在时。这里，我们将其称为相对时（relative tense）。绝对时的参照时间是现在时，但相对时的参照时间却不一定。所以，英语例子中"Mike说话"和"John聪明"皆为过去时；而韩语中，"哲洙说话"是过去时，"英秀聪明"却是现在时。前文中的例（4a）和（4b）也可以用这种方法来解释。因此，我们需要"参照时间（time of reference）"这一新的时间点，根据参照时间的不同划分出绝对时和相对时。

3.1.3 时的语言表达方法

　　　下面来看一下语言中时的表达方法。

(6)　a. 경찰이 도둑을 잡는다.　　　　　　경찰이 도둑을 잡았다.

　　　警察抓小偷。　　　　　　　　　　警察抓住了小偷。

　　b. 나는 오늘 일본에 간다.　　　　　나는 내일 일본에 간다.

　　　我今天去日本。　　　　　　　　　我明天去日本。

　　　例（6a）中出现了现在时和过去时的对立，这种对立是通过表示时的语法要素"-는-（现在时非词末词尾）"和"-았-（过去时非词末词尾）"体现出来的。然而例（6b）中也出现了现在时和将来时的对立，但却使用了相同的时语素。换句话说，例（6b）中的两个句子

是通过词汇"오늘（今天）"和"내일（明天）"实现了"时"的对立。

使用"时"语素从语法角度表达"时"概念的时候，一般需要在动词上添加词尾或词缀。然而，也有通过元音变化（ablaut）或重叠（reduplication）形式来表达过去时的情况，如"sit-sat"。

一般情况下，语言都是用时语素或词汇来表达时的，但除此之外还有其他方法。例如，缅甸语等语言可以通过添加实在词缀和非实在词缀来表达"时"。此时，词缀不再是时语素，而是表达这件事是否真实发生，通过添加不同的词缀来区分过去和将来（Whaley, 1997；Wikipedia, Grammatical tense）。

3.2 时的语法体系

所有语言中都存在着三种"时"概念，即现在、过去和将来。如果没有这三种"时"概念，人类将无法正常生活与交流。但即便是这样，也并不是所有的语言都用"语法的"方式表达"时"。这里的"语法表达方式"并不是指像"昨天、今天、明天"等表示时间概念的单词，而是指通过语法手段表现出来的时标记（tense marker），即时语素。例如：韩语动词后使用的"-었/았-（过去时非词末词尾）"、 -은/는-（现在时非词末词尾）、-겠-（将来时非词末词尾）"或英语过去时所使用的"-ed"。此外，同样是时语素，其使用方法也会有所区别。综上，按照有无时语素，我们可以将"时"分为以下几类：

(7)　a. 零分系统（无"时"）
　　　b. 一分系统
　　　c. 二分系统（过去、非过去；将来、非将来）
　　　d. 三分系统（过去、现在、将来）

首先，零分系统（无"时"）是指该语言在语法上不区分过去、现在和将来，这种语言被称为无"时"语言。在无"时"语言中，时语素不会附着在动词之上，而是通过使用时间副词等词汇方法或者使用情态、体范畴来表示"时"。汉语、缅甸语和其他东南亚国家语言即是如此（请参考3.3.2）。

一分系统是指把过去、现在、将来用同一个语法标记表示出来，它用相同的时语素标记所有的时态，在这一点上，它等同于无"时"语言。换句话说，一分系统虽然使用了时语素，但是实际上它却与"时"无关，它只是将其统一为某一形态进行标记。如果我们把一分系统的时语素用"☺"进行标记，那么，过去、现在、将来会以同样的方式出现。即，用同一种方法表达三种不同的时态，实际上也可被视为无"时"语言。

(8)　a. 나는 어제 밥을 먹◉다.

　　　我昨天吃饭了。

　　b. 나는 지금 밥을 먹◉다.

　　　我现在在吃饭。

　　c. 나는 내일 밥을 먹◉다.

　　　我明天吃饭。

　　　下面，让我们来看一下二分系统。在二分系统中，几乎不存在把"时"划分为现在和非现在的语言，因为在交际层面，将时间划分为现在和非现在是不切实际的。也就是说，如果用"时"这一语法范畴用来区分某一事件发生的时间先后顺序，那么把过去时和将来时划为一体，并让它与现在时相对立，是不合理的。也就是说，这样的体系没有时间上的先后连续性，所以它是非常不实用的。

　　　除上述情况外，其他的二分系统在自然语言中很常见。其中，把"时"划分为"过去"和"非过去"的体系最为普遍，它包括英语和其他欧洲语言。这种划分体系把"现在"和"将来"归为一体，使"非过去"与"过去"两者对立，这里也可把"非过去"称为"预期（prospective）时"。所以，下面的例句中动词的现在时可以用于将来时，但不能用于过去时。

(9)　a. I go to London now.

　　b. I go to London tomorrow.

　　c. *I go to London yesterday.

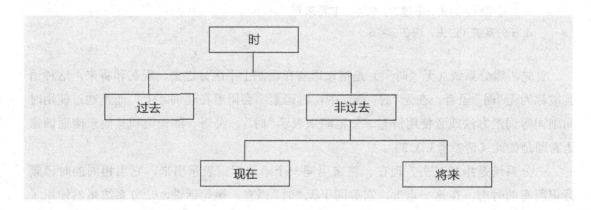

〈图1〉二分系统（过去：非过去）结构

　　　此外，自然语言中还存在把时划分为将来和非将来的划分体系。非将来也可称为"回顾（retrospective）时"。严格地讲，这种划分体系也存在着不能称之为"时"对立的部分，如"现实、非现实"，类似现象出现在美洲和大洋洲的土著语言中。

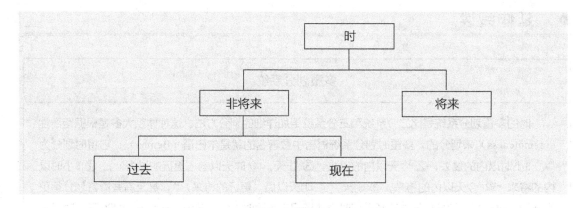

〈图2〉二分系统（将来：非将来）结构

●○○延伸阅读

过去时与将来时的表达方式

以现在时为轴，过去和将来二者相互对称，可是从时间的概念上来看，二者并非单纯的对称关系，它们在语义上存在着差异。过去包含着"确定为已过去的、已决定的、固定的，可见的"等含义，而将来则包含着"不确定的、潜在的、可变的，不可见的"等含义。

有趣的是，大部分语言都会用独立的语法标记来表示过去时，但是将来时的语法标记是不明确的。也就是说，表达将来的语法要素究竟是原本就为了表达"时"而存在，还是来自"体"或者其他概念（例如推测、意志等），这一点在很多语言中并不确定。这种语言间出现的"时"差异可以被认为是由于"过去"和"将来"的语义差异造成的。

从逻辑上看，三分系统应该是最合理的，也就是将时分为"现在、过去、将来"。但是，事实上它的使用频率要低于二分系统。另外还有比二分系统、三分系统划分更加详细的多重划分系统。

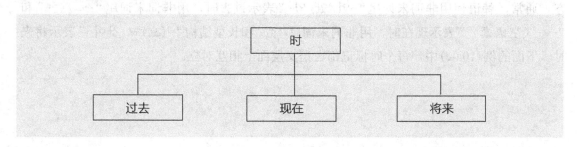

〈图3〉三分系统结构

●○○**延伸阅读**

多重划分系统
时的多重划分系统是比二分系统和三分系统更加详细的划分方法。这种体系大多是根据距离性（remoteness）来划分的。多重时划分系统语言中最著名的就是本巴语（Bemba），它将时划分为"① 3小时以内的过去，② 今天以内的过去，③ 昨天，④ 昨天以前（更远的过去）；① 3小时以内的将来，② 今天以内的将来，③ 明天，④ 明天以后（更远的将来）"，甚至有些语言划分得更为详细。这种多重划分系统并不都是用时语法标记来表达时态的。此外，在大部分情况下，对过去时的划分比对将来时的划分更为详细。

3.3　各语言"时"的特征

　　语言是话者把自己对世界知识的认知用话语或文字表达出来的产物，这种认知是一种范畴化的过程。如前文所述，这种范畴化并非从一开始就存在于自然界中，而是语言使用者对其不断分化、认识才形成的。根据自然的时间结构，我们形成了过去、现在和将来这种认识体系。但是，在语言发展过程中，文化变量会对时体系产生影响，从而产生了前文中所提到的二分系统和无"时"语言。因此，我们不能将所有语言的"时"语法范畴都统一划分为三分系统结构。

3.3.1　韩语的"时"

　　那么，韩语的时体系是怎样的呢？传统语法认为，韩语是具有"过去、现在、将来"的三分系统语言。虽然学界对于这一观点仍存在分歧，但大部分学者都比较认同。因此，本书也以三分系统为基础来描述。三分系统则意味着过去、现在、将来都有各自的语法形态。通常，韩语使用非词末词尾"-었/았/였-"表示过去时，用非词末词尾"-ㄴ/는-"和"-∅-（空语素）"表示现在时，用非词末词尾"겠"和长型结构"-(으)ㄹ 것이-"表示将来时。下面的例(10a-e)中，每个时标记都在语义层面上相互对立。

(10) a. 나는 어제 그 책을 읽었다/보았다. (과거)

我昨天读了/看了那本书。 (过去)

b. 나는 지금 그 책을 읽는다/보느다. (현재)

我在读/在看那本书。 (现在)

c. 저는 지금 그 책을 읽으습니다/보으ㅂ니다.[1] (현재)

现在我在读/在看那本书。 (现在)

d. 나는 내일 그 책을 읽겠다/보겠다. (미래)

我明天要读/要看那本书。 (将来)

e. 나는 내일 그 책을 읽을 것이다/보르 것이다. (미래)

我明天要读/要看那本书。 (将来)

例(10)中的句子主要是通过在句尾添加非词末词尾来表达"时"的，下面的例(11)则是分句中包含"时"。即"时"是通过"-는（表现在）、-(으)ㄴ（表现在）、-(으)ㄹ（表将来）、-던（表回顾）"等定语形转成词尾来表达的。

(11) a. 서울로 가는 버스는 어디에 있습니까? (현재)

去首尔的公交车在哪儿？ (现在)

b. 우리는 점심을 먹은 후에 산책을 했다. (과거)

我们吃完午餐后散步了。 (过去)

c. 내가 살던 고향은 꽃 피는 산골이다. (과거)

我的故乡是一个鲜花盛开的山谷。 (过去)

d. 점심으로 비빔밥을 먹을 생각이다. (미래)

午餐我想吃拌饭。 (将来)

此外，三分系统中存在以下几点问题：

(12) a. 내일 이맘때쯤에는 철수가 그 책을 읽었을 것이다.

明天这个时候，哲洙应该已经读了那本书。

b. 나는 요즘 학생식당에서 밥을 먹는다.

我最近在学生食堂吃饭。

c. 나는 내년에 대학원에 간다.

我明年去读研。

---

1 从终结词尾的角度来看，表示现在的非词末词尾"-는-"只会出现在像"-다（表陈述）、-구나（表感叹）"等少数终结词尾前面。正是由于这一点，大部分学者认为在韩语中，原则上不存在表现在的非词末词尾。在分析上述现象时，既可以理解为"-는-"与特定形态连接使用，也可以把"-는다（表陈述）、-는구나（表感叹）"视为整体的终结词尾。

例(12a)是对韩语时的三分系统提出的反例。在这个句子中，表示过去和将来的语法要素一同出现。这里我们可以借用前文中所讲的相对时概念来分析。也就是说，在绝对时中，"내일（明天）"与"-었-（表过去的非词末词尾）"相互冲突，但在相对时中，若把"明天读书以后的时间"作为参照点，那么"读书"则可用过去时表达。因此，"-었-（表过去的非词末词尾）"可被视为相对时中的过去时[2]。韩语话者经常说的"너는 내일 죽었어!（明天你死定了！）"也可以用这种方法来解释。即话者口中的"死"是相对时中既定的事实，目的是为了威胁听者。

与例(12a)有关的另一个问题是对"-(으)ㄹ 것이-"的解释。有观点认为它不应该被理解为将来时，而应该解释为推测。同样地，"-겠-"也有两种不同的解释：第一，这个表达在本质上表示"将来"，其他含义都是附属意义；第二，"预计、意志、推测、可能"是主要意义，"将来"是附属意义。三分系统采用了第一种解释，若采用第二种解释，韩语就不属于三分时系统，而应该被归类为二分时系统。

正如前文所述，我们可以把例(12b)和例(12c)视为现在时的延伸表达。自然变化中的"物理现在"是一个极其短暂的时间，如果人类只把这一时间认定为现在时的话，就根本没有办法用语言来表达现在时，因此语言中的现在时是以现在为核心进行前后拓展的一个时间区间，它在时间上可长可短。换句话说，它是超越"现在"的一个连续体。例如，"요즘（最近）"是以话者说话时间为参照点，包含了短暂的前后时间。若将"요즘（最近）"视为现在时，则会出现与例(12b)相关的表达。此外，韩语中还有将习惯性动作视为现在时的情况，例如："나는 매일 라디오를 들어.（我每天都听收音机。）"。在物理时间上，"내년（明年）"是一个遥远的将来，但是如果确信说话时的想法不发生改变，则可以将它表达为现在事件。因此在例(12c)中，对于话者来说，"去读研"是现在时延伸后的时间点内发生的事情。

3.3.2　其他语言的"时"

语言不同，其"时"的表现手法必然不尽相同。在本节中，我们将观察几种时体系各不相同的语言。

首先，让我们看一下属于无"时"语言的汉语。前面提到，像汉语这类语言在表达"时"时只使用词汇而不使用语法语素。如下例所示：

2　此外，还可以用另一种方法来解释。即"-(으)ㄹ 것이-"表示语法上的时，前面的"-었-"表示语义上的完成体。之所以能用这种方法来解释，是因为当时标记重复出现的时候，其中的一个时标记（韩语中是靠前的标记）可以在语义上表示"体"或情态，这是语言的普遍现象，过去时在语义上蕴含着完成体。在韩语中，包含动词短语的句子如果没有"时"是不成立的，所以，韩语将时范畴认定为语法范畴。相反，因为"体"并不是必不可少的部分，所以通常把它视为语义范畴。

（13） 汉语的"时"的表达方式

　　a. <u>昨天</u>我在学校学习。

　　b. <u>现在</u>我在学校学习。

　　c. <u>明天</u>我在学校学习。

例（13）中的各个例句分别表示过去、现在和将来，但是与韩语不同，并没有出现和动词结合使用的语法标记，而是使用"昨天、现在、明天"这类时间副词来表示时态。那么，无"时"语言仅是特例吗？我们可以观察下面的统计结果（WALS，66）。为了便于叙述，这里首先探讨一下语言中"过去"和"非过去"对立的存在与否。

（14） a. 有"过去"与"非过去"对立的语言: 134种

　　　b. 无"过去"与"非过去"对立的语言: 88种

根据这一统计结果可知，在222种样本语言中，虽然有过去时语法标记的语言多于无过去时语法标记的语言，但我们也不能说没有过去时语法标记的语言就是特例。换句话说，可能由于我们形成了以英语为中心的欧洲语言或是韩语的思维方式，才会片面地认为几乎所有的语言都像例（14a）。综上所述，我们可将例（14a）的语言和例（14b）的语言划分如〈表1〉。值得注意的是，例（14b）中的汉语和东南亚语言，即汉藏语系、南亚语系、南岛语系都是孤立语，因为它们没有屈折变化，所以没有语法语素。

〈表1〉有无"过去"与"非过去"的对立

有"过去"与"非过去"对立的语言	无"过去"与"非过去"对立的语言
大部分印欧语系语言、韩语、日语、蒙古语等	泰语、越南语、马来西亚语、菲律宾语等东南亚语言和汉语等

下面让我们看一下英语和日语：

（15） 英语和日语的将来时表达

　　a. I <u>will</u> read a book tomorrow.

　　b. 私は[watasiwa]　　<u>明日[asita]</u>　　本を[hono]　　読む[yomu]。

　　　我　　　　　　　明天　　　　　书　　　　　读。

例（15）中英语和日语例句的意思都是"我明天要看书"，都是将来时，但是二者表达将来时的方法是不同的。例（15a）的英语例句使用了助动词"will"来表达将来时，而例（15b）的日语却并未使用语法手段，而是使用了词汇方法，即用"明日[asita]"来表达将来时。也就是说在日语中，例（15b）中用于表示将来时的动词"読む[yomu]"既是基本型，也可以用于下例（16）表示现在形，或者应该将其更加准确地称为非过去形（non-past）。有时候，现在形的主动词词干后还可添加表示持续状态的词尾和辅助动词"-ている（teiru, 正在）"。

---

(16)　私は[watasiwa]　　今日[kyo:]　　本を[hono]　　読む[yomu].
　　　我　　　　　　　今天　　　　书　　　　　读。

所以，日语是没有将来时语法标记的语言，也可称之为无将来体系的语言。接下来让我们再来比较一下英语和韩语：

---

(17)　英语和韩语的将来时表达
　　　a. 나는 내일 책을 읽겠다. （我明天要看书。）
　　　b. I will / am going to read a book.

英语和韩语在表达将来的时候存在差异。如例（17a）所示，韩语会在动词后添加语法语素"-겠-"，而英语则会使用"shall/will V、be going to V"等助动词结构。在判断某一语言是否有"时"体系时，形态中心理论中最重要的一点就是看它有没有与动词结合的时语素标记。而"will"不符合这三种时语素标记的任何一种，这是由"will"自身的语法属性决定的。因此，从"时"的角度来看，"will"不是将来时，而是现在时（안상철、최인철，2006；윤병달，2009；Wikipedia, Grammatical tense）。更确切地说，它不与"时"直接相关，它的语法属性更倾向于情态助动词或句式助动词。因此我们可以说英语语法中没有与将来时相关的时体系。这是德语、荷兰语等日耳曼语的共同特征（Wikipedia, Future tense）。

●○○延伸阅读

英语的will
根据Wikipedia（Grammatical tense）的观点，"will"词条中"将来"这一语法术语标签的使用是错误的。Wikipedia认为"will"是一个表示"现在"的情态动词，这种用法源于它表"可能性（probability）"的含义，可以用于过去时、现在时和将来时，如下例所示： 　　a. 过去: He will have been angry. 　　b. 现在: He will already be in Australia by now. 　　c. 将来: I think I will go next week.

此外，根据《兰登书屋英语大词典》（*The Random House Dictionary of the English Language*）中的说明，will与am（is、are）一样都是现在时。例如，我们一般认为"I will be there tomorrow"中的"will"体现了它的"将来时"特征，但这部字典中将其与"be about or going to"一起归类为现在时。众所周知，"will"因为包含"想要做某事"之意才具有了"将来"的含义，但是其在语法上仍然是现在时。英语中的将来时是借助"will"的现在形式，在语义层面表示将来时间。正因如此，才会有观点认为英语动词的将来形式并不属于时态范畴，而是属于情态（modality）范畴（윤병달，2009）。

而法语中存在表示"将来"的动词词形变化形式，因此可以称为三分时系统。例如像"明天天气很热"这句话，既可以像例（18c）一样，使用和"今天天气很热"中相同的动词现在时，也可以和（18d）一样使用动词的将来时，相当于韩语中的"덥겠다（会热）"。同属于罗曼语系的西班牙语亦是如此。WALS（66、67）指出，除了上述语言以外，印地语、土耳其语、他加禄语也属于这种情况。

(18)　法语动词的时

a. Il　　faisait　　chaud　　hier.
　 il　　fəzɛ　　　ʃo　　　jɛːʀ
　 It　　V　　　　hot　　　yesterday　　（昨天很热。）

b. Il　　fait　　　chaud　　aujourd'hui.
　 il　　fɛ　　　　ʃo　　　oʒuʀdɥi
　 It　　V　　　　hot　　　today　　　　（今天很热。）

c. Il　　fait　　　chaud　　demain.
　 il　　fɛ　　　　ʃo　　　dəmɛ̃
　 It　　V　　　　hot　　　tomorrow　　（明天很热。）

d. Il　　fera　　　chaud　　demain.
　 il　　fəra　　　ʃo　　　dəmɛ̃
　 It　　V　　　　hot　　　tomorrow　　（明天会很热。）

接下来，我们来观察一下语言中是否包含"将来"与"非将来"的对立，统计结果如下所示（WALS，67）：[3]

(19)　a. 有"将来"与"非将来"对立的语言：110种
　　　 b. 无"将来"与"非将来"对立的语言：112种

从例（19）中的统计结果可以看出，在222种样本语言中，有将来时态屈折语素的语言和没有将来时态屈折语素的语言数量相仿。我们可以把例（19a）中的语言和例（19b）中的语

3　严格上来讲，例（19）中的统计结果是基于"将来"与"非将来"之间的对立是否是通过屈折变化得出的。

言划分如下：

〈表2〉有无"将来"与"非将来"的对立

在"将来"与"非将来"对立中使用屈折语素的语言	在"将来"与"非将来"对立中不使用屈折语素的语言
南北美洲和澳大利亚土著语、西罗曼语（法语、西班牙语）、印地语、阿拉伯语、土耳其语、阿塞拜疆语	汉语、日语、英语、德语、俄语、匈牙利语和大部分东南亚语言（他加禄语除外）

　　综上可知，两种情况各占一半，存在"将来"与"非将来"对立的语言在数量上要小于存在"过去"与"非过去"对立的语言数量。换句话说，在谈及"时"的时候，过去时的地位要高于将来时。

　　上述对于语言间时体系差异的论述可以用下表进行整理说明：

〈表3〉时体系

	时语素	时体系	语言	表达方式
无"时"系统	无		汉语、缅甸语等东南亚语言	使用时间副词等词汇，使用情态或"体"等范畴
二分系统	有	过去VS非过去	日语、英语等欧洲语言	动词的现在时可用于将来时，如：预期时
		将来VS非将来	美洲和大洋洲的土著语	有很多在严格意义上不能称之为"时"的对立，如：回顾时
三分系统	有	过去、现在、将来	法语、西班牙语、印地语、土耳其语、他加禄语	自然语言中数量反而少于二分系统
多重系统	无	4种过去、4种将来	本巴语	大部分通过距离性来表达，如：过去时分类 > 将来时分类

4. 体

4.1 体的分类

　　体（aspect）大致可分为两类，一类是"词汇体（lexical aspect）"，另一类是"语法体

（grammatical aspect）"。"词汇体"蕴含于动词本身，而"语法体"则通过语法语素来表达。

4.1.1 词汇体

动词包括持续性动词和非持续性动词，如"자라다（生长）"一词属于持续性动词，而"떠나다（离开）"则属于非持续性动词。通过下面的例句，我们可以体会到其中的差异：

> (20) a. 그 아이는 3년째 계속 자라고 있다.
>
> 　　　那个孩子三年间一直在长。
>
> 　　b.*그 아이는 5분째 계속 떠나고 있다.
>
> 　　　*那个孩子五分钟一直在离开。

如例（20）所示，"떠나다（离开）"的用法不同于"자라다（生长）"，如果不是特殊情况，一般不使用"떠나고 있다（正在离开）"这样的表达。这是因为这两个词在体的［持续性］（duration）上是有区别的，"자라다（生长）"一词是［+持续性］动词，而"떠나다（离开）"一词则是［−持续性］动词。动词还有一个属性是［终结性］（telicity），［终结性］是指动作经过一定的持续过程最后终止，或已达到既定的目标点（송경안、이기갑等，2008c），这也体现了体的含义。

> (21) a. 그 사람이 오랜만에 웃었다. 그런데 뭐가 재미있는지 계속해서 웃었다.
>
> 　　　那个人时隔很久终于笑了，不知道因为什么有趣的事一直在笑。
>
> 　　b.*그 사람이 집을 지었다. 그런데 계속해서 (그) 집을 지었다.
>
> 　　　*那个人盖好房子了，但是他一直在盖（那个）房子。

"（집을）짓는 것（盖房子）"和"웃는 것（笑）"的不同之处在于，前者可以表示为"已完成了50％"，它包含着"经历某种过程到达终点"或"阶段性地向目标前进"的意思。也就是说，"짓다（盖）"是［+终结性］动词，而"웃다（笑）"是［−终结性］动词，因此，已经盖好的房子不能反复或者持续盖，但是笑不具有终结性，可以反复或者持续笑。

由此可见，动词通过与时间相关的［持续性］或［终结性］等语义特征来表达体的概念，也就是用词汇体。从这一点上看，词汇体具有语言普遍性。

动词可根据［持续性］和［终结性］分为状态动词（state verb）、行为动词（activity verb）、结束动词（accomplishment verb）和达成动词（achievement verb）四种类型（Vendler，1967）。

其中，结束动词与达成动词的区别在于是否具有持续性。如例（20）所示，某一动作的终结是瞬间发生的，还是经历一定的过程后逐渐接近于终点的，这两者间存在着差异。

行为动词和结束动词的区别在于是否具有终结性。如前文所示，结束动词是向着终点逐渐地或阶段性前进的动词，而行为动词则无终点，其活动主体即为最终目标。例如，"（하늘을） 보다[看着（天空）]"这一行为并非阶段性动作的完成，"看"这一行为本身就是动作的最终目标。按照持续性和终结性可将上述三种动词的特征总结如下：

〈表4〉按照词汇体划分的动词类型

	结束动词	达成动词	行为动词
持续性	+	-	+
终结性	+	+	-

上述差异也会对句子生成产生不同的影响。首先，如例(22)所示，结束动词和行为动词可用于进行时，但达成动词很难用于进行时。

(22)　结束动词 : 그는 집을 짓고 있다.

　　　　　　　他在盖房子。

　　　行为动词 : 그는 하늘을 보고 있다.

　　　　　　　他在看着天空。

　　　达成动词 : *그는 보물을 발견하고 있다.

　　　　　　　*他在发现宝藏。

其次，如例(23)所示，行为动词和达成动词在表示阶段性的句子中显得前后语义不通，一般情况下，这种表达会被视为病句。

(23)　结束动词 : 그는 집을 50% 정도 지었다.

　　　　　　　他的房子盖了快一半儿了。

　　　行为动词 : *?그는 하늘을 50% 정도 보았다.

　　　　　　　*? 他把天空看到差不多一半儿了。

　　　达成动词 : *?그는 새로운 땅을 50% 정도 발견하였다.

　　　　　　　*? 他把新大陆发现到一半儿了。

此外，状态动词包括形容词和一些特定动词，这些动词虽然有持续性，但是它们没有动作持续的过程，因此，不能生成包含进行时的句子。状态动词也没有终结性，英语的"know、love、live"等词即为状态动词，英语中不能使用"*I am knowing English language."这类表达。韩语中也不能使用"*그는 자기 엄마를 닮고 있어.（他长得正在像他的妈妈。）"这种表达。

上述差异均来自于这些动词内部所包含的语义特征，因此，应当把词汇体和语法体区

分开来，词汇体被称为"Aktionsart"，可译为"动作体（동작상）"（김기혁译，2008）或"行为的状态（행위의 양상）"（송경안、이기갑等，2008c）。从这个角度来说，词汇体的用法基本是固定不变的。然而在具体的使用环境中，也可能存在例外。

(24) a. 그는 아름다운 봄 풍경을 그렸다.
他把美丽的春景画了下来。
b. 그는 동그라미 한 개를 그렸다.
他画了一个圆。

例(24)的两个句子虽然都使用了"그리다（画）"这一动词，但是它们在[终结性]上略有差异。例(24a)中的"画春景"是经历过持续性过程后，最终达到终结点的一个过程，它具有[+终结性]，但是在一般情况下，例(24b)是一个瞬间完成的动作，因此，它具有[-终结性]（Vendler，1967）。也就是说，同一单词在不同语境中，内部语义特征有可能会发生改变，从而导致体的变化。Smith（1991）用"情状（situation）"这一概念解决了这一相互矛盾的问题。他所说的情状是指，如例(24)一样，由动词与其相对应的题元所构成的短语或小句。如果情状发生了变化，那么体也会发生变化。因此，Smith在选择术语时，摈弃了意义固定的"体"，而是称之为"情状类型（situation type）"。换句话说，同一动词的情状类型会随着题元的变化而出现不同的解释。Smith把情状类型分为状态、行为、结束、达成和瞬间（semelfactive）等五大类。

〈表5〉Smith情状类型的语义特征结构（송경안、이기갑等，2008c）

	动态性（Dynamic）	持续性（Durative）	终结性（Telic）
状态（States）	-	+	（无）
行为（Activities）	+	+	-
结束（Accomplishments）	+	+	+
瞬间（Semelfactives）	+	-	-
达成（Achievements）	+	-	+

4.1.2 语法体

我们常说的完成体和进行体指的就是语法体。语法体不同于词汇体，它是通过语法要素表现出来的。因此，各语言间的语法体会有所差异。例如，我们说"俄语的体很发达，而德语的体却不发达"，正是因为它与相关语法要素的发达程度有着密切的联系。

"体"可以用前文中提到的"情状（事件）"的内部时间构成（internal temporal constituency

of a situation）"来分析。如果把"时"看作是某一时间点（说话时间）与另一时间点（事件时间）的先后关系，那么，"体"则表示事件或情状在某一特定时间内是进行中的，还是已经终结的。换句话说，时与体的区别在于，前者与"时间上何时（temporally when）"相关，后者与"时间上如何（temporally how）"相关。因此，"时"更加注重事件出现的时间点，而"体"则更加注重时间的构成，即情状是以何种方式进行的。让我们回顾一下前面的例句：

(25)　a. 나는 어제 숙제를 했다.

　　　　我昨天做作业了。

　　　b. 나는 어제 숙제를 하고 있었다.

　　　　我昨天正在做作业。

　　如果把例(25)的两个句子放在"时间上是何时"的角度来分析的话，它们都发生在"昨天"，即"时"是相同的。但是，如果放在"时间上如何"的角度来分析的话，例(25a)表示已经把作业做完了，而例(25b)表示正在做作业的状态，即它们在"体"的表达上是不同的。

　　体的最基本的两大分类为完成体（perfective）和未完成体（imperfective）。二者的区别在于话者看待情景的时间观点不同。例(25a)是由外部观察情景，不区分情景的时间阶段，将从开始到结束视为一体。例(25b)是从情景内部观察某一时间点。换句话说，完成体是指话者不考虑情状的发展（flow of time），将行为看作一个块或整体单位（situation as bounded and unitary），而未完成体是指话者在展现情景内部时间发展的同时进行行为的描述。综上所述，语法体在不同语言中可能有与之相对应的语法表达，也可能没有与之相应的语法表达，下面是具体的统计结果（WALS，65）：

(26)　　a. 语法上区分完成体与未完成体的语言：　　101种

　　　　b. 语法上不区分完成体与未完成体的语言：　121种

　　通过上述统计结果可知，有的语言（如俄语）是通过词缀等语法要素来区分完成体和未完成体的，但有的语言（如德语）则不从语法上区分完成体和未完成体，而是通过其他方法区分。这两种语言的数量较为相近，前者的数量略少于后者。

●○○ 延伸阅读

完成体与未完成体
경찰① : A씨는 그 날 밤 8시에 무엇을 하였습니까?
（警察① : A那天晚上8点干什么了？）
A① : 공원에서 운동을 하였습니다.
（A① : 在公园里运动了。）
경찰② : 그리고는 무엇을 하였습니까?
（警察② : 然后干什么了？）
A② : 공원 한쪽 구석에 있는 학생들한테로 갔습니다.
（A② : 我走向了公园角落里的一群学生。）
경찰③ : 학생들은 그때 무엇을 하고 있었습니까?
（警察③ : 他们那个时候在干什么？）
A③ : 학생들은 서로 말다툼을 하고 있었습니다.
（A③ : 他们在吵架。）
경찰④ : 학생들, 그 날 밤 8시 경에 공원에서 말다툼했나?
（警察④ : 你们当天8点左右在公园里吵架了？）
학생들① : 네. 그랬습니다.
（学生① : 嗯，是的。）
경찰⑤ : 학생들, A씨는 언제 학생들한테로 왔나?
（警察⑤ : A是什么时候走过去的？）
학생들② : 저희들이 말다툼할 때 보니 이 분이 저희한테로 오고 있었습니다.
（学生② : 他是在我们吵架的时候过来的。）

上面的问答基本上可以按照是否用"-고 있(다)（正在做）"划分为两类。此外，即便在同一种情景下，话者不同，其表述也各不相同。A③与警察④对于学生吵架的表述就不同，而且A②与学生②对于A走向学生时的表述也不同。这都是由于话者看待情景的时间点不同所造成的。

学者们以上述2种"体"为基础，进行了更细致的分类，多者甚至细分出数十个下位范畴。但是一般来讲，语法体的范畴可设定为4~5种，最多可达10种左右。下面是几种重要的体范畴和代表性的体分类：

(27)　a. 其他主要体范畴

① 习惯体（habitual）：常以未完成体的子范畴出现，指把习惯性的某个动作概念化为体范畴。英语的"used to"句型属于这种情况。

例：He used to walk home from school.

② 持续体（continuous）：常以未完成体的子范畴出现，表示在特定时间内未完成动作的持续状态。这时必须存在"未完成（incompletion）"和"时间段（duration）"两种概念。在一些语言中，持续体是进行体（progressive）的上位范畴，而在另一些语言中，它等同于进行体。

例：He is eating.

③ 进行体（progressive）：在区别于持续体的时候，进行体和非进行体同属延续体的子范畴。此时的进行体虽然与上文的持续体概念相同，但是却具有动态（dynamic）语义。因此，它区别于持续体的非进行体"I know English"。

例：He is walking.

④ 完成体（perfect）：若按照严格的体概念，则很难将"完成"划分到体范畴中去，但学者们习惯上还是将它看作是体范畴的一部分。英语中的结果体、经历体、终结体、持续体都是完成体的子范畴（송경안、이기갑等，2008c）。

例：He has lost all his money.　　（结果）

　　I have never been to Mexico.　　（经历）

　　He has just finished eating.　　（终结）

　　He has lived here for a year.　　（持续）

b. 体的分类（Comrie, 1976）

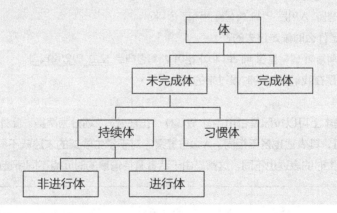

4.2　各语言"体"的特征

我们已经知道，"体"可分为用词汇表达的词汇体和用语法要素表达的语法体。词汇体来源于动词内部的语义，因此具有较强的语言普遍性；而语法体则是用语法机制来表达的，因此在不同语言中有着显著的差异。下面就让我们来观察一下韩语和其他语言在语法体表达上的不同。

4.2.1 韩语的"体"

对于韩语"体"的表达，需要注意以下三点：一是韩语中有哪些"体"；二是这些"体"是通过哪些语法要素表达出来的；三是体范畴的语法等级是什么。

目前学界对于语法要素有以下两种看法：一是只认可由补助谓词构成的"-고 있(다)、-어 있(다)"等迂回结构（periphrastic construction）；二是除了迂回结构以外，还认可"-었-、-는-"等非词末词尾和"-다가、-어서"等连接词尾。也就是说，所有学者都认可把由补助谓词构成的结构视为语法体，但对于由词尾形成的结构却意见不一。如例（28）所示，词尾可以与动词或句子等其他要素结合构成"习惯体"，问题在于这种"体"是否能得到认可。不管哪一种情况，它都有别于体特征发达的俄语，并不借助词缀实现。

> (28)　그는 요사이 아침마다 책을 읽는다.
>
> 　　　他最近每天早晨都读书。

虽然学者们对于韩语"体"的划分持不同意见，但他们都首先将"体"划分为完成体与未完成体。

〈表6〉 韩语的语法体系[4]

体	含义	补助谓词	示例
完成体	结果状态	-고 있다	철수는 노란색 신을 신고 있어. 哲洙穿着黄色的鞋。
		-어 있다	그는 부산에 가 있다. 他去釜山了。
	终结	-어 버리다/치우다	그걸 다 먹어버렸어/먹어치웠어? 那个吃完了吗?
		-어 내다/나다	그는 마침내 그 일을 다 해 냈다. 他终于把那件事干完了。 심청이가 연꽃으로 피어 났다. 沈清化作莲花绽放出来。
		-어 두다/놓다	너 숙제 다 해 두었니/놓았니? 你的作业都做完了吗?
		-고 말다	네가 그 일을 저지르고 말았구나. 你终究还是闯了祸啊!

4　〈表6〉是在参考박덕유（1998）的基础上添加例句完成的。

（续表）

体	含义	补助谓词	示例
未完成体	进行体	–고 있다	그는 지금 밥을 먹고 있다. 他正在吃饭。
		–어 가다/오다	그는 일평생 그 일에만 몰두해 왔다. 他这辈子都致力于做那件事。 나도 이제 나이를 먹어 가는구나. 我现在也上年纪了啊！
	反复体	–곤 하다	그는 아침마다 책을 읽곤 했다. 他每天早上都读书。
		–어 대다/쌓다	철수는 쉬지 않고 먹어 댄다/쌓는다. 哲洙在不停地吃。
	展望体	–려고 하다	우리는 내일 떠나려고 한다. 我们想明天走。
		–게 되다	그는 내일 떠나게 되었다. 他明天就走了。

此外还有通过"–었었다"（如：나는 미국에 갔었어. /我去过美国。）表达的"经历体"和通过"–기 시작하다"（비가 내리기 시작한다. /开始下雨了。）表达的"始动体"。

最后，对比语言学还需要关注体范畴的语法等级。"体"和"时"都是与时间相关的主要语法范畴之一。除特殊情况以外，语言中都含有以上两种范畴。所以一种语言究竟是突显"体"还是突显"时"，一直是研究语言间差异的重要问题之一。判断某一语言是时突显语言还是体突显语言，可以通过相关范畴的语法化程度、强制性程度、系统性程度和出现频率来衡量。语法化程度是指观察相关范畴是否通过语素来表达，或者通过短语和小句来表达；强制性程度是指该范畴在所有句子中出现的必要程度；系统性程度是指随着主语的人称或数的变化出现的相应变化体系。

韩语的"时"和"体"在某种程度上来看，均属于较为发达的语法范畴。但体是通过补助谓词表达出来的，而时却是通过语素表达的，所以，"时"的语法化程度更高。韩语中"时"是一个句子的必要组成部分，而"体"并非如此，所以，韩语可被视为时突显语言（송경안、이기갑等，2008c）。

4.2.2 其他语言的体

从时突显语言和体突显语言的区分上来看，英语、法语、德语、日语等语言的"时"是必要组成部分，所以是时突显语言；而俄语和阿拉伯语则是体突显语言。但在这里需要注意的是，这两种划分类型并不是相互排斥的，划分的标准是观察哪种类型更为发达。法语和西班牙语作为时突显的语言，它们的体是蕴含于时之中的，也就是说，它们的完成体与未完成体是按照时来划分的。相反，俄语作为体突显语言，其时蕴含于体之中。即体优先于时，时根据完成体与未完成体的变化而变化。汉语的体虽然看起来比时发达，但是因为其体并非必要组成部分，所以，汉语不属于上述两种类型。

　　观察体的标记可以发现，在体突显的俄语和阿拉伯语中，体基本是通过词缀表达出来的；而日语与韩语类似，一般通过"动词+-て[te]+いる[iru]/ある[aru]"等补助谓词来表达；汉语则是使用"了""过""着"等助词语素来表达；英语体中最具代表性的进行体和完成体是通过"be+现在分词""have+过去分词"这样的语法化形式来表达的；德语中不存在表达体的语法标记。

第十一章　句类

■■□ **1. 引言**

　　人们用句子来表达个人希望传达的内容，在这个过程中，话者选取的句子类型与其说话目的密切相关。例如，韩语中陈述事实时使用陈述句（평서문），询问信息时使用疑问句（의문문），表示命令或指示时使用命令句（명령문），希望共同做某事时则使用共动句（청유문）。

　　因此，所谓句类就是人们根据说话目的对句子进行的分类。然而并非所有语言的句类都是相同的，例如英语中就没有韩语中的共动句。当然，我们可以通过使用"Let's go"这样的"Let us"结构来表达与韩语共动句相似的含义，但这一表达与韩语中的"–자"不同，它的使用范围相当广，并不仅仅局限于第一人称复数。

　　同时，不同学者对于句类的划分标准也并不统一。例如韩语中为了表示约定，可以使用相对独立的词尾"–(으)마、–(으)ㄹ게、–(으)세"，但传统语法并不承认这类约定句是一种独立的句类。同样，很多学者认为传统语法中单独划分出来的感叹句类只是陈述句的一种。

　　本章集中探讨自然语言的句类，同时对否定句进行考察分析。否定句虽然不是独立的句类，但却普遍存在于所有的语言当中。

2. 韩语学习者的句类偏误

母语为日语的的韩语初级学习者常常会出现"이것은 책입니다까?"这样的偏误。相较而言，母语为日语的学生之所以会出现这样的偏误，是因为对韩语理解不到位，其中较为典型的问题是无法正确选择与句类相对应的终结词尾。以下是具体的偏误示例：

○ (당신이) 비빔밥 <u>먹을까요?</u>
你想吃拌饭吗？

○ 너는 중국에 <u>갔니?</u>
你去中国了？

○ 그가 내일 <u>올래요.</u>
他想明天来。

疑问形终结词尾并不适用于所有的疑问句，同样，陈述形终结词尾也并不适用于所有的陈述句。上述例句中的偏误，就是因为学习者未能正确掌握各类词尾所造成的。

此外，下列关于否定标记位置的偏误也很常见。

○ 나는 밥을 먹고 <u>안</u> 싶다.
我不想吃饭。

○ 다리가 아파서 <u>안</u> 축구해요.
腿疼，不踢足球了。

此外，有关命令句的偏误一般是由于学习者没有使用表示"给予"含义的辅助谓词"-어 주다"，导致失礼情况频繁发生。

○ 잘 안 들려서 크게 <u>말하세요.</u>
没听清，请您说大声点。

○ 선생님, 칠판에 <u>쓰세요.</u>
老师，请用黑板。

现在我们来看一下世界语言的句子特征和不同语言间的差异。

3. 句子的分类方法与标准

说话目的与句子功能（sentence function）间存在着密切的联系。句子的功能可以分为陈述、询问、祈使、抒情四种，分别对应陈述句、疑问句、命令句和感叹句四种句类。

划分句子功能一般有两种方法：第一种是判断话者对听者是否有所要求。话者在使用陈述句和感叹句时，对话者是没有要求的；但在使用疑问句时，要求听者予以回答；在使用命令句时，则要求听者做出相应的行动。

〈表1〉 根据话者是否有要求而划分的句类

划分标准	句类	说明
无要求	陈述句	表达个人想法或陈述某种事实
	感叹句	表达个人情感
有要求	疑问句	要求对方予以回答
	命令句	要求对方做出行动

第二种分类方法，是判断句子内容是话者单向告知，还是听者和话者之间双向信息交换。据此可将句子划分为交际句类（communicative sentence）和信息句类（informative sentence）。前者包括命令句和感叹句，后者包括陈述句和疑问句。这两者的区别在于交际句类对听者的考虑较少。

〈表2〉 从告知和信息的角度划分的句类

划分标准	句类	说明
交际句类	感叹句	以话者为中心，时间和空间的转移受限
	命令句	
信息句类	疑问句	重视信息的交换，时间和空间的转移自由
	陈述句	

下述两则对话分别是感叹句和命令句。在这两类句子中，听者对于话者的说话内容，仅单纯地表达同意与否，或是否做出相应的行动。

(1)	感叹句	A: 天气真好啊！
		B: 对啊！（今天天气真的很好。）
	命令句	A: 把窗户打开。
		B: 我不！（不开。）

而使用陈述句和疑问句的对话则不同，它们不仅仅是简单的对话，通常还包含着某种信息。例如，下文例句中就含有让对方准备雨伞的信息。与例(1)的对话相比，这些句子中的信息与听者的关系更为密切。

　　　　(2)　疑问句　　　　A: 今天天气怎么样？
　　　　　　　　　　　　　　B: 听说下午会下雨。

　　　　　　陈述句　　　　A: 那就得带雨伞了。

　　交际句类与信息句类之间的差异还在于说话的时间和空间能否发生转移(displacement)。交际句类一般会受到说话当时的时空制约，而信息句类表述的内容在时间上既可以是现在，也可以是过去和将来，它在空间上也非常自由，可以脱离当时的说话地点。这种时空转移的差异也是人类语言与动物语言间的差异，动物语言中不存在可以超越时空限制的句子。

　　然而，按照句子功能划分的这四类句型并不全是借助各自独立、相互排他的语法手段实现的。例如，可以用如下句型来表达感叹：

　　　　(3)　a. 这是怎么回事儿？　　　　What on earth is it?
　　　　　　b. 你给我出去！　　　　　　Get the hell out of here!
　　　　　　c. 这个真的很好吃！　　　　It's really delicious!

　　例(3a)是疑问句形式的感叹，例(3b)是命令句形式的感叹，例(3c)则为陈述句形式，借助"真的（really）"这样的强化词（intensifier）来表达感叹。

　　再进一步讲，并非所有语言中都存在与说话目的一一对应的语法手段。前文提到，用英语表达韩语共动句的含义时，可以使用"let"句式，然而"let"句式不仅可以用于第一人称复数，也可以用于第一人称单数或第三人称，详见下例(4)。由此可见，英语的共动句并没有区别于其他句类的、特殊的语法手段。因此，与韩语不同，英语中并不存在独立的共动句类，相关句型被视为"let"命令句的一个下级分类。

　　　　(4)　a. Let's go home.
　　　　　　b. Let me go.
　　　　　　c. Let them go.

　　由此可见，人们可以使用的句子种类，以及具备特定语法手段的句类在不同语言中存在着差异。学界一般认为，陈述句、疑问句和命令句这三种句类普遍存在于大部分语言中，其他句类则因语言而异。这些句类所使用的语法手段可总结如下：

　　第一，形态的差异。这一语法手段可以将命令句（某些情况下还包括疑问句）与陈述句区别开来。在很多语言中，存在词的词形在命令句和陈述句中是不同的。例如，韩语陈述句中使用"이다"，命令句中使用"되다"；英语陈述句中使用"be"动词的变化形式，命

令句中则使用其动词原形；日语陈述句中使用"-だ[da]"或者"-である[dearu]"，命令句中则使用"-なる[naru]"；汉语陈述句中使用"是"，而命令句中则可使用"当"。

〈表3〉 存在词的词形差异

	韩语	英语	日语	汉语
陈述句	너는 군인이다.	You <u>are</u> a soldier.	お前は軍人<i>だ</i>。 [omaewa gunzin da]	你是军人。
命令句	군인이 되어라.	<u>Be</u> a soldier.	軍人に<u>なれ</u>。 [gunzinni nare]	你当军人吧。

此外，韩语和日语中疑问句所使用的语法语素与上述两类句型不同。韩语使用的是疑问形终结词尾，而日语则借助疑问终助词来实现。

第二，语序的差异。这一语法手段可以用来区分疑问句和陈述句（某些情况下还有命令句）。在英语等语言中，疑问句和陈述句的语序是不同的。

(5) 语序的差异

陈述句: This is a pen.

疑问句: Is this a pen?

在WALS（第93章）统计的800多种语言中，有260多种语言的疑问代词位于句首。我们可以通过观察这些语言中是否存在语序倒装这一语法手段来区分陈述句和疑问句。

第三，特定句子中使用的特殊词汇类型。前文所提到的疑问代词就是典型的例子，我们可以通过是否使用疑问代词将疑问句和陈述句、命令句区分开来。

(6) 特殊的词汇类型

陈述句: 他时常去那里。　　He often goes there.

疑问句: 他什么时候去那里?　When does he go there?

第四，句子成分的省略。这种语法手段可以区分命令句与陈述句、疑问句。命令句一般省略主语。

(7) 句子成分的省略

陈述句: 我去上学。　　I go to school.

疑问句: 你去上学吗?　Do you go to school?

命令句: 去上学!　　Go to school.

　　除此之外，语调也可作为区分句类的语法手段或语法体系。许多语言中陈述句和疑问句的语调是不同的。然而除了俄语等某些特殊的语言以外，大部分语言的语调只是上述语法手段之外的一种辅助手段。

●○○**延伸阅读**

<table>
<tr><td colspan="3" align="center">句子类型，还是从句类型？</td></tr>
<tr><td colspan="3">我们一般使用"句类（sentence type）"这一术语分析句子。让我们先来看下面的例句：</td></tr>
<tr><td rowspan="2">a.</td><td>吃完饭了。你去学校吧。</td><td rowspan="2">（陈述句 + 命令句）</td></tr>
<tr><td>→ 既然吃完饭了，你就去学校吧。</td></tr>
<tr><td rowspan="2">b.</td><td>吃完饭了。睡一会儿吧？</td><td rowspan="2">（陈述句 + 疑问句）</td></tr>
<tr><td>→ 吃完饭了，你要睡一会儿吗？</td></tr>
<tr><td rowspan="2">c.</td><td>房间温度调到30度吧。会不会太热？</td><td rowspan="2">（命令句 + 疑问句）</td></tr>
<tr><td>→ 房间温度调到30度的话会不会太热？</td></tr>
</table>

　　上述例句均为复句，是由两个彼此独立的句子组成的。这种情况下，对其句类的判断就显得有些困难了。因此在分析句类时，最好将范围限定为单句或分句。从这个角度来看，相较于"句类"的说法，"从句类型（clause type）"这一表述更为恰当。但此处依旧采用通用的术语，将其称之为"句类"。

■■□　**4. 句类**

4.1 陈述句

4.1.1 陈述句的特征

　　陈述句，顾名思义就是表示陈述（statement）的句子，它与命题的真伪相关。根据能否判断真伪，我们可以将句子分成陈述句和非陈述句两大类。如在下列例句中，例（8a）和例（8b）是陈述句，例（8c）和例（8d）则不是陈述句。

(8) a. 韩国的首都是首尔。（真命题）
　　b. 韩国的首都是东京。（伪命题）
　　c. 你明天来吗？
　　d. 快走吧。

　　陈述句只限于能够判断命题真伪的句子，比如，命题的内容或话者对听者的主观意图等心理态度介入得较少。因此可以说是具有中立性的，是语言交际中最基本的、无标记的句类。陈述本身所具有的这种无标记性也使得陈述句在语法上成了最不具有标记性的句子。这种语法无标记性可总结如下：

　　① 结构的无标记性

　　陈述句在句子结构上是无标记的。相较而言，大多数语言中的命令句是通过省略陈述句的主语（一般为第二人称）来实现的。在日语或法语等语言中，疑问句的表达需要借助疑问终助词等成分，即在陈述句上添加疑问终助词（详细内容参见4.2）。

　　由此可知，陈述句是不需要添加或删除成分的、具有中立性的句子，而疑问句或命令句是在陈述句的基础上变化而来的。也就是说，在陈述句的基础上删除主语得到命令句，而不是在命令句的基础上添加主语从而变成陈述句。疑问句也是同理，自然语言一般是通过添加疑问词将陈述句变成疑问句，而不是从疑问句中删除某种成分使其变成陈述句。换句话说，疑问句和命令句都具有获得其“身份”的某种标记或手段，但在大部分语言中，陈述句是不存在这种语法标记或手段的。这正是我们认为陈述句具备无标记性的原因。

　　不过，也有一些语言中的陈述句具有某种特定的语法标记或手段，例如韩语和日语。韩语的陈述形终结词尾、日语的终止形词尾（如-する[suru]、-ます[masu]）或表示断定的助动词（如-だ[da]、-である[dearu]、-です[desu]）便属于这一类。从这点上来看，韩语和日语的陈述句具有标记性，这是它们区别于其他语言的特征。

(9) 韩语　　밥을 먹<u>는다</u> / 먹<u>어요</u> / 먹<u>습니다</u>.
　　　　　吃饭。
　　　　　나는 학생이<u>다</u> / 학생이<u>에요</u> / 학생<u>입니다</u>.
　　　　　我是学生。

　　日语　　雨が[amega]　　　　　　ふ<u>る</u>[huru] / ふり<u>ます</u>[hurimasu]。
　　　　　下雨了。

　　　　　これは[korewa]　　　　　本<u>だ</u>[honda] / 本<u>です</u>[hondesu]。
　　　　　这是书。

② 语序的无标记性

陈述句所具有的无标记性也体现在语序上，换句话说，陈述句的语序即为基本语序。我们常说的SOV、SVO或是VSO等语序都是基于陈述句而言的。英语、德语等语言的疑问句中动词居于句首，主语置于其后，这种语序便是将陈述句的语序进行倒装后变化而来的。

| (10) | 英语 | The train is long. | → | Is the train long? |
| | 德语 | Der Zug ist lang. | → | Ist der Zug lang? |

③ 具有一定限制的无标记性

陈述句在谓语的使用上是具有无标记性的，这是它区别于命令句的特征。命令句的"时"和谓词使用是有一定限制的，例如不能使用过去时，也不能使用形容词等。并且命令句的主语也存在着一定的限制，除特殊情况之外，主语不能使用第一和第三人称。陈述句则不存在类似的限制。

④ 语音的无标记性

陈述句所具有的另一个语法特征就是语调。在大部分语言中，陈述句使用降调，而疑问句一般使用升调。当然，很多语言在对句子分类时，语调只是一种辅助性的手段。但在有些语序自由的语言中，仅依靠语调就能区分陈述句和疑问句，如俄语、阿拉伯和西班牙语等。而在这些语言中，陈述句也是使用降调的。

由上述内容可知，在使用标记、语序排列及使用语调上，不同语言的陈述句存在差异。在英语、德语、法语和汉语等语序固定的语言中，语序决定了陈述句的性质。而在语序相对自由的语言中，既可以通过语法手段进行区分，如韩语和日语，也可以通过语调进行区分，如西班牙语和俄语。

4.1.2 不同语言陈述句的特征

1）韩语

韩语陈述句的特征如下：

第一，语序为基本语序（SOV语序）。但视具体情况，也具有一定的灵活性。

第二，句末位置原则上使用陈述形终结词尾。

第三，谓语可根据"时""体"和听者敬语法的不同而使用丰富的词形变化形式。

2）日语

日语陈述句的特征如下：

第一，语序为基本语序（SOV语序）。但视具体情况，也具有一定的灵活性。

第二，句末位置原则上使用终止形或表示断定的助动词，根据实际需要可添加终助词。

もう[mo:]	十二時[zunizi]	だ[da]	+	なあ[na:]
已经	12点	是		终助词（感动）
已经（是）12点了啊。				

第三，谓语可根据"时""体"和听者敬语法的不同而使用丰富的词形变化形式。动词和形容词的过去时通过在词干后添加"-た[ta]"来实现，现在时和未来时则使用动词的基本形，表示现在进行则需在主动词后添加词尾和助动词的结合形式"-ている[-teiru]"。

a. 私は[watasiwa]	昨日[kino]	学校へ[gakkoe]	行った[itta]。
我	昨天	学校	去（过去时）
我昨天去了学校。			
b. 私は[watasiwa]	今日[kyou:]	学校へ[gakkoe]	行く[iku]。
我	今天	学校	去
我今天去学校。			
c. 私は[watasiwa]	明日[asita]	学校へ[gakkoe]	行く[iku]。
我	明天	学校	去
我明天去学校。			
d. 私は[watasiwa]	今[ima]	学校へ[gakkoe]	行っている[itteiru]。
我	现在	学校	去（现在进行时）
我现在正在去学校。			

3）汉语

汉语陈述句的特征如下：

第一，句类名称即为"陈述句"，语序为基本语序（SVO语序）。

第二，没有类似韩语的形态标记。

第三，根据谓语成分的不同，可将其分类如下（这种分类方式在疑问句中同样适用）：

a. 名词谓语句：谓语由名词或名词短语构成。

我是韩国人。

我不是韩国人。

b. 动词谓语句：谓语由动词构成。

我爱她。

c. 形容词谓语句：谓语由形容词构成。

花漂亮。

d. 主谓谓语句：谓语由主谓短语构成。

他眼睛大。

4）英语

英语陈述句的特征如下：

第一，语序为基本语序（SVO语序）。

第二，除了主语为第三人称单数的情况以外，基本形为动词的现在时。

第三，动词的过去时存在规则或不规则的词形变化。

4.2 疑问句

疑问句大致可分为两类。一类是一般疑问句，也可称为是非疑问句（yes-no question）；另一类是使用疑问词的特殊疑问句，也可称为WH-疑问句（wh-question）。回答前一类疑问句时只需使用"是/不是"即可，所以这种疑问句也可称为"极性疑问句（polar interrogative）"或"封闭式疑问句（closed interrogative）"。相较而言，后一类疑问句的回答则是开放式的，因此可称其为"开放式疑问句（open interrogative）"。从语义上看，这两种疑问句存在于所有语言中，但从语法角度来看则不然。

4.2.1 一般疑问句

从语言学的角度研究一般疑问句时，关注的焦点在于各语言中一般疑问句的构成。如下表所示，自然语言中的一般疑问句大致可分为四种类型（WALS，116）：

〈表4〉 一般疑问句的类型

	语言数量（种）	比例（%）
使用疑问助词	584	61.2
使用表疑问的动词形式	164	17.2
语序倒装	13	1.4
语调	173	18.1
其他	20	2.1
合计	954	100

1）使用疑问助词的一般疑问句

如〈表4〉所示，在一般疑问句的构成方法中，使用疑问助词的语言所占比例最大。使用疑问助词来构成疑问句是指，在陈述句上添加可以形成疑问句的特定语气助词，从而构成一般疑问句。最具代表性的有法语、日语和汉语，这三种语言各自在陈述句后分别添加"Est-ce que[εsk(ə)]""か[ka]""吗"等语气助词构成疑问句。

(11) 疑问语气词

法语　　Est-ce que　　　+　　le　　président vient ?
　　　　总统来吗？

日语　　山田さんは[Yamadasanwa]　寝ています[neteimasu] +　か[ka]？
　　　　山田在睡觉吗？

汉语　　你来吗？

除韩语以外，大部分亚洲语言（如越南语、泰语、印地语、蒙古语和印尼语）都属于这一类型。在欧洲语言中，除英语、德语和西班牙语以外，像俄语、匈牙利语、波兰语等斯拉夫语言和葡萄牙语、保加利亚语、希腊语等语言也采用上述方法构成疑问句，阿拉伯语也是如此。

另外，还要关注疑问助词的使用位置。在使用疑问助词的语言中，语气助词居于句末的语言达一半以上，语气助词居于句首的语言约占25％。此外，一些语言的语气助词在句中可出现两次，还有一些语言中语气助词的位置相对自由，既可以出现在句首，也可以出现在句末。汉语、日语等亚洲国家语言的语气助词一般出现在句末，而欧洲国家的语言和阿拉伯语的语气助词则一般位于句首。

2）使用表疑问的动词形式的一般疑问句

韩语可通过在动词后添加仅用于疑问句的词尾或词缀来构成疑问句，这是一种使用"表疑问的动词形式（interrogative verb form）"来表达疑问句的方法。它存在于世界上约17.2％的语言之中。如韩语、缅甸语、乌兹别克语、爱尔兰语和亚洲的少数民族语言。韩语中存在终结词尾，疑问句应使用疑问形终结词尾来表达，如例（12a）。若不使用该词尾，句子则成为病句，如例（12b）。这一点与上述在陈述句后添加语气助词的构成方法有所不同。

> (12)　a. 그는 한국어를 공부합니<u>까</u>?
>
> 他学韩语吗？
>
> 　　b. *그는 한국어를 공부합니?

此外，还存在一种非常特殊的情况，即有的语言可通过删除表示陈述型语素来构成疑问句。

3）使用语序倒装的一般疑问句

我们比较熟悉的英语和德语都是通过语序倒装来构成疑问句的，因此这一类型的疑问句并不陌生。但实际上，通过这种方法来表示疑问的语言非常少（约占1.4％）。这种方式只出现在英语、德语、捷克语、荷兰语、瑞典语和挪威语等少数欧洲语言中，它们的共同点就是使用"动词+主语"的疑问句语序。

●●○○延伸阅读

英语的语序倒装

英语在语序倒装方面存在不少问题。英语的"be"动词可以直接用于倒装，但大部分动词则不能进行倒装，而是使用助动词来表达疑问。

1. Are you a teacher?
2. *Like you him?
3. Do you like him?

由上面的例子可知，在多数情况下，英语的疑问句中并没有出现倒装。针对这一现象，一些语法学家把句子表层结构中未出现的助动词"do"置于句子的深层结构，将其解释为主语-助动词倒装（subject-auxiliary inversion）。还有一些学者把助动词"do"和主动词"be"等统一看作是功能词（operator），将其解释为主语-功能词倒装（subject-operator inversion）。

4）使用语调的一般疑问句

在使用语调构成疑问句的语言中，疑问句与陈述句除语调不同以外，在句子结构、动词形态、语序等方面均保持一致。这类语言数量众多，如意大利语、罗马尼亚语和高加索三国语言（格鲁吉亚语、阿塞拜疆语、亚美尼亚语），还有约鲁巴语、伊博语等非洲语言以及南美的土著语言等。

●●○○延伸阅读

选择疑问句

"那个人个子高还是矮？"之类的疑问句被称为选择疑问句（alternative interrogative）。选择疑问句常常被认为与一般疑问句不同，但从语法层面上看，选择疑问句并不是一个独立的疑问句类型，它等同于一般疑问句，具体原因如下：

第一，没有疑问词。

第二，和一般疑问句的形式相同。在使用倒装来构成一般疑问句的语言中，构成选择疑问句时语序也会发生变化，且其变化形式与一般疑问句相同。

例： Is he tall?　　　Is he tall or short?

他个子高吗？　　他个子高还是矮？

第三，在构成从句的时候，结构也与一般疑问句相同。

例： Do you know [whether he is tall]?

你知道 [他个子高]吗？

Do you know [whether he is tall or short]?

你知道 [他个子高还是矮]吗？

第四，选择疑问句由两个一般疑问句结合而成，因此作答时也需要对整体进行统一回答，而不是分别作答。

例： 问题: Is he tall or short? = Is he tall or is he short?

回答: He is tall.

问题: 他个子高还是矮？ = 他个子高，还是个子矮？

回答: 他个子高。

4.2.2　特殊疑问句

前文提到，特殊疑问句是使用疑问词进行提问的疑问句。但是，有些语言中没有疑问词，它们使用非特定代词即不定代词（indefinite pronoun）来构成特殊疑问句。英语中的someone、something、somewhere等表示非特定人称、处所、时间的代词就是不定代词。

（13）　Are you going to somewhere?

　　　 = Where are you going?

韩语中不定代词和疑问代词的形态是一致的，二者主要通过语调和强弱来区分。

（14）　a.　누구 왔니?　　　언제 올 거니?　　　어디 가니?　　　↗（疑问代词）

　　　　　谁来了?　　　　什么时候来?　　　去哪儿?

　　　 b.　누구 왔니?　　　언제 올 거니?　　　어디 가니?　　　↘（不定代词）

　　　　　有人来了?　　　会来吗?　　　　要去哪儿吗?

●●○○延伸阅读

不定代词的类型

自然语言中的不定代词可分为四种类型，其中最具代表性的两种就是"谁、哪儿"等以疑问代词为基础的不定代词（interrogative-based indefinites）以及"（some）body、（some）thing"等以类指名词为基础的不定代词（generic-noun-based indefinites）。前者是指不定代词与疑问代词一致或是由疑问代词派生而来的情况，如韩语；后者是指不定代词与其所属门类的总称词汇，如"人（person/body）、物（thing）"等相关的情形，如英语。自然语言中，有大约三分之二的语言使用疑问代词，有大约四分之一的语言使用类指词汇。韩语、日语、越南语、泰语和俄语等语言属于前一种情况，英语、法语等语言属于后一种情况，而德语则两者兼具。

语言学还关注特殊疑问句中疑问词的位置。自然语言中的疑问词根据所在位置大致可分为句首疑问词（initial interrogative type）和非句首疑问词（non-initial interrogative type）。句首疑问词语言中的疑问词必须或者在绝大多数情况下位于句首，非句首疑问词语言的疑问词可出现在与陈述句对应的位置，也可依具体情况出现在其他位置。

自然语言中，仅有约三分之一的语言是句首疑问词语言，其余为非句首疑问词语言。

句首疑问词语言包括英语、法语、德语、西班牙语、俄语和阿拉伯语等，非句首疑问词语言包括汉语、韩语、日语、泰语、印地语、蒙古语、匈牙利语和捷克语等。大部分句首疑问词语言在特殊疑问句中也会使用"主语+动词"的倒装形式，但阿拉伯语中句首必须为疑问词，其余部分仍旧按照"VSO"基本语序排列。此外，在法语中，不添加疑问语气词"est-ce que"时会出现倒装，但这个倒装并不是强制性的。换句话说，法语也可以像韩语一样保持陈述句的语序，因此法语也可被视为非句首疑问词语言。

4.2.3 不同语言中疑问句的特征

1）韩语

韩语的疑问句有以下特征：

第一，疑问句标记包括疑问形终结词尾、疑问词、升调等，以及"먹어, 안 먹어？（吃还是不吃？）"这样的选言结构。

第二，特殊疑问句的语序与陈述句一致。

第三，有多种与疑问词相关的词汇，如"몇（几）、얼마（多少）、언제（什么时候）、어디（哪里）、누구（谁）、어느（哪个）、무엇（什么）、무슨（什么）、왜（为什么）、어떤（什么样的）、웬（怎么）、어떻게（怎样）、어째서（怎么）、어찌하-（为何）、어떠하-（如何）"等。

第四，附加疑问句中没有特殊形式，只需添加"그렇지（요）？（是吧？）"或"그렇지 않니(않아요)？（难道不是吗？）"等句型即可。

> 오늘 날씨가 좋죠, 그렇죠？
> 今天天气很好，是吧？

第五，特殊的疑问句包括修辞疑问句、反义疑问句、命令疑问句和感叹疑问句。

> 修辞疑问句: 그 때의 고생을 어떻게 다 말로 할 수 있겠니？
> 　　　　　那时受的苦何以言表？
> 反义疑问句: 김 박사님은 이 분야의 권위자이지 않습니까？
> 　　　　　金博士难道不是这个领域的权威吗？
> 命令疑问句: 왜 빨리 집에 안 가니？
> 　　　　　怎么还不快点回家？
> 感叹疑问句: 그렇게만 된다면 얼마나 좋을까？
> 　　　　　如果那样的话该多好啊。

第六，回答否定的一般疑问句时，若问题是对的（即内容为否定时），要用肯定回答；若问题是错的（即内容为肯定时），要用否定回答。

> 问题: 밥 안 먹었니? 没吃饭吗?
>
> 回答: 不吃的时候: 네, 안 먹었어요. 嗯，没吃。
>
> 吃的时候: 아니요, 먹었어요. 不，吃了。

2）日语

日语疑问句的特征如下：

第一，一般疑问句标记有语调、疑问助词和选言结构等。语调一般是升调，同时要在句尾添加"か[ka]"或"の[no]"等疑问词（Q）。

疑问助词	韓国人[kangkokuzin] 韩国人	です[desu] 是	+ か[ka]? Q
	你是韩国人吗?		
	君[kimi] 你	どこへ[dokoe] 哪儿	行く[iku] 去	+ の[no] Q
	你去哪儿?		
选言结构	行く[iku] 去	行かない[ikanai]? 去–否定	
	去不去?		

第二，特殊疑问句语序与陈述句相同。

第三，特殊疑问句也要加语调和疑问助词。语调一般为升调，同时要在句尾添加"か[ka]"或"の[no]"等疑问助词。

今[ima] 现在	何[nan] 几	時[zi] 点	です[desu] 是	+か[ka] Q
现在几点了?				
いつ[itsu] 什么时候	ご飯[gohan] 饭	食べる[taberu] 吃		+ の[no] Q
什么时候吃饭?				

第四，疑问词包括"なに（nani, 什么）、いつ（itsu, 什么时候）、だれ（dare, 谁）、どこ（doko, 哪里）"等代词，"いくつ（ikutsu, 几）"和"いくら（ikura, 多少）"等数量词，"なぜ（naze, 为什么）、どう（do:, 怎么）"等副词和"どの（dono, 哪一个）、どんな（donna, 什么样的）"等词。

第五，回答一般疑问句时，用表示肯定或否定的助词。

肯定：	はい[hai]	中立表达
	ええ[e:]	对话用语
	うん[un]	非正式表达
否定：	いいえ[i:e]	中立表达
	いいや[i:ya]	男性会话用语
	ううん[u:n]	非正式表达

第六，回答否定一般疑问句时和韩语一样，若问题是对的（即内容为否定时），要用肯定回答；若问题是错的（即内容为肯定时），要用否定回答。

第七，附加疑问句应使用"-だろう[daro:]、-でしょう[desyo:]、-ね[ne]"等助词。

3）汉语

汉语疑问句的特征如下：

第一，一般疑问句应在陈述句后添加疑问语气助词"吗"。

他们是韩国人吗？

第二，汉语经常使用正反疑问句，即选择疑问句。

你喜欢他吗？+ 你不喜欢他吗？
你喜不喜欢他？

第三，选择疑问句使用"还是"来表达，不能用"吗"。

你喜欢音乐还是电影？

第四，特殊疑问句中有疑问词，因此不使用"吗"。汉语和韩语、日语一样，不能将疑问词置于句首。汉语的疑问词包括"谁、什么、几、多少、为什么、哪、哪儿、怎么"等。

你喜欢谁？

第五，回答一般疑问句时，肯定时用"是、是的、对"，否定时用"不是、不是的、不对"。

疑问句	他们是韩国人吗？
肯定	是（的）/对。
否定	不是（的）/不对。

第六，回答否定式的一般疑问句时，与韩语、日语相同，与英语不同。

4）英语

英语疑问句的特征如下：

第一，疑问句标记有倒装、疑问词、语调、助动词"do"、选言结构等。语调一般为升调，语序上主语和"be"动词应倒装，选言结构使用"or not"来表达。

语调、倒装：	Are they South Korean?
疑问词、倒装：	What is your job?
语调、助动词：	Do you like him?
选言结构：	Do you like him or not?

第二，一般疑问句要将助动词"do"置于句首。

第三，一般疑问句用"yes/no"作答。对否定式的一般疑问句的作答方法不同于汉语、韩语和日语。即，不受提问的影响，按实际情况回答即可；若回答的内容为肯定时用"yes"，否定时用"no"。

Don't you like it?

Yes, I like it.　　　　　　　　No, I don't like it.

第四，特殊疑问句借助疑问词、助动词"do"、语序、语调来实现。此时，疑问词应置于句首（疑问词不是主语时应倒装），语调为降调，也可以使用助动词"do"。

When is your birthday? ↘

What do you want? ↘

第五，英语的附加疑问句形式比较特殊，当主句为肯定句时，附加疑问句采用否定形式，反之则要采用肯定形式。若话者意图在于了解事情的真实情况时用升调，若是出于想要确认某种事实时，则使用降调。

You like him, don't you?

You don't like him, do you?

4.3 命令句

4.3.1 命令句的特征

从句式和言语行为的角度上看，"命令"要求听者做出某种行动，与指令（directive）有关，有时也包括共动（hortative）。因此，命令基本上以第二人称的话者为对象，时间上一般发生在现在或将来。由这种句式和言语行为构成的句子叫命令句。针对命令句，语言学的关注焦点在于所研究的语言是否具有表示命令句的特殊动词形式。这是因为很多语言中命令句并无区别于其他句型的特殊动词形式，仅通过一定语法就能实现命令功能。语言学的另一个关注点在于，具有特殊动词形式的语言在区分第二人称单数和复数时是否采用同一动词形式。据统计，约四分之一的自然语言在对第二人称进行命令时不使用特殊动词形式，只通过语法来实现，如英语。（WALS，70）

(15)　a. Stand up!
　　　b. Be careful!

这些语言有如下特征：第一，主语在句子中有选择性地出现（一般可省略）；第二，动词为基本形或原形，不添加词缀或词尾。这一类型的语言除英语之外，还包括属于孤立语的汉语，及东南亚地区的孤立语泰语、越南语等语言。孤立语因其形态变化不发达，动词形态自然也不会随句类的改变而发生变化。

约四分之三的自然语言中存在只用于命令句的特殊动词形式，其中约20%的语言中动词只有一种形式，无单复数之分，如韩语和日语。另外80%的语言中动词形式会根据单复数的不同而发生变化，如西班牙语。也就是说，不同于韩语和日语，大部分语言的动词都有单复数之分。

〈表5〉 单数命令句和复数命令句

	单数	复数
韩语	(철수야,) 밥 먹어라! （哲洙），吃饭吧！	(얘들아,) 밥 먹어라! （孩子们），吃饭吧！
西班牙语	Come!	Comed!

4.3.2 不同语言命令句的特征

1）韩语
韩语的命令句有如下特征：

第一，第二人称主语在大多数情况下会省略，但有时也会视情况使用。

밥 먹어라.
吃饭吧。
너는 공부를 해라.
你去学习！

第二，使用命令形终结词尾。命令形终结词尾有"–어라/아라/거라/너라""어""–게""–십시오"等。间接命令句不用"–어라"，而用"–(으)라"；否定命令句使用"–지마라""–지 마십시오"等。

第三，表达命令也可以借助其他形式，不一定非用命令句。

"○○시민은 깨끗하다."
"○○市民很干净。[请市民维护○○市环境卫生。]"

作为标语，该句重在表达请求，而不是陈述。

第四，命令可分为"指示""请求""允许"等多种含义。

약속을 잘 지켜라.
遵守约定！　　（指示）
여기 앉으십시오.
请坐。　　　（请求）
그렇게 하게나.
就那么做吧。　（允许）

2）日语

日语的命令句有如下特征：

第一，第二人称主语在大多数情况下会省略，但有时也会视情况使用。

第二，根据庄重程度，命令可分为直接的命令、缓和的命令、正式的表达。下列日语表述译成韩语，依次为"먹어！（给我吃！语气强烈的命令）""먹어（吃吧，语气缓和的命令）""드세요（请您享用）"。

食べる[taberu]（"吃"的基本形）　　→　　食べろ[tabero]
　　　　　　　　　　　　　　　　　　　食べて[tabete]
　　　　　　　　　　　　　　　　　　　食べなさい[tabenasai]

除此之外，日语中还有"-てください[tekudasai]"，相当于韩语的"-어/아 주십시오（请……）"。

3）汉语

汉语的命令句有如下特征：

第一，第二人称主语在大多数情况下会省略，但有时也会视情况使用。

第二，汉语是孤立语，命令句中动词形态不发生变化，这一点与韩语和日语不同。

第三，表达委婉语气的命令时常在句尾添加"吧""好吗"，也可在句首添加"请"字。

你去吧。
请进。

第四，表示否定时用"别"或"不要"。

别吃。

4）英语

英语的命令句有如下特征：

第一，第二人称主语在大多数情况下会省略，但有时也会视情况使用。在以使役动词"let"开头的命令句中，第一人称或第三人称的宾格可以表示主语。

Let me go.　　　　　　　　　　Let him go.

第二，使用动词原形。在动词前（主要在句首）加"do"可表强调，否定形式为"do not（或don't）"。

Do come in!　　　　　　　　　　Don't be naughty!

第三，表达缓和语气的命令时使用"please"。

Please, don't smoke!

4.4 否定句

4.4.1 否定的种类

否定句（negative sentence）与肯定句相互对立，是对肯定句（affirmative sentence）命题的意义表示否定的句子。世界上所有语言中的肯定句都是无标记的，而否定句是有标记的。尽管单用"예/아니요"等词汇也能表达肯定或否定，但在大部分的情况下，否定句是通过在肯定句中添加否定成分构成的，且这种句子构成方法是单向的。也就是说，不存在从否定句中添加肯定成分而构成肯定句的情况。同时，否定句句式不能通过调换语序或使用语调来构成。否定句包含否定成分这一特征决定了该句型的句式结构比肯定句更复杂。构成否定句时要满足一定的形态和句法条件。

否定分为许多种类。首先，否定分为句子否定（sentential negation）和非句子否定（non-sentential negation）。句子否定是一种使用类似韩语的"아니、못"和英语的"not"等否定素进行否定的方法，见下例(16a)，非句子否定是使用类似韩语的"비（非）、불（不）、무（無）、미（未）、몰（沒）"和英语"un-、non-"等否定素进行否定的方法，见下例（16b, c）。非句子否定又可叫作成分否定（constituent negation）或词汇否定（lexical negation）。

(16) 句子否定和非句子否定
　　a. 그들은 행복하지 않다.　　　　　They are not happy.
　　b. 이것은 불공평하다.　　　　　　 It's unfair.
　　c. 그는 비전문가이다.　　　　　　 He is a non-specialist.

从句法形态上看，句子否定又分为标准否定（standard negation）、量词否定（negation of quantifiers）、副词否定（negation of adverbials）三大类，其中最常见的是对陈述句的主要动词进行否定的标准否定，如下例(17a)：

(17) 标准否定、量词否定、副词否定
　　a. 标准否定：　　　　　They do not like it.
　　b. 量词否定：　　　　　Not everybody like it.
　　c. 副词否定：　　　　　They never like it.

4.4.2 不同语言间标准否定的差异

本节主要分析不同语言中标准否定的句法特征。标准否定一般是在肯定句中添加否定素，我们关注的焦点在于否定素具备哪些句法特征。换句话说，某种语言的否定素是属于否定动词（negative verb）、否定小品词（negative particle），还是否定素缀（negative affix）。接下来，我们将会观察典型的标准否定词、缩略型否定素以及边缘性否定素的句法特征，并了解它们与语序类型的关系[1]。

1）不同语言间标准否定素的差异

从否定素的句法特征来看，包括韩语在内，其他如英语、汉语、法语和俄语等语言均使用否定小品词；而日语则使用否定助动词，它属于否定动词的一种。决定否定动词句法特征的要素有两个，一个是屈折，另一个是独立性。如果否定素根据"时""体"、句式等语法环境发生屈折变化，该词便具有动词性质，反之则具有小品词或词缀的性质。根据独立性与否，否定素分为小品词和词缀。上述6种语言中都没有屈折变化，也不存在非独立性的否定素，因其否定素均无否定后缀的特征。除日语以外，其余5种语言的否定素均不随语法环境的变化而产生屈折变化，同时均具备独立语的特征，因此属于小品词。而日语则不同，其否定素会随语法标记的不同而产生屈折变化，因而具备动词的特征。下面几个句子便是典型例句：

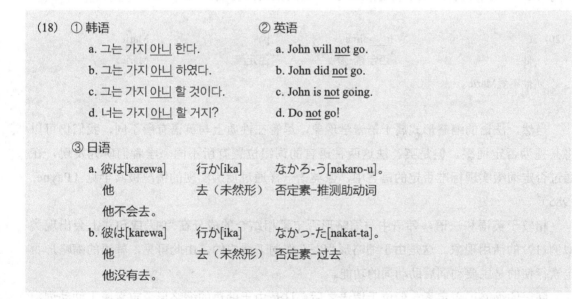

(18)　①韩语　　　　　　　　　　　②英语

　　　　a. 그는 가지 <u>아니</u> 한다.　　　　a. John will <u>not</u> go.

　　　　b. 그는 가지 <u>아니</u> 하였다.　　　b. John did <u>not</u> go.

　　　　c. 그는 가지 <u>아니</u> 할 것이다.　　c. John is <u>not</u> going.

　　　　d. 너는 가지 <u>아니</u> 할 거지?　　　d. Do <u>not</u> go!

　　　③日语

　　　　a. 彼は[karewa]　　行か[ika]　　なかろ-う[nakaro-u]。

　　　　　他　　　　　　　去（未然形）　否定素-推测助动词

　　　　　他不会去。

　　　　b. 彼は[karewa]　　行か[ika]　　なかっ-た[nakat-ta]。

　　　　　他　　　　　　　去（未然形）　否定素-过去

　　　　　他没有去。

从例(18)中可知，无论语法环境如何变化，韩语和英语的否定素都使用固定形态，即"아니/ not"。汉语的"不"和法语的"ne[nə]-pas[pa]"也是如此。但日语则与之相反，否定素"ない[nai]"中的"い[i]"在例（18③-a）中变成了"かろう"，在(b)中则变成了"かった"。从这一点上来说，日语的否定素具有动词特性，有词形变化。只不过由于否定素前面有主要动词"行く[iku]"，因此否定素就成了助动词。

1　本节内容大部分参考自조경숙（2005），송경안、이기갑（2008a, c）。

2）不同语言间缩略形否定素的差异

有些语言中存在否定素的缩略形式，如韩语、英语和法语等。而汉语、日语和俄语等语言的否定素则没有缩略形式。

(19)　① 韩语

    a. 그는 가지 <u>않</u>는다.　　　　그 꽃은 예쁘지 <u>않</u>다.

    b. 그는 가지 <u>않</u>았다.　　　　그 꽃은 예쁘지 <u>않</u>았다.

    c. 그는 가지 <u>않</u>았지?　　　　그 꽃은 예쁘지 <u>않</u>구나.

  ② 英语

    a. He does<u>n't</u> go.

    b. He is<u>n't</u> going.

虽然韩语和英语中都有缩略形否定素，但也存在一定差异。首先，从英语的缩略形否定素 "n' t" 来看，它的形态类似于发生屈折变化的助动词后缀。换句话说，英语的缩略形否定素在上述三种否定素类型中属于否定词缀。法语的否定素也有缩略形式，如 "ne-pas" 中的 "ne" 在位于元音或以不发音字母 /h/ 开头的谓语前会变为 "n' -"。

(20)	I	ln' -aime	pas	Marie.
	他	否定素-爱	否定素	Marie.
	他不爱Marie。			

当然，法语的缩略形式属于语音学现象，尽管在性质上与英语有所不同，我们仍可以将其视为否定词缀。但是英、法这两种语言的词缀位置有所不同。学者们研究发现，在通过否定词缀实现标准否定的语言中，像英语一样通过后缀实现的情况极其罕见（Payne，1985）。

相较于英语和法语，韩语中与缩略形否定素相结合的成分在"时"或句式上会出现类似例(19)的活用现象。这是由于缩略形 "않-" 作词干造成的。由此可见，韩语的缩略形否定素行使的是主要动词后助动词的功能。

韩语的缩略形否定素一般位于谓语之后，这是由于韩语的缩略形否定素属于助动词，而助动词必须置于主动词之后。韩语的否定小品词 "아니" 既可放在谓语前，又可放在谓语后，但其缩略形属于助动词，因此必须放在谓语后面。在日语中，否定素的标准形一般位于谓语后面，也是因为它属于否定助动词。

3）不同语言间边缘性否定素的差异

除典型的否定素外，有的语言还含有边缘性的否定素。英语、法语和俄语中没有边缘性的否定素，但韩语中的 "못" 就属于这一类别。由于 "못" 本身具有情态（modality）否

定这一特殊性质，因此不能用于表示约定的句子中，如"못 해 주마（不能给你做）"，也不能放在形容词前面，如"못 좋다、못 가늘다"等。由于此类限制，"못"的意义与"아니（안）"不同，属于边缘性否定素或次要否定素。汉语中的"没（没有）"也属于边缘性否定素，该否定素在否定存在动词"有"以及动词谓语句中的完成体或经验体中，可代替"不"使用。

（21）　边缘性否定素
　　　韩语　　　그는 프랑스어를 읽지 못한다. 他不能读法语。
　　　　　　　他　　法语　　读 不能
　　　汉语　　　他 没有 来。

韩语的"못"和汉语的"没（没有）"都是具有独立性且不发生屈折变化的否定小品词。阿拉伯语中也有很多否定小品词，其边缘性否定素用法随着"时"和"体"的不同而变化。

而日语的边缘性否定素则有所不同。日语根据郑重程度，可以使用边缘性否定素"ません[masen]"来代替"ない[nai]"，其活用形式见例（22）。由此可知，日语的边缘性否定素属于否定助动词。

（22）　a.　彼は[karewa]　　　　　寝[ne]　　　ません[masen]。
　　　　　他　　　　　　　　　　　睡觉　　　否定素-助动词（庄重）
　　　　　他不睡觉。

　　　b.　彼は[karewa]　　　　　寝[ne]　　　ません-が[masen-ga]
　　　　　他　　　　　　　　　　　睡觉　　　否定素-助动词（庄重）-接续助词（转折）
　　　　　虽说他不睡觉。

本节内容可整理归纳如下：

〈表6〉不同语言间标准否定的比较

语言	否定素的种类	缩略形	边缘性否定素
韩语	否定小品词	否定助动词	否定小品词
日语	否定助动词	无	否定助动词
汉语	否定小品词	无	否定小品词
英语	否定小品词	否定语素	无
法语	否定小品词	否定语素	无
俄语	否定小品词	无	无

4）不同语言间否定素的位置差异

从否定素的位置来看，英语的否定素位于谓语之前，日语的否定素位于谓语之后。而韩语否定素的位置则比较自由，既可如"가지 않는다"一样置于谓语后面（长形否定），又可如"안 간다"一般置于谓语前面（短形否定），但短形否定受条件限制，不能出现"*안 공부한다、안 모른다"等。因此，如果我们将长形否定视为韩语中最典型的否定形式，便可以说韩语否定词像日语一样置于谓语之后。而汉语和英语的否定素均位于谓语之前，法语里类似"ne-pas"的不连续否定素在谓语前后同时出现。

(23)	a.	他		不爱		她。	
				否定素			
	b.	Il		ne		déteste	pas	Marie.
		他		否定素		讨厌	否定素	Marie.
		他不讨厌Marie。					

俄语中否定素的位置和英语、汉语一样，位于谓语之前。由此可知，否定素和谓语的位置与该语言的动词短语语序是一致的。具体来说，在VO语言中，依照中心语居前规则，作为中心的否定词位于谓语之前；而在OV语言中，依照中心语居后规则，作为中心的否定素应位于谓语之后。

从跨语言的角度来看，VO类型的中心语居前是一个普遍现象，但在类似韩语或日语等OV类型的语言中，中心语居前或居后都是成立的。尽管如此，日语中否定素只能置于中心语后面，因为它是助动词。韩语也是如此，长形否定中的否定助动词只能位于谓语之后，而不能前置。

(24)	a. 나는 학교에 <u>아니</u> 간다.
	我不去上学。
	b. 나는 학교에 가지 <u>아니</u> 한다.
	我不去上学。
	c. *나는 학교에 <u>않</u> 간다.

以上便是有关句类的说明。除前面提到的各类句子以外，不同语言还会存在一些比较特殊的句类，如韩语的共动句、感叹句、约定句，日语的感叹句、祈愿句，汉语的感叹句以及英语的感叹句和祈愿句等。

第十二章　词汇

■■□ 1. 引言

　　人类通过语言认识世界。但通过不同的语言所认识的世界既有共同点，也有不同点。例如，韩语的"香瓜（참외）"被视为与"黄瓜（오이）"相近的范畴，但在英语中，由"melon"和"watermelon"这两个词便可以得知，香瓜与西瓜有着密切的联系。再如，韩语在命名与手相关的身体部位时，采用了"손（手）""손목（手腕）""손바닥（手掌）""손톱（手指甲）"等名称，但英语中，这些都是各自独立的部位，命名也无相互关联，如"hand""wrist""palm""nail"等。

　　词汇研究的重点在于找出语言之间彼此对应的词汇，阐明其意义和用法的异同点。然而，将多达数十万个的词汇按不同语言进行一一对比是不现实的，因此词汇对比研究只能选取其中的一部分。在进行词汇对比研究时，如果研究对象语言之间有很多词汇是同源的，如韩语、汉语、日语和越南语等，那么对比的效率会大大提高，也更有意义。反之，拿韩语和英语等分属不同谱系的语言进行词汇对比，就会存在一定的局限性。本章主要从方法论的角度探讨词汇对比，重点研究内容有词汇语义场、上下位词、标记性（markedness）与阻遏（blocking）、"真假朋友（True Friends and False Friends）"等。

■■□□　2.　韩语学习者的词汇偏误

下面是母语为英语的韩语学习者在词汇方面出现的偏误：

> ○ 장갑을 <u>입자</u>.
> ○ 신발을 빨리 <u>입으세요</u>.
> ○ 나는 양말을 <u>입었어요</u>.
> ○ 김 선생님은 안경을 <u>입었어요</u>.
> ○ 영국에서는 모자를 많이 <u>입습니다</u>.

韩语中不同名词搭配的穿戴类动词是不同的，而以英语为母语的学习者却仅用"입다"这一个动词来表达了所有的穿戴行为。这是因为英语的"wear"可以分别对应韩语的各种穿戴类动词。

下面是母语为日语的韩语学习者在词汇方面出现的偏误：

> ○ 서로가 사랑하는 것이 <u>선결</u>입니다.
> ○ 돈을 많이 벌면 <u>점</u>을 하나 사고 싶다.

上述偏误是由于韩日的汉字词用法不同而导致的，相较母语为日语的韩语学习者来说，母语为英语或法语的韩语学习者很少出现此类错误。上述例句中"점（店）"应该改成"가게（店铺）"。

下面是母语为汉语的韩语学习者在词汇方面出现的偏误：

> ○ 어떤 사람은 국제결혼에 대해서 <u>접수</u>할 수 없다.
> ○ 통상 어른들이 <u>종야</u> 마작을 한다.
> ○ 중국이나 한국이나 직장 경쟁이 너무 <u>격렬합니다</u>.
> ○ 그동안 한국어 선생님을 많이 <u>접촉했습니다</u>.
> ○ 한국의 시내에는 건물이 <u>어지럽습니다</u>.
> ○ 축구를 하다가 다리가 <u>속상했다</u>.
> ○ 런던의 일기 변화는 <u>난측한다</u>.
> ○ 인상이 제일 <u>심각한</u> 일은 외도 여행이다.
> ○ 나의 <u>원망</u>은 세계 여행이다.
> ○ 나는 키가 너무 <u>높아서</u> 걱정이다.

由上面例句可知，母语为汉语的韩语学习者在学习韩语时所出现的大部分词汇偏误都是将汉语词汇直接音译为韩语的汉字词，或是将汉语的表达方法直译为韩语。例如，最后

一个例句便是因汉韩在词汇搭配上存在差异造成的，韩语说"个子大（키가 크다）"，而汉语则说"个子高（키가 높다）"。

■■□ 3. 词汇场对比

前文提到，不同的语言使我们认识现实世界的方法变得多种多样，而词汇能够很好地反映出使用某种语言的人对意义的切分方法。如阿拉伯语中有很多与骆驼相关的词汇，英语中有很多与狗相关的词汇，因纽特语中有很多与雪相关的词汇，韩语中则有很多与大米相关的词汇。由此可见，所有的语言都在用不同的方式认识和表达世界。这一点在描述色彩时也非常明显，如威尔士语的"glas"不仅包含英语中所说的"blue"，也包含了"green"和"grey"这几种颜色（오미영译，2007）。

英语	green		blue	grey
威尔士语	gwyrdd		glas	llwyd

换句话说，威尔士语中"glas"可以被定义为英语的"green""blue"和"grey"。韩语中交通信号灯颜色的相关表达为"빨간 불（红灯）""파란 불（绿灯）""노란 불（黄灯）"，这里的"파란색（蓝色）"包含了"초록색（绿色）"的概念。韩国有一首广为流传的童谣题为《파란 마음 하얀 마음（青青的心，白白的心）》，意思是说夏天的山是"파랗다（绿色）"的，田野是"파랗다（绿色）"的，树是"파랗다（绿色）"的，天也是"파랗다（蓝色）"的。由此可知，韩语中"blue（蓝）"和"green（绿）"在词义上并未切分出来。

因此，指示某一对象时，概念是否切分，会导致语义场（semantic field）中词汇数量的不同。例如，韩语中"살다"一词在日语中对应"生きる[ikiru]""住む[sumu]""生活する[seikatsusuru]/暮らす[kurasu]"等多个词汇。这是因为不同语言之间词汇的意义范围各不相同，某一类词汇在某个语言中切分得较为细致，但在其他语言中则不一定如此。

●●○ 延伸阅读

计数法
人类的认知差异也反映在计数法上。计数法包括我们日常生活中广泛使用的十进制，也包括用于计算机的二进制以及将一打（dozen）铅笔作为底数的十二进制。此外，还有来源于玛雅文明的二十进制。如：一盒香烟（20根）、一捆鱿鱼（20只）、一剂药（20包）等。不仅如此，古代巴比伦王国采用的六十进制也一直沿用至今，例如在计算时间时，一小时等于60分钟，一分钟等于60秒。

法国的计数法则非常独特，具体方法如下。

$70(60+10)$，$71(60+11)$……$79(60+19)$，$80(4×20)$，$81(4×20)+1$……$89(4×20)+9$，$90(4×20)+10, 91(4×20)+11$……$99(4×20)+19$

数字1到59与英语类似，但从60到79则以60为底数，61和62分别用"60+1""60+2"来表示，70和71则分别标记为"60+10"和"60+11"。而80是以4乘以20来表示，81是4乘以20之后再加1。也就是说，81到99是以80为底数，在此基础上加上1到19中的一个数字来表示。

另一方面，即使某种语言的某一词汇在对比的语言中能够找到相对应的词汇，其用法也不一定完全相同。例如，韩语中的"가다（去）"对应英语的"to go"，"오다（来）"对应"to come"。从词汇的最基本意义来看，"가다"是向基准点之外的方向移动，而"오다"是向基准点的方向移动，但由于不同语言的基准点不同，这些词汇的用法也是不同的。如韩语的"저 지금 가요.（我现在过去。）"用英语表述是"I'm coming."，而不是"I'm going."，而"저랑 같이 가세요.（请和我一起去吧。）"用英语表述是"Please come with me."，而不是"Please go with me."。再有，当话者在门外敲门等待听者的许可时，韩语表达为"들어가도 돼요?（我可以进去吗？）"，但在英语中则要用"May I come in?"来表达。这就意味着我们不能简单地将韩语"가다"直译为"to go"，或将"오다"直译为"to come"。

3.1 无对应词的情况

前文提到，世界上没有哪两种语言的所有词汇都是一一对应的。有的词汇找不到对应的词汇，而有的词汇则可能对应多个词汇。例如，英语的"elope"一词意为"私奔"。简·奥斯汀（Jane Austen）在小说《傲慢与偏见》（*Pride and Prejudice*）中叙述丽迪亚·班内特（Lydia Bennet）和乔治·韦克翰（George Wickham）为了结婚瞒着家人离家出走时，用的正是这个词[1]，而韩语中却没有这种含义的词汇。再如，英语"cuddly toy"中"cuddly"这一形容词在韩语中也没有对应的单词，因此只能用类似"껴안고 싶어 하는（令人想拥抱的）"之类的短语（phrase）来表达。由此可知，当两种语言之间不存在准确对应的词汇时，一般会采用多个词汇或直接借用对方语言的词汇来表达。

下面是韩语和英语之间不能对应的部分词汇[2]：

1　英国国教圣公会规定，即便是成年人，也要经父母同意才能在教会举办婚礼。因此，当相爱的男女得不到父母的许可时，经常会选择离家出逃（elope）。紧邻英格兰的苏格兰便有一个格特纳格林小镇（Gretna Green），从很久以前开始，很多不能在英格兰成婚的恋人都会到此结婚。该村庄至今仍在举办"速婚（immediate wedding）"等各式各样的婚礼。

2　由于韩英词汇不完全对应，下表中所列词汇含义不能完全适用于所有语境。

〈表1〉 韩语有而英语没有的词汇

韩语	英语
절（鞠躬）	deep bow, bow down with politeness to show respect
정（情）	affection, fondness
콧물（鼻涕）	runny nose, nasal mucous （medical term）
조촐하다（整洁）	neat, trim, spruce
허여멀겋다（白皙）	be white and pale
화병（火病）	hwabyeong, mental or emotional disorder as a result of repressed anger or stress
고소한（香喷喷）	sweet, savory
한（怨恨）	deep sorrow
누룽지（锅巴）	slightly burned rice

〈表2〉 英语有而韩语没有的词汇

英语	韩语
elope	（남녀가）눈이 맞아 결혼을 위해 함께 달아나다（私奔）
cuddly	껴안고 싶어 하는 마음（令人想拥抱的）
fluffy	아주 부드러운 털 같은 촉감이 있는（非常松软，犹如羽毛般的触感；毛茸茸的）
pudding	푸딩（布丁）
nutty	견과 맛이 나는, 견과가 들어 있는（坚果口味的，有坚果的）
surf	밀려드는 파도가 거센（波涛汹涌的）

3.2　一词对应多词的情况

如前文所述，不同的语言之间，即使存在相互对应的词汇，也不一定完全一一对应。某种语言的一个词汇可能在其他语言中有多个对应词汇。例如，韩语中的"기온（气温）"和"체온（体温）"是两个不同的词汇，而英语中则不做区分，都用"temperature"；韩语对"太阳光"也有不同的表达，如"햇빛（日光）"是指明亮的太阳光，"햇볕（阳光）"则是指炎热的太阳光。相较而言，英语的"sunshine"和"sunlight"则没有很大的区别。此外，英语中"hat（有帽檐的帽子）"和"cap（无帽檐的帽子）"有用法上的区别，但这两个词汇在韩语中都对应"모자（帽子）"一词。这种情况不仅存在于韩英对比中，在韩日或韩汉之间进行词汇对比时也有很多类似的例子。

3.2.1 韩语和英语

　　下面是韩语中的一个词在英语中对应多个词的例子：

〈表3〉 韩语单个词对应英语多个词的情况

韩语	英语	
모자（帽子）	cap	앞부분에 챙이 달린 모자（前面有帽檐的帽子）
	hat	앞부분에 챙이 없는 모자（前面没有帽檐的帽子）
축하（祝贺）	congratulation	파티와 상관없이 좋은 일을 축하하는 것（祝贺，与宴会无关）
	celebration	파티를 하며 좋은 일을 축하하는 것（举办宴会祝贺）
시계（表）	clock	탁상시계（座钟），괘종시계（挂钟）
	watch	손목시계（手表）
배（船）	boat	작은 배（小船）
	ship	큰 배（大船）
점수（分数）	score	숫자로 나타난 점수（以数字表示的分数）
	mark	P/F처럼 반드시 숫자로 나타나지 않아도 되는 점수（不以数字表示的分数，如P/F等）
	grade	A, B, C처럼 단계에 따른 점수（按不同等级的分数，如A，B，C等）
나무（树）	tree	살아있는 나무（有生命的树）
	wood	목재（木材）
약속（约定）	promise	어떤 일을 꼭 하겠다고 다짐하는 약속（一定会做某件事的承诺）
	appointment	시간과 관련된 약속（与时间有关的约定）

　　下面是英语中的一个词在韩语中对应多个词的例子

〈表4〉 英语单个词对应韩语多个词的情况

英语	韩语
wear	입다[穿（衣服）]、쓰다[戴（帽子）]、신다[穿（鞋）]、끼다[戴（手套）]
temperature	기온（气温）、체온（体温）
old	나이가 들다（上年纪）、오래 되다（很久）、낡다（旧）
senior	노인（老人）、고등학교（高中）/대학교 최고학년（大学最高年级）、연장자（年长者）、선배（前辈）、상관（上司）、장로（长老）
study	공부하다（学习）、연구하다（研究）
sunshine	햇빛（阳光）、햇볕（日光）
mend	고치다（修）、깁다（补）、수선하다（修理）
rice	벼（稻）、모（稻秧）、쌀（大米）、밥（米饭）

3.2.2 韩语和日语

下面是韩语中的一个词在日语中对应多个词的例子：

〈表5〉 韩语单个词对应日语多个词的情况

韩语	日语	词义
집（家）	いえ [ie]	구체적인 의미의 집, 건물（具体的家，建筑，house）
	うち [uchi]	추상적인 의미의 집, 우리 집（抽象的家，我们的家，home）
있다（有）	ある[aru]	사물, 식물 등 무생물의 존재（表示事物、植物等非生物的存在）
	いる[iru]	사람, 동물 등 생물의 존재（表示人、动物等生物的存在）
없다（没有）	ない [nai]	무생물의 부재（表示非生物的不存在）
	いない[inai]	생물의 부재（表示生物的不存在）
입다（穿）	着る [kiru]	상의, 원피스 등에 사용（用于上衣、连衣裙等）
	履く [haku]	하의, 신발, 양말 등에 사용（用于下衣、鞋、袜子等）
안녕하세요（您好）	おはようございます [ohayo:gozaimasu]	아침 인사, 하루 중 처음 만났을 때（早晨的问候语，一天中首次见面时的问候语）
	こんにちは [konnichiwa]	점심 때 인사, 해가 떠 있을 때의 인사（中午的问候语，太阳升起后的问候语）
	こんばんは [kombangwa]	밤 인사, 해가 진 후의 인사（晚上的问候语，日落之后的问候语）

下面是日语中的一个词在韩语中对应多个词的例子：

〈表6〉 日语单个词对应韩语多个词的情况

日语	韩语
さかな[sakana]	생선（海鲜），물고기（淡水鱼）
一杯[ippai]	한 잔（一杯），가득（满满的）
兄[ani]	형（男性对哥哥的称呼），오빠（女性对哥哥的称呼）
生鮮[seisen]	싱싱하다（新鲜，主要表示带有水分的材料），신선하다（新鲜，所指范围更广）
是非[zehi]	시시비비（是是非非），반드시（必须）

3.2.3 韩语和汉语

下面是韩语中的一个词在汉语中对应多个词的例子：

〈表7〉 韩语单个词对应汉语多个词的情况

韩语	汉语
다니다	上（学、班）
	去
동생	弟弟
	妹妹
읽다	读
	念
맞다(옳다)	是
	对
있다	有
	在
꿈	梦
	理想

下面是汉语中的一个词在韩语中对应多个词的例子：

〈表8〉 汉语单个词对应韩语多个词的情况

汉语	韩语
学习	공부하다, 배우다
读书	책을 읽다, 공부하다, 학교에 다니다
菜	채소, 요리
打	(공을) 치다, 때리다, 구타하다, (전화를) 걸다
送	보내다, 배웅하다, 선사하다
习惯	버릇, 습관

■■□□ 4. 上下位关系词对比

如果一个词的词义中包含另一个词的含义，这两个词可称之为包含关系。被包容的词汇称为下位词（hyponym），包容下位词的词汇称为上位词（hypernym）。例如，"飞机、公交、卡车、出租车、地铁"等是"交通手段"的下位词；反之，"交通手段"则是它们的上位词。但是，人们对于上下位关系词的认知并非总是一致的。换句话说，世界语言

中大部分上下位关系结构都是相似的，但也存在部分差异（안상철、최인철，2006）。例如，英语母语者将"西红柿"视为"蔬菜"的下位词，但韩语母语者则将其视为"水果"的下位词。韩语中"水果"相关的上下位关系结构如下图所示：

〈图 1〉 水果的下位词

此外，英语母语者还认为"土豆"和"大米"是与"面条"或"面包"一样的主食（staple food），是"淀粉类食物（starch food）"的下位词。相较而言，韩语等东方语言的使用者则认为，"土豆"与"胡萝卜、黄瓜、洋葱"等一样，是"蔬菜"的下位词，而"大米"则是"谷类"的下位词，"面条"和"面包"则被视为"面食"的下位词。

5. 标记性与阻遏对比

标记性（markedness）是指与其他语言对比时，不具共性而具有显著特征或需特别说明的某种语言特性。例如，互为反义词（antonym）的形容词中，"长"和"宽"是正面表达，而与它们含义相反的"短"和"窄"则属于负面表达。这里的正面表达具有无标记性，负面表达则具有标记性。词汇是否具有标记性会对语言表达产生较大的影响。下面是相关例句：

(1) a. 연필이 얼마나 길어요?
　　　铅笔有多长？
　　b. 방이 얼마나 넓어요?
　　　房间有多宽？

如上例所示，除特殊情况外，我们一般不会说"다리가 얼마나 짧아요?（桥有多短？）"或者"집이 얼마나 좁아요?（家有多小）"。换句话说，疑问句一般会采用正面的表达（Hofmann, 1993）。英语也是如此。

(2)   a. How long is the pencil?
       b. How big is the room?

一般情况下，我们不会问"How short is the pencil?"或者"How narrow is the room?"。也就是说，疑问句一般不使用带有负面意义的形容词。从下面的例句中可以得知，形容词派生作名词时，一般也会使用标记性较弱的正面表达。

〈表9〉 形容词与派生名词

韩语		英语		日语	
形容词	派生名词	形容词	派生名词	形容词	派生名词
길다：짧다 （长：短）	길이 （长度）	long: short	length	ながい：みじかい [nagai] [mizikai]	ながさ [nagasa]
넓다：좁다 （宽：窄）	넓이 （宽度）	wide: narrow	width	ひろい：せまい [hiroi] [semai]	ひろさ [hirosa]
깊다：얕다 （深：浅）	깊이 （深度）	deep: shallow	depth	ふかい：あさい [hukai] [asai]	ふかさ [hukasa]
높다：낮다 （高：低）	높이 （高度）	high: low	highness	たかい：ひくい [takai] [hikui]	たかさ [takasa]

由上表可知，韩语、英语和日语的派生名词都是由标记性较弱的形容词构成的。

在性别语言中，通常男性是无标记的，女性则是有标记的，下表是一些例子：

〈表10〉 性别语言

韩语		日语		汉语	
男性	女性	男性	女性	男性	女性
왕	여왕	王（おう） [o:]	女王（じょおう） [zyoo:]	王	女王
경찰	여경	警察（けいさつ） [ke:satsu]	婦警（ふけい） [huke:]	警察	女警察
의사	여의사	医者（いしゃ） [isya]	女医（じょい） [zyoi]	医生	女医生
기자	여기자	記者（きしゃ） [kisya]	女性記者 （じょせいきしゃ） [zyose:kisya]	记者	女记者

通过上表可知，韩语、日语、汉语这三种语言都是通过在指称男性的无标记性名词

上添加女性意义，从而构成指代女性的名词。虽然在英语中，"王"和"女王"分别是由"king"和"queen"这两个不同的单词来表示的，"bridegroom（新郎）"则是在女性名词"bride（新娘）"的基础上派生而来的。但是，英语中的大部分性别语言仍然是从男性名词中派生出女性名词，如"lion→lioness, waiter→waitress, actor→actress"等。随着社会和时代的发展，与性别相关的标记性也在不断变化。近年来，人们在使用女性名词时，也倾向于删除其中表示女性意义的部分。甚至还会将"chairman、salesman、policeman"等无标记性男性词汇换成"salesperson、chairperson"等，称呼警察时则根据性别分别称呼为"policeman"和"policewoman"。

阻遏（blocking）是指某种标记性的表达阻止了普遍性表达的进一步普遍化（Hofmann, 1993）。如英语中的"拇指"不叫"finger"，而叫"thumb"；韩语中的"后天"叫"모레"，而不像英语一样表达为"the day after tomorrow"。换句话说，更具标记性的"thumb"阻遏了人们使用相对有标记性的"finger"，更具标记性的"모레（后天）"阻遏了人们使用相对有标记性的"明天的第二天"。英语中存在标记性表达"Boxing Day"，它特指圣诞节的第二天，因此，人们不会说"the day after Christmas"。但韩语中没有特指"圣诞节的第二天"的标记性表达，因此在表达这一含义时，人们会借助类似于"설날 다음 날（春节的第二天）、추석 다음 날（中秋节的第二天）"的结构，即"크리스마스 다음 날（圣诞节的第二天）"来表达。

此外，韩语中"소（牛）、개（狗）、닭（鸡）"之所以带有成年动物的含义，是因为韩语中分别存在"송아지（牛犊）、강아지（小狗）、병아리（雏鸡）"等称呼幼年动物的词汇，从而产生了词汇的阻遏现象。不同语言对于幼年动物和成年动物的称呼如下：

〈表11〉一般动物与幼小动物

韩语		英语		日语	
一般动物	幼年动物	一般动物	幼年动物	一般动物	幼年动物
소（牛）	송아지（牛犊）	cow/ox	calf	牛（うし）[usi]	子牛（こうし）[kousi]
개（狗）	강아지（小狗）	dog	puppy	犬（いぬ）[inu]	子犬（こいぬ）[koinu]
말（马）	망아지（马驹）	horse	foal	馬（うま）[uma]	子馬（こうま）[kouma]
닭（鸡）	병아리（雏鸡）	chicken	chick	鶏（にわとり）[niwatori]	雛（ひよこ）[hiyoko]

英语中区分幼年动物和成年动物的词汇体系更为发达，除了上面提到的动物名称之外，还有诸如"eagle/eaglet、sheep/lamb、cat/kitten、duck/duckling"等词汇。相对而言，韩语中不存在特指幼年"독수리（鹰）、양（羊）、고양이（猫）、오리（鸭）"等的词汇，因此只能用"새끼 독수리（秃鹰崽）、새끼 양（羊崽）、새끼 고양이（猫崽）、새끼 오리（鸭崽）"来表达。观察〈表11〉可知，日语的幼年动物称呼方法与韩语不同，韩语

中指称幼年牛、狗、马、鸡的词汇各不相同，日语则是在所有的动物名称上一律添加含有"幼崽"之意的"子（こ[ko]）"。除表中所列词汇外，日语中"羊"和"猫"分别叫"ひつじ[hitsuzi]"和"ねこ[neko]"，而"小羊"和"小猫"则分别叫作"子羊（こひつじ[kohitsuzi]）"和"子猫（こねこ[koneko]）"。

另外，有的语言还会对农场中的家畜和餐桌上的肉类做区分，详见下表：

〈表12〉动物名称和肉类名称

韩语		英语		汉语	
动物	肉类	动物	肉类	动物	肉类
소	소고기	cow	beef	牛	牛肉
돼지	돼지고기	pig	pork	猪	猪肉
양	양고기	sheep	mutton	羊	羊肉
사슴	사슴고기	deer	venison	鹿	鹿肉
닭	닭고기	chicken	chicken	鸡	鸡肉

在指代餐桌上的食用肉类时，韩语是在动物名称后添加"고기（肉）"，汉语是添加"肉"字，日语也是将"猪（豚，ぶた，buta）、羊（羊，ひつじ，hitsuzi）、鸡（鶏，にわとり，niwatori）"的肉分别表达为"豚肉（ぶたにく，butaniku）、羊肉（ようにく，yo:ni-ku）"和"鶏肉（とりにく，toriniku）"。相较于韩语、汉语和日语，英语中指代牧场动物和食用肉类的词汇则是独立存在的[3]。如在称呼"牛肉"时，甚至存在表示"牛犊（calf）肉"的"veal"一词。因此，在英语中牛肉不能说成"cow"，猪肉也不能说成"pig"，这是由专门指代肉类的词汇"beef"和"pork"引起的阻遏现象。

■■□□ 6. "真假朋友"词汇对比

False Friends（假朋友）一词最早出现于Koessler和Derocquigny所著的《英语词汇的假朋友和骗子：给翻译者的建议》（*es faux-amis ou les trahisons du vocabulaire anglais; conseils aux traducteur*）（1928）一文中。它是指拼写或发音相似，但意思与用法不同的

3　英语中指称动物和肉的词汇系统完全不同。指称动物的牛（cow）、猪（pig）、羊（sheep）、鹿（deer）等词源于日耳曼语系，但餐桌上的牛肉（beef）、猪肉（pork）、羊肉（mutton）、鹿肉（venison）等词则分别来自法语的boeuf、porc、mouton、venaison。盎格鲁-撒克逊（Anglo-Saxon）英语本来是与德语、荷兰语等一起从日耳曼语（Germanic languages）中衍生而来的，因此，古英语属于日耳曼语的盎格鲁-撒克逊语。但在1066年诺曼征服（Norman Conquest）之后，英国的官方语言变成了法语。自文艺复兴时期1500年代以后，英语又开始大量接受拉丁语和希腊语，从那时起使用的英语被称为"现代英语"。因此，现在使用的英语词汇的一半以上来自拉丁语、希腊语、法语等，特别是在英语里所使用的烹饪、饮食用语大多来自法语。

词汇[4]。而True Friends（真朋友）则指形态与意思都相近的词汇。"真假朋友"常出现于同一语系的不同语言（如：英语和法语、英语和德语）或者同一语言文化环境中关系较为紧密的语言中。Helliwell在"Can I become a beefsteak?（1989）"中对德语和英语中的"假朋友"进行了系统的整理。例如，德语的"bekommen"并非英语"become"之意，而是"get"或"receive"的意思。"Tablett"也与"tablet"的意思不同，而是"tray"的意思[5]。但是德语的"Name、Haus、all、helfen、Salz、jung、Wort、Fisch"等词却与英语的"name、house、all、help、salt、young、word、fish"等词意思相近，是"真朋友"。

掌握"真假朋友"有助于词汇学习。因为在外语学习中，习得"真朋友"非常容易，但是习得"假朋友"时，经常会受到干扰，导致偏误频发。

汉语、韩语、日语和越南语同属于汉字文化圈，通过学习这些语言的"真假朋友"可以比较它们的异同。例如，"愛人"一词在韩语中表示"不管结婚与否，指自己喜欢的人"，但是它在汉语中则指"配偶"。在日语中，"愛人"一词是指"拥有不正当关系的异性朋友"。因此，"愛人"一词在这三种语言中表现为"假朋友"。让我们先来观察一下韩语和汉语间的"真假朋友"。

6.1 韩汉词汇对比

6.1.1 韩语和汉语的"真朋友"

以下词语在韩语和汉语中不但形态、发音相似，意思也很相近。

〈表13〉韩语和汉语的"真朋友"

韩语	汉语	韩语	汉语
광고（廣告）	广告	고향（故鄉）	故乡
사용（使用）	使用	공기（空氣）	空气
가수（歌手）	歌手	공원（公園）	公园
외모（外貌）	外貌	관심（關心）	关心
부모（父母）	父母	노력（努力）	努力
고장（故障）	故障	다양（多樣）	多样
관광（觀光）	观光	단풍（丹楓）	丹枫

---

4 True Friends（真朋友）是指形态、发音相近，意思也相近的词汇，它相当于同形同义词。False Friends（假朋友）是指形态、发音相似，但意思不同的词汇，它相当于同形异义词。本书使用True Friends（真朋友）和False Friends（假朋友）来代替同形同义词和同形异义词。

5 德语与英语不同，名词首字必须大写。因此，本书中德语名词的首字母标记为大写。

（续表）

韩语	汉语	韩语	汉语
대화（對話）	对话	도시（都市）	都市
정리（整理）	整理	동정（同情）	同情
만화（漫畵）	漫画	모양（模樣）	模样
해외（海外）	海外	반장（班長）	班长
공개（公開）	公开	발전（發展）	发展
도로（道路）	道路	수리（修理）	修理
인상（印象）	印象	심리（心理）	心理
관리（管理）	管理	이용（利用）	利用
환영（歡迎）	欢迎	통과（通過）	通过
주의（注意）	注意	화장（化粧）	化妆
여행（旅行）	旅行	회화（會話）	会话

6.1.2 韩语和汉语的"假朋友"

下表所列的词汇在韩语和汉语中形态、发音相似，但词义不同。

〈表14〉 韩语和汉语的"假朋友"

韩语		汉字词源
词汇	词义	
기차（gicha）	火车	汽车
정보（jeongbo）	信息	情报
출세（chulse）	出人头地	出世
곤란（하다）（gonlanhada）	困难，为难	困难
공부（gongbu）	学习	功夫
귀하다（gwihada）	珍贵	贵
편의（pyeonui）	方便	便宜
작업（jageop）	工作	作业
신문（shinmoon）	报纸	新闻
난처（하다）（nancheohada）	难为情	难处
의견（uigyeon）	不满	意见
애인（aein）	恋人	爱人
간병（ganbyeong）	看护（病人）	看病
조심（josim）	小心	操心
서방（seobang）	老公；姑爷	书房

6.2 韩日词汇对比

日语词汇中汉字词的数量多于固有词（日语里称"和语"，占36.7％），其比例达47.5％（国立国语研究所，1964）[6]。下面是韩日两种语言中分属"真朋友"和"假朋友"的相关词汇。

6.2.1 韩语和日语的"真朋友"

下表所列的词汇在韩语和日语中形态、发音以及词义都相似。

〈表15〉韩语和日语的"真朋友"

韩语	日语			词义
	汉字	平假名	发音	
기분 (gibun)	気分	きぶん	[kibun]	气氛，情绪
도로 (doro)	道路	どうろ	[do:ro]	道路
간단 (gandan)	簡単	かんたん	[kantan]	简单
준비 (junbi)	準備	じゅんび	[junbi]	准备
도시 (dosi)	都市	とし	[toshi]	都市
무리 (muri)	無理	むり	[muri]	勉强
요리 (yori)	料理	りょうり	[ryo:ri]	料理
독서 (dokseo)	讀書	どくしょ	[dokusyo]	读书
수도 (sudo)	首都	しゅと	[syuto]	首都
고속 (gosok)	高速	こうそく	[ko:soku]	高速
주사 (jusa)	注射	ちゅうしゃ	[chu:sya]	注射
의료 (uiryo)	医療	いりょ	[iryo:]	医疗
의사 (uisa)	医者	いしゃ	[isya]	医生
약속 (yaksok)	約束	やくそく	[yakusoku]	约定
안내 (annae)	案内	あんない	[annai]	介绍

6　除该数据以外，根据金田一京助2002年编纂的《新选国语辞典》第8版（小学馆）中所收录的词汇比例，在73181个收录词汇中，固有词（和语）数量为24708个（占33.8％），汉字词数量为35928个（49.1％），外来词数量为6415个（8.8％），混合词为6130个（8.4％）。

6.2.2 韩语和日语的"假朋友"

下表所列的词汇在韩语和日语中形态相似，但词义不同。

〈表16〉韩语和日语的"假朋友"

汉字词源	韩语			日语		
	单词		词义	单词		词义
浮氣	부기	[buki]	浮肿	うわき	[uwaki]	变化多端/花花公子
真面目	진면목	[jinmyenmok]	真面目	まじめ	[majime]	诚实/真诚
工夫	공부	[gongbu]	学习	くふう	[kuhu:]	苦恼
生鮮	생선	[saengsen]	鱼	せいせん	[seisen]	新鲜
修士	수도사	[sudosa]	修道士	しゅうし	[syu:si]	硕士
平生	평생	[pyengsaeng]	平生	へいぜい	[he:zei]	平时
別別	별의별	[byeribyel]	各种	べつべつ	[betsubetsu]	各自
	가지가지	[gajigaji]	各种，种种			
來日	내일	[naeil]	明天	らいにち	[rainichi]	到日本、明天
生色	생색	[saengsaek]	长面子	せいしょく	[se:syoku]	气色好
閉講	폐강	[pyegang]	取消课程	へいこう	[he:ko:]	结课
丁寧	정녕	[jengnyeng]	肯定	ていねい	[te:ne:]	郑重/细心
懇切	'간절하다'的词根	[ganjenlhada]	恳切	こんせつ	[konsetsu]	极其慈祥
所出	소출	[sotsul]	收成	しょしゅつ	[syosyutsu]	出身／出处
法外	법외	[bebwue]	法外	ほうがい	[ho:gai]	毫无根据/过分
迷惑	미혹	[mihok]	迷惑	めいわく	[me:waku]	打扰/烦躁
無骨	무골	[mugol]	没主心骨	ぶこつ	[bukotsu]	没礼貌/无理
重湯	중탕	[jungtang]	常温加热	おもゆ	[omoyu]	粥／米糊

6.3 韩越词汇对比

与韩语类似，在越南语中，汉字词也是非常重要的部分。汉字词数量约占越南语词汇总数的70％（Le Tuan Son, 2009），不仅在日常生活中，文学和行政等专业领域也广泛使用汉字词[7]。

7　受17世纪欧洲传教士的影响，现代越南语不将汉字作为官方语言，而是标记为罗马字（Chữ Quốc Ngữ）。

6.3.1 韩语和越南语的"真朋友"

下表所列的词汇在韩语和越南语中形态、发音和词义都相似。

〈表17〉 韩语和越南语的"真朋友"

词义	韩语	越南语	词义	韩语	越南语
家具	가구	gia cụ	童话	동화	đồng hoá
家人	가족	gia tộc	目标	목표	mục tiêu
计划	계획	kế hoạch	文化	문화	văn hoá
结果	결과	kết quả	民族	민족	dân tộc
最终	결국	kết cục	发现	발견	phát hiện
结婚	결혼	kết hôn	发生	발생	phát sinh
变化	변화	biến hóa	发音	발음	phát âm
空气	공기	không khí	普通	보통	phổ thông
共同	공동	cộng đồng	房产	부동산	bất động sản
关系	관계	quan hệ	不安	불안	bất an
管理	관리	quản lý	成功	성공	thành công
教育	교육	giáo dục	音乐	음악	âm nhạc
交通	교통	giao thông	移动	이동	di động
国家	국가	quốc ca	离婚	이혼	ly hôn
期间	기간	thời gian	作家	작가	tác giả
宿舍	기숙사	ký túc xá	财产	재산	tài sản
农村	농촌	nông thọn	准备	준비	chuẩn bị
多样	다양	đa dạng	中间	중간	trung gian
当然	당연	đương nhiên	中国	중국	trung quốc
慌张	당황	bàng hoàng	茶	차	trà
大使馆	대사관	đại sứ quán	学者	학자	học giả
大众	대중	đại chúng	韩国	한국	hàn quốc
同事	동료	đồng liêu	效果	효과	hiếu quả

6.3.2 韩语和越南语的"假朋友"

韩语和越南语的汉字词中既存在很多发音和词义都十分相似的词汇，也存在一些发音相似但词义不同的词汇，如下所示：

〈表18〉 韩语和越南语的"假朋友"

韩语			越南语	
单词（汉字词源）	词义	单词		词义
감독（監督）	监督	giám đốc		经理、中心主任或校长
계산（計算）	计算	kế toán		会计
동전（銅錢）	铜币	đồng tiền		金钱、货币
박사（博士）	博士	bác sĩ		医生（而韩语的"박사[博士]"是越南语的"进士 [tiến sĩ]"）
발달（發達）	发达	phát đạt		在生意上成功或成为富人
방문（訪問）	访问	phỏng vấn		访谈或面试
사업（事業）	生意	sự nghiệp		事业
상해（傷害）	伤害	thương hại		同情或怜悯
이해（利害）	利害	lí giải		厉害
입구（入口）	入口	nhập khẩu		进口
점심（點心）	午饭	điểm tâm		点心
지적（指摘）	指出	chi trích		指责
출구（出口）	出口	xuất khẩu		出口（产品）
표정（表情）	表情	biểu tình		示威游行
학원（學院）	补习班	học viện		学院

■□□ 7. 合成词构词顺序对比

　　不同语言的名词在构成合成词时，其排列顺序也会有所不同。下表为韩语常用合成词与英语、日语、汉语的对比情况：

〈表19〉合成词构词顺序对比

韩语	汉语	英语	日语
좌우	左右	right and left	左右 [sayu:]
노소	老少	young and old	老少 [ro:syo:]
밤낮	昼夜	day and night	昼夜 [chu:ya]
전후	前后	back and forth	前後 [zenggo]
빈부	贫富	rich and poor	貧富 [himpu]

（续表）

韩语	汉语	英语	日语
아래위	上下	up and down	上下 [zyoːge]
중소기업	中小企业	small-to middle sized enterprises	中小企業 [chuːsyoːgigyoː]
영육	灵肉	body and soul	靈肉 [reːniku]
흑백	黑白	black and white	白黒 [sirokuro] 黒白 [kurosiro] [kokubyaku]
물불	水火	fire and water	水火 [suika]
사활	死活，生死	life and death	死活 [sikatsu]
신구	新旧	old and new	新旧 [singkyuː]
신사숙녀	女士们、先生们	ladies and gentleman	紳士淑女 [sinsisyukuzyo]
동서남북	东西南北	North, South, East and West	東西南北 [toːzainamboku]
출입	出入	in and out	出入 [syutsunyuː]
음식	饮食	food and drink	飲食 [insyoku] 食べ物 [tabemono]
피와 살	血肉	flesh and blood	血肉 [ketsuniku] [chiniku]
선악	善恶	vice and virtue/good and evil	善悪 [zengaku]
지필(종이와 펜)	纸和笔	pen and paper	紙筆 [sihitsu]
손익	损益	profit and loss	損益 [songeki]
수요와 공급	供求	supply and demand	需要と供給 [zyuyoːtokyoːkyuː]
신랑신부	新郎新娘	bride and bridegroom	新郎新婦 [sinroːsimpu]

　　由上表可知，韩语和英语除了"黑白"以外，其他词汇的构词顺序都是相反的。其中，与韩语"선악（善恶）"对应的英语词汇"vice and virtue"虽然顺序也相反，但值得注意的是，英语中也存在与韩语构词顺序相同的"good and evil"。与此同时，日语中大部分合成词的构词顺序均与韩语相同，但与"흑백（黑白）"对应的日语单词有两个，既有"黑白[kurosiro]/[kokubyaku]"，也有"白黑[sirokuro]"。其中，"白黑"一词与英语构词顺序一致，且使用范围较广，如"白黒写真（黑白照片）"或"白黒テレビ（黑白电视）"等，但"黑白"一词有时也会出现。

第十三章　话语与表达方式

■■□ 1. 引言

　　语言是复杂微妙的。因此在有些表达中，即使我们懂得了词义和句子结构，直译出来还是会显得生硬甚至造出病句。例如，饭店服务员端着食物出来，喊了一句"어느 분이 짬뽕이세요？（哪位是海鲜面？）"时，母语为韩语的话者会不假思索地回答"제가 짬뽕인데요（我是海鲜面。）"。而这两句话直译为英语就变成了"Who is Jjamppong?"，"I am Jjamppong."，对于母语为英语的话者来说就成了不恰当的表达。再如，电视上曾经有一位从菲律宾嫁到韩国的女性，在介绍自己时说"저는 딸 하나를 가지고 있어요.（我有一个女儿）"，这也是英韩在表达方式上存在差异而造出的病句。

　　本章将就不同语言在表达方式上的差异做综合对比，其中涉及：是突显主语，还是突显主题；是突显情景，还是突显人物；是突显话者，还是突显听者；是突显存在，还是突显领属。另外，还会考察语言是采用"你的话""我的心情"这样的部分描述方式，还是针对整个人的整体描述方式。

■■□ 2. 韩语学习者的话语表达偏误

　　下面是母语为英语的韩语学习者在表达方式和话语方面出现的偏误：

○ 나는 오빠 한 명과 동생 한 명을 <u>가지고 있습니다</u>.

我有一个哥哥和一个弟弟。

○ 강아지는 다리를 네 개 <u>가지고 있어요</u>.

小狗有四条腿。

○ (전화에서) 미안해요. 나는 <u>당신 못 들어요</u>. 외국 사람이에요.

（通话时）对不起，我听不懂，我是外国人。

上述病句都是因为英语在表达该类意思时，一般使用动词"have"，突显主语的领属关系，而不是突显事物的存在意义。

下面是母语为汉语的韩语学习者在表达方式和话语方面出现的偏误：

○ (추운 아침에 선생님께 커피 한 잔을 건네며) 선생님, 커피<u>는</u> 따뜻해요.

（寒冷的早晨给老师递过去一杯咖啡）老师，咖啡很热。

○ 여기 사과<u>는</u> 있어요. 이 사과는 맛있어요.

这里有苹果，苹果很好吃。

○ (자기소개 시) <u>제가</u> 왕빙청입니다. 중국 상해에서 왔습니다.

（自我介绍时）我是王冰清，我来自中国上海。

在表达新信息和旧信息的方法上，汉语和韩语有所不同，这就导致了母语为汉语的韩语学习者在使用"은/는"和"이/가"时经常出现偏误。例如在表达新信息时不用"이/가"，而用"은/는"，自我介绍时也会混淆句子的焦点，该使用"저는"的地方却用了"제가"。

■□□ 3. 主题突显语言与主语突显语言

对某件事情的叙述可采用两种方法，即主题突显法和主语突显法。主题突显语言（topic prominent language）是指主题在句子结构中占据中心地位的语言，主语突显语言（subject prominent language）是指主语在句子结构中占据中心地位的语言[1]。主语突显语言的主语一般很难省略，会出现类似英语"it"一样的非人称主语。通过下面的表达方式，可以比较出韩语和英语各自的语言特点。

---

1 本节内容主要是在参考홍재성（1999b）的基础上对各语言进行观察分析。

〈表1〉 韩语和英语的表达方式

韩语	英语
마이클입니다.（我是迈克尔。）	I am Michael.
10시입니다.（10点了。）	It is 10 o'clock.
봄입니다.（春天来了。）	It is spring.

下表为德语和法语的表达方式，由此可知，德法两语的表达方式与英语相似，同属主语突显语言。

〈表2〉 德语和法语的表达方式

德语	法语
Ich bin Michael.	Je suis Michael.
Es ist 10 Uhr.	Il est 10 heures.
Es ist Frühling.	C'est le printemps.

由于主语必须是谓语的语义性论元，所以，类似"I am coffee."的句子因逻辑不通而被视为病句，因为指代人的"I"不能成为咖啡。在主语突显语言中，主语和谓语的语义和语法关系非常紧密，因此主语一般可选择谓语，并拥有影响谓词的能力。众所周知，英语中"be"动词的现在时态有"am、are、is"等形式，其中"be"动词的选择是由主语的人称和数决定的。换句话说，英语"be"动词的选择取决于主语。不仅如此，主语有时甚至会影响普通动词的形态。请看下面两个例句：

(1)　a. I go to school everyday.
　　 b. She goes to school everyday.

例（1b）之所以采取不同于例（1a）的动词形式"goes"，就是因为例（1b）中主语为第三人称单数的现在时态。换句话说，主语"she"使得动词"go"添加了后缀"-es"。

接下来再来了解一下主题突显语言的特征。首先，主题突显语言拥有表示主题的显性标记，如韩语为"은/는"，日语为"は"。其次，主题拥有一定的句法位置，韩语和日语一般都在句首出现。相关例句如下：

(2)　a. 영희는 코가 예뻐.

　　　　英姬鼻子很漂亮。

　　　a'. ヨンヒは鼻がきれいだ.

　　　　英姬的鼻子很漂亮。

　　　b. 부산은 경치가 아름답다.

　　　　釜山的景色很美。

　　　b'. ブサンは景色が美しい.

　　　　釜山的景色很美。

　　　相较于主语突显语言，主题突显语言不使用类似"it"一样的非人称主语，其主语可以省略，也就是说允许出现无主句。相关例句如下：

(3)　a. 봄이다.

　　　　春天来了。

　　　b. 5시이다.

　　　　5点了。

　　　c. 밥 먹었니?

　　　　吃饭了吗？

　　　d. 영국에서 왔어요.

　　　　来自英国。

　　　e. 여섯을 둘로 나누면 셋이다.

　　　　6除以2等于3。

　　　不仅如此，主题突显语言中可以出现双重主语句，如"영주가 머리가 더 좋다.（英珠头脑更聪明。）""철수가 어머니가 오셨어.（哲洙妈妈来了。）""가방의 색깔이 더 예뻐.（书包颜色更漂亮。）"。可做主题语的成分不受限制，主语、宾语和状语都可成为主题语。参见下列例句：

(4)　오빠가 동생에게 선물을 주었다.

　　　哥哥把礼物送给了弟弟。

(5)　a. 오빠는 동생에게 선물을 주었다.

　　　　哥哥呢，把礼物送给了弟弟。

　　　b. 동생은 오빠가 선물을 주었다.

　　　　弟弟呢，哥哥送了礼物。

　　　c. 선물은 오빠가 동생에게 주었다.

　　　　礼物呢，哥哥送弟弟了。

如果以例（4）为基准，例（5a）中主题语为主语，例（5b）中主题语为状语，而例（5c）中主题语则变为宾语。

主题突显语言还有一个很重要的特征，就是主题语和谓语之间可以不构成语义或语法关系，这也决定了主题突显语言中可以出现下列表达：

(6) a. 나는 커피(야).
　　我点咖啡。
　 b. 사과는 대구지.
　　苹果还是大邱的好。
　 c. 물은 셀프입니다.
　　水是自助的。

而在主语突显语言中，表示人的"我"不能成为事物"咖啡"，水果"苹果"不能成为城市"大邱"，因而不能出现类似例（6）的句子。这是主语突显语言和主题突显语言的区别性特征。日语和韩语一样同属于主题突显语言，因而表达方式与韩语相似。而汉语则与英语一样，属于主语突显语言，因此汉英两种语言在相关表达方式上比较相似。

■□□　4. 情景突显语言与人物突显语言

在世界各种语言中，有些语言在表达时突出人物，而有些语言则突出情景，或者说句子表层结构中不出现人物。前者称为人物突显语言，后者称为情景突显语言。人物突显语言在叙述时将人物置于中心，采用讲述人物如何行动或思考等的表达方式，而情景突显语言在表达时以情景为中心，人物则退为背景（오미영译，2007）。例（7）有助于我们更好地理解这两种语言的特征。

(7) a. 단추가 떨어졌다.
　 b. ボタンが取れてしまった。[botangga torete shimatta]
　 c. 扣子掉了。
　 d. I've lost a button.

由例（7）可知，韩语、日语和汉语都以情景为中心进行叙述，人物并没有出现在句子表层结构中。英语则与此相反，句子的表层结构中包含了主语"I"。下面的例句充分说明了韩语、日语和汉语与英语之间的区别。

(8) a. 머리가 아프다.

b. 頭が痛いです。[atamaga itaidesu]

c.（我）头疼。

d. I have a headache.

(9) a. 뭔가 이상한 냄새가 난다.

b. 何か変な臭いがする。[nangka henna nioiga suru]

c. 有什么奇怪的气味。

d. I smell something strange.

(10) a. 작년에 눈이 많이 왔다.

b. 去年は雪がたくさん降った。[kyonenwa yukiga taksang hutta]

c. 去年下了很多雪。

d. We had a lot of snow last year.

(11) a. 비명 소리가 났다.

b. 叫び声がした。[sakebigoega sita]

c. 传来惊叫声。

d. I heard shouting.

(12) a. 파티가 아주 즐거웠다.

b. パーティーがとても楽しかった。[paːtiːga totemo tanosikatta]

c. 派对非常有趣。

d. I had a great time at the party.

(13) a.（읽어 보니）그 책은 재미있었다.

b. 読んでみたらその本はおもしろかった。[yonde mitara sono honwa omosirokatta]

c.（读了以后发现）那本书很有意思。

d. I found the book interesting.

　　从上面的例句中，我们可以看出，英语表达的中心是人物，主要叙述人物亲身经历或遇到的事实；而韩语、日语和汉语句子中可以没有人物出现，叙述时以情景为中心进行表达。尤其像类似例(13)的英语句子更是韩国人不常用的表达方式。情景突显语言和人物突显语言的特征也充分体现在下列疑问句中：

(14)　a. 무엇이 보이니?

　　　b. 何が見えるの?　[naniga mieruno]

　　　c. 能看见什么?

　　　d. What can you see?

例(14)再次说明了韩语、日语和汉语是情景突显语言，而英语是人物突显语言。韩语、日语和汉语侧重点放在询问眼前呈现出什么样的情景，而英语则侧重询问听者，即人能看见什么。由此可知相较于韩语、日语和汉语，英语更注重人物而不是情景。

■■□ 5.　听者突显语言与话者突显语言

在世界各种语言中，有些语言在表达时以听者为中心，另一些语言在表达时则以话者为中心。韩语偏向于从听者或指代对象的角度进行表达，如"어떻게 오셨습니까? （您怎么来了？）"，而英语则喜欢从话者的角度进行叙述，如"May I help you?"。来看下面几个例句：

(15)　a. 신분증 좀 보여 주시겠습니까?

　　　b. 身分証明書,ちょっと見せてもらえませんか?　[mibunsyomeisho: chotto misete moraemasengka]

　　　c. 能给我看一下身份证吗?

　　　d. May I have your ID card?

在例(15)中，韩语和日语的句子都没有主语，都是站在听者的角度进行表达。也就是说，出示身份证的主体是听者，即听话人。与此相反，汉语和英语的疑问句中出现了"我"或"I"，由此可判断这两种语言是以话者，即说话人为中心的语言。

在说话人不认识对方，而对方却说认识说话人的情况下，这一语言特点也会得到很好的体现。韩语会问"저를 아세요? （您认识我吗？）"，而英语则会问"Do I know you?"。

对否定疑问句的回答也能充分体现这一语言特征。下例分别为英语和韩语的肯定疑问句，在这种情况中，两种语言采取了相同的回答方式。

〈表3〉肯定疑问句的回答方式

提问	回答（已经吃过）	回答（还没吃）
점심 먹었어요? 吃午饭了吗? Have you had lunch?	네, 먹었어요. 是，已经吃了。 Yes, I have.	아니요, 안 먹었어요. 不，还没有吃。 No, I haven't.

在〈表3〉中，英语和韩语对肯定疑问句的回答是相同的。但在回答下面的否定疑问句时，两种语言则显现出较大的差异。

〈表4〉 否定疑问句的回答方式

提问	回答（已经吃过）	回答（还没吃）
점심 안 먹었어요?	아니요, 먹었어요.	네, 안 먹었어요.
午饭还没吃吗？	不，已经吃了。	是，还没吃。
Haven't you had lunch?	Yes, I have.	No, I haven't.

观察上述对于否定疑问句的回答可知，韩语先回答"아니요（不）"后，再补充"먹었다（吃了）"，而英语则与此相反，先回答"Yes（是）"后，再补充"I have.（吃了）"[2]。由此可以看出，韩语对于肯定疑问句和否定疑问句的回答方式各不相同，而英语中肯定疑问句和否定疑问句均采取了相同的回答方式。也就是说，不管提问的方式是肯定形式还是否定形式，英语的回答方式都是一样的，吃完饭了就用"Yes, I have."来回答，还没有吃就用"No, I haven't."来回答。而韩语则会根据对方的提问形式，做出不同的回答。由此可见，韩语和日语属于听者突显的语言，而英语和汉语则属于话者突显的语言。

■■□ 6. 存在突显语言与领属突显语言

世界上有以存在为中心进行叙述的语言，也有以领属为中心进行叙述的语言。韩语、日语和汉语都是侧重存在的语言，而英语则是侧重领属的语言。因此，英语中表示领属的动词"have"使用范围很广，而韩语、日语和汉语则经常使用表示存在的动词。其中，韩语用"있다"，日语用"ある[aru]"和"いる[iru]"，汉语则用"有"。请参考以下例句：

(16)　a. 그 테이블은 다리가 네 개 있다. / 그 테이블의 다리는 네 개다.

　　　b. そのテーブルには脚がよっつある。 / そのテーブルの脚はよっつである。[sono te-buruniwa asiga yottsu aru / sono te-burunoasiwa yottsude aru]

　　　c. 桌子有四条腿。

　　　d. The table has four legs.

2　德语和法语对否定疑问句的回答方式与英语类似，即采用"是，吃了。"和"没有，还没吃。"的方式。但在肯定回答中所用的"是"较为特殊。在这种情况下，德语用"Doch"而不用"Ja"，法语用"Si"而不用"Oui"。

(17) a. 잔돈 있니?

b. 小銭ある？[gozeni aru?]

c. 有零钱吗?

d. Do you have change?

(18) a. 자녀는 있으세요?

b. お子さんはいらっしゃいますか？[okosangwa irassyaimasuka]

c. 您有孩子吗?

d. Do you have kids?

(19) a. 철수에게는 누나가 한 명 있다.

b. チョルスにはお姉さんが一人いる。[Chulsuniwa one:sangga hitori iru]

c. 哲洙有一个姐姐。

d. Chulsu has an elder sister.

　　由此可知，韩语、日语和汉语是存在突显语言，英语则为领属突显语言。 德语和法语也属于领属突显语言，请参考以下例句:

(20) 汉语　　　　　桌子有四条腿。

　　　德语　　　　　Der Tisch hat vier Beine.

　　　法语　　　　　La table a quatre pieds.

(21) 汉语　　　　　您有孩子吗?

　　　德语　　　　　Haben Sie Kinder?

　　　法语　　　　　Est-ce que vous avez des enfants?

●●○延伸阅读

泰语是存在突显语言，还是领属突显语言？	
韩语	泰语
잔돈 있니? 有零钱吗？	มีเศษเงินไหม [miːsedŋənmai] มี（有），เศษเงิน（零钱），ไหม（疑问词缀）
철수에게는 누나가 한 명 있다. 哲洙有一个姐姐。	ช่อลซู่ มี พี่สาว 1 คน [chɔːnsu miː pisaːw niŋ kon] ช่อลซู่ 哲洙, มี 有, พี่สาว 姐姐, 1, คน 个

泰语与韩语、日语一样，也是存在突显语言。

■■○ 7. 局部表达语言与整体表达语言

　　在世界语言中，有些语言在叙述时限定于某一范围进行说明，如"您的话""您的提议"等。而另一些语言则不局限于某一部分，而是针对说话或提出建议的人本身进行叙述。韩语是针对"话"或"提议"等某一范围，而英语中则针对说话人或提出意见的人本身。请参考下面的例句：

(22)（两人因某事而争吵）
　　　a. 나는 네 말을 이해할 수 없다.
　　　b. 私はあなたの話が理解できない。[watasiwa anatano hanasiga rikaidekinai]
　　　c. 我不能理解你说的话。
　　　d. I cannot understand you.

　　下例为因通话质量差，听不清楚对方说话时使用的表达方式：

(23)　a. 죄송합니다. 말씀이 안 들립니다.
　　　b. すみません。声がよく聞こえません。[sumimasen. koega yoku kikoemasen]
　　　c. 对不起，听不清楚。
　　　d. Sorry. I can't hear you.

在韩语、日语和汉语中，因为听不到的是对方的"话"，因此限定于"话"这一范围进行表达。而英语则是以说话的"人"为对象进行描述。

试比较以下几种表达方式：

(24) a. 기분이 안 좋아요.

b. 気分が悪いです。[kibungga waruidesu]

c. 心情不好。

d. I don't feel well.

在韩语中，因为不好的对象不是"健康"，也不是"经济条件"，而是"心情"，所以表达时将范围限定在"心情"上进行表达。日语和汉语跟韩语一样，但英语则不同。英语在表达时，将心情不好的"人"这一整体作为对象进行叙述，而不只是单单叙述"心情"。

■□□ 8. 新信息与旧信息

在话者与听者的交流过程中，已传达内容和未传达内容在语言表达上有所不同。其中，听者已经知道的信息叫作旧信息（given information），而听者未知的信息叫作新信息（new information）。韩语和日语在表达旧信息时分别使用"은/는"和"は"，在表达新信息的时候则用"이/가"和"が"。通过下列例句可知，韩语的助词"은/는"和"이/가"以及日语的助词"は"和"が"分别用于不同的语境。

(25) a. 어, 저기 철수가 와요. 철수는 대학생이에요.

唉，哲洙来了。哲洙是大学生。

b. あ、あそこチョルスがきます。チョルスは大学生です。[a, asoko Chulsuga kimasu] [Chulsuwa daigakuseidesu]

(26) a. 책상에 사과가 있어요. 이 사과는 맛있어요.

桌子上有苹果，苹果很好吃。

b. 机の上にリンゴがあります。このリンゴはおいしいです。[tsukuenoueni ringgoga arimasu] [kono ringgowa oisi:desu]

不同语言在表示新旧信息时采用的方法不同。英语和法语中分别使用不定冠词（indefinite article）和定冠词（definite article）来区分。具体来说，英语中被视为新信息的名词要加不定冠词"a"或"an"，而代表旧信息的名词则要添加定冠词"the"。法语名词有性（gender）之分，表示新信息的阳性名词要加不定冠词"un"，阴性名词的单数形式加"une"，复数形式则加"des"，反之，表示旧信息的阳性名词要加定冠词"le"，阴性名词的单数形式加"la"，复数形式则加"les"[3]。

(27)　a. 사과가 있어요. 이 사과는 맛있어요.

　　　　有苹果，这苹果很好吃。

　　　b. There is an apple. The apple is delicious.

　　　c. Il y a une pomme. La pomme est délicieuse.

新信息和旧信息的区分不仅体现在名词上，也体现在动词等其他方面。例如，相当于韩语中"있다"的汉语词汇"有"和"在"的具体用法便有所不同。"有"后面添加代表新信息的名词，"在"前面则要添加代表旧信息的名词。

(28)　a. 桌子上有一个苹果。

　　　b. 苹果在桌子上。

例(28a)表示话者刚刚得知桌子上有苹果这一新事实，而例(28b)则表示话者已经知道苹果存在，借此进一步表达苹果所在的位置是桌子上面。

下表为不同语言之间新信息和旧信息表示方法的对比。

〈表5〉新信息和旧信息的表示方法

语言	新信息	旧信息
韩语	이/가	은/는
日语	が	は
汉语	有（后）	在（前）
英语	a/an	the
法语	un/une/des	le/la/les

3　西班牙语中，不定冠词和定冠词根据性和数的不同，所取的形态也各不相同。若不定冠词为单数形式，表示阳性要加"un"，表示阴性则要加"una"；若为复数形式，表示阳性要加"unos"，表示阴性则要加"unas"。若定冠词为单数形式，表示阳性时加"el"，表示阴性时加"la"；若为复数形式，表示阳性时加"los"，表示阴性时加"las"。

■□□ 9. 指示表达

在指代某个对象时，有的语言采取三分法体系，有的语言采用二分法体系。韩语、日语和泰语为三分法体系，而英语和汉语则为二分法体系。三分法体系中有两个基点，即话者和听者。例如，韩语或日语的"이것（これ）"用于指代距离话者较近的物品，"그것（それ）"用于指代距离听者较近的物品，而"저것（あれ）"则用于指代距离话者和听者都较远的物品。与此相反，英语或汉语等采取二分法的语言在指代物品时，听者不在考虑范围之内，只是根据与话者的距离来决定。例如，英语中表示离话者较近的物品时使用"this"，离话者较远的物品使用"that"。汉语也是如此，在指代时使用"这"和"那"两个代词。也就是说，英语和汉语中没有与韩语和日语的"그것（それ）"相对应的表达。

学习韩语或日语的英国人在对拿着书的人说话时，可能会误说成"아저씨가 갖고 있는 저 책을 보여 주세요.（大叔，请给我看看您手里的那本书吧。）/ おじさんが持っている、あの本を見せてください。"这是他们把英语的"that"想成韩语或日语中的"저（あの）"而产生的错误。但在韩语或日语中，指代听者手中的图书时会用"그 책（その本）"来表达。

除上述指代事物的三分法之外，韩语和日语在指代场所时也采取"여기（ここ）、거기（そこ）、저기（あそこ）"的三分法体系。即离话者较近的场所用"여기（ここ）"，离听者较近的场所用"거기（そこ）"，离话者和听者都较远的场所用"저기（あそこ）"。与韩语和日语不同的是，英语和汉语中指代事物时采用二分法，在指代场所时也同样采用二分法，即用"here（这里）"和"there（那里）"来表达。

生活在英国的韩国小学生写的韩语日记中有这样的内容："학교에서 축구를 놀았다. 친구가 찬 공이 잔디밭으로 들어갔다. 공을 찾으러 잔디밭에 들어가니까 멀리 있던 선생님이 '저기 들어가면 안 돼.' 라고 말했다.（我在学校踢足球，朋友把足球踢进了草坪里。我进草坪拿球，这时在远处的老师说"那里不能进"。）"英语母语话者采用"here"和"there"的二分法，在这段话中，这个学生就是受英语的影响而误把"거기"写成了"저기"。

三分法体系和二分法体系的语言可简单梳理如下[4]：

4　德语和法语也采用二分法。其中，英语的"this" "that"分别对应德语的"dies" "jene"和法语的"ceci" "cela"。英语的"here" "there"分别对应德语的"hier" "dort"和法语的"ici" "là"。

〈表6〉三分法体系语言：韩语、日语和泰语等

韩语	이[i]	그[geu]	저[jeo]
日语	こ[ko]	そ[so]	あ[a]
泰语	นี่[ni:]	นั่น[nan]	โน่น[no:n]

韩语	이것[igeot]	그것[geugeot]	저것[jeogeot]
日语	これ[kore]	それ[sore]	あれ[are]
泰语	อัน[an] นี่[ni:]	อัน[an] นั่น[nan]	อัน[an] โน่น[no:n]

韩语	여기[yegi]	거기[geogi]	저기[jeogi]
日语	ここ[koko]	そこ[soko]	あそこ[asoko]
泰语	ที่[thi] นี่[ni:]	ที่[thi] นั่น[nan]	ที่[thi] โน่น[no:n]

韩语	이 사람[isaram]	그 사람[geusaram]	저 사람[jeosaram]
日语	このひと[konohito]	そのひと[sonohito]	あのひと[anohito]
泰语	คน[khon] นี่[ni:]	คน[khon] นั่น[nan]	คน[khon] โน่น[no:n]

〈表7〉二分法体系语言：英语、汉语等

英语	this	that	this one	that one
汉语	这	那	这个	那个

英语	here	there	this person	that person
汉语	这里／这儿	那里／那儿	这个人	那个人

■■□ 10. 从大到小语言与从小到大语言

在世界各种语言中，有些语言是先写大单位（set），后写小单位（member）；而有些语言则是先写小单位，后写大单位。前者称为从大到小（Macro to Micro）语言，而后者称为从小到大（Micro to Macro）语言（Sohn, 2001）。

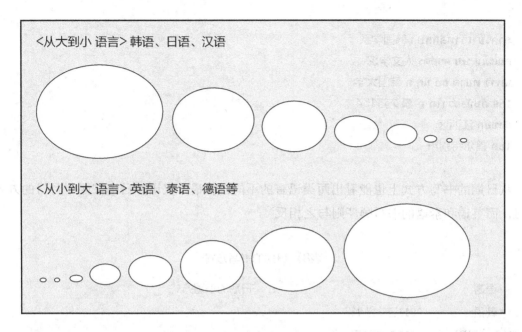

　　这些特点体现在地址、人名和日期的书写方式上。让我们来比较一下下列地址的书写方式：

> 서울특별시 강서구 금낭화로 154
> 한국대학교 인문대학 한국학과

　　汉语和日语的地址书写方式也是一样的。

> 汉语　　　　首尔特别市 江西区 金囊花路 154
> 　　　　　　韩国大学 人文学院 韩语系

> 日语　　　　ソウル特别市 江西区 金囊花路 154
> 　　　　　　韩国大学校 人文大学 韩国学科

　　与此相反，英语和泰语则是从小单位开始书写。

> Department of Korean Studies, College of Humanities
> Hankuk University, 154 Geumnanghwaro
> Gangseo-Gu, Seoul

ภาควิชาเกาหลีศึกษา 韩国学系
คณะมนุ ษย ศาสตร 人文学院
มหาวิ ทยาลั ยฮั นักุ ก 韩国大学
154 กิมนังฮวาโล 金囊花路154
กังชอก 江西区
โซล 首尔特别市

从日期的书写方式上也能看出两类语言的不同：韩语、汉语和日语按照年月日的方式书写，而英语和泰语的书写顺序则与之相反[5]。

〈表8〉 日期的书写方式

语言	日期的书写方式
韩语	2013년 3월 1일
汉语／日语	2013年3月1日
英语	1 March 2013
德语	4. Oktober 2013
法语	le 1 mars 2013
泰语	1 [niŋ] มีนาคม [miːnaːkhom] 2013 [sɔːŋpansibsam]

书写名字时也要看该语言是属于从大到小语言还是属于从小到大语言。如下例所示，从大到小语言先写大单位，也就是姓，后写小单位，即名字。

〈表9〉 名字的书写方式

语言	名字的书写方式
韩语	김철수
日语	キム チョル ス
汉语	金哲洙
英语	Chulsu Kim
泰语	ชอลซู [cʰɔːnsu] คิม [kim]

5　美式英语与英式英语不同，美式英语书写日期的顺序不是"日、月、年"，而是"月、日、年"。例如，2018年3月1日写成"March, 1, 2018"。若要按"日、月、年"顺序书写，则应在中间加"of"，写作"1st of March, 2018"。

●●○○延伸阅读

　　曾经有外媒在报道前联合国秘书长潘基文（반기문，Ban Ki Moon）时，误将他称为"Mr. Moon"。其原因就在于记者没有充分掌握韩语和英语不同的名字书写方式。

　　由上可知，韩语、日语和汉语属于从大到小语言，而英语、德语、法语和泰语则属于从小到大语言。

参考文献

강낙중(2010)『영어식 사고 영어식 표현』, 동양문고.

강덕수·김원회(2003) 불가리아어, 변광수 편『세계주요언어』, 역락.

강덕수(2003a) 러시아어, 변광수 편『세계주요언어』, 역락.

강덕수(2003b) 슬라브어 개관, 변광수 편『세계주요언어』, 역락.

강덕수(2003c) 폴란드어, 변광수 편『세계주요언어』, 역락.

강옥미(2011)『한국어 음운론』, 태학사.

강현화·신자영·이재성·임효상(2003)『대조분석론』, 역락.

고석주(2004)『한국어 학습자 말뭉치와 오류 분석』, 한국문화사.

고성환(2005a) 한국어의 문장 유형,『외국어로서의 한국어학』, 한국방송통신대학교출판부.

고성환(2005b) 한국어의 유형적 특성,『외국어로서의 한국어학』, 한국방송통신대학교출판부.

고영근(2007)『한국어의 시제 서법 동작상』, 태학사.

고영근(2010)『표준중세국어문법론』, 집문당.

구본관(2005) 한국어의 형태론과 어휘론,『외국어로서의 한국어학』, 한국방송통신대학교출판부.

구희산(2003)『영어 음성학』, 한국문화사.

국립국어원(2005a)『외국인을 위한 한국어문법 1』, 커뮤니케이션북스.

국립국어원(2005b)『외국인을 위한 한국어문법 2』, 커뮤니케이션북스.

권명식(2003a) 스와힐리어, 변광수 편『세계주요언어』, 역락.

권명식(2003b) 아프리카제어 개관, 변광수 편『세계주요언어』, 역락.

권재일(2000)『한국어 통사론』, 민음사.

권현주(2006) 특수음소의 변이음을 활용한 한국어 종성 발음 인지 교육 방안-일본어권 학습자를 중심으로,『일본어문학』제31집, 35-54.

근보강(2010) 한·중 분류사 대조와 한국어 분류사 교육 : 유형론적 의미 대조와 어휘 습득 난이도를 중심으로,『한국언어문화학』, 7-2, 국제한국언어문화학회 1-21.

김건환(1994)『대비언어학』, 청록출판사.

김규진(2003) 체코어와 슬로바키아어, 변광수 편『세계주요언어』, 역락.

김기태(2003) 베트남어, 변광수 편『세계주요언어』, 역락.

김기혁(2008a)『언어 범주와 유형: 이론과 응용』, 소통.

김기혁(2008b)『언어유형론-언어의 통일성과 다양성-』(원저: *Introduction to Typology-The Unity and Diversity of Language*, Whaley, L. J.(1997), Sage Publications), 소통.

김기혁(2009)『언어유형론 -형태론과 통사론-』(원저: *Linguistic typology: morphology and syntax*, Song, J. J.(2001), Harlow and London: Pearson Education), 보고사.

김미형(2009)『인지적 대조언어학의 방법론 연구 -한국어와 영어를 대상으로-』, 한국문화사.

김상근(2003) 중국어, 변광수 편『세계주요언어』, 역락.

김선정(1999a) 승인제약조건과 한국어 모음체계,『언어학』25, 한국언어학회, 55-75.

김선정(1999b) 영어 화자를 위한 한국어 발음 교육 방안,『한국어교육』10-2,국제한국어교육학회, 153-169.

김선정(1999c) 인접성 조건과 한국어 음운현상,『현대문법연구』18, 현대문법학회, 91-109.

김선정(1999d) 지배음운론에서 본 한국어 중화현상,『언어과학연구』16, 언어과학회,103-124.

김선정(2000a) 한국어 [으] 모음과 불어 [ə] 모음 비교 연구,『음성과학』7-1,한국음성과학회, 171-186.

김선정(2000b) 한국어 음운현상에 나타난 결합 작용과 분해 작용 –지배음운론적 접근-,『어문학』69, 한국어문학회, 43-63.

김선정(2001) A Comparative Study of Korean and French Vowel Systems,『음성과학』8-1, 한국음성과학회, 53-66.

김선정(2003) 어말 음절구조의 특성과 한국어 교육적 접근,『언어과학연구』24,언어과학회, 23-40.

김선정(2005a) 차용어에 관한 지배음운론적 접근,『언어와 언어학』35, 한국외국어대학교언어연구소, 69-85.

김선정(2005b) 한국어와 몽고어에 나타난 움라우트 비교 연구, *Comparative Korean Studies*, 13-1, 국제비교한국학회, 25-54.

김선정(2008) 한국어 자음 연쇄의 분포 특성에 관한 연구,『언어와 문화』4-1,한국언어문화교육학회, 81-96.

김선정(2011) 중국인 한국어 학습자의 중간언어 연구,『비교문화연구』22, 경희대학교 비교문화연구소, 303-328.

김선정(2011) 한국어와 영어 대조 분석,『대조분석과 학습자 오류 분석』, 제7회 한국어교육 학술대회 논문집, 연세대학교 언어연구교육원, 3-25.

김선정(2012) 자음연쇄의 발음유형과 한국어교육,『외국어로서의 한국어교육을 위한 한국어학』, 제6회 한국학 국제학술대회 논문집, 계명대학교 한국학연구원, 135-145.

김성란(2012)『한국어교육을 위한 한중언어대조연구』, 역락.

김성수·김선정(2010) 명사구 접근 가능성 계층(NPAH)의 유표성 정도와 외국인 한국어 학습자의 특성,『어문연구』63, 어문연구학회, 33-51.

김승곤(2011)『21세기 국어의 의향법 연구』, 박이정.

김영연(2003) 이란어, 변광수 편『세계주요언어』, 역락.

김영중(2003) 네덜란드어, 변광수 편『세계주요언어』, 역락.

김옥순 역(2010)『한일대조언어학』(원저:『日韓対照言語学入門』, 油谷幸利(2005), 白帝社), 제이앤씨.

김용범(2010)『영한대조와 학습자오류』, 피오디월드(주).

김재민(2003) 영어, 변광수 편『세계주요언어』, 역락.

김정관(2009)『한국어 교육을 위한 '가다'와 '오다'의 화용론적 연구』, 계명대학교 석사학위논문.

김진우(2002)『제2언어 습득 연구-현황과 전망』, 한국문화사.

김진형·김경란 역(2008)『형태론』(원저: *Morphology*, Katamba, F. & J. Stonhan(2006), Palgrave Macmillan), 한국문화사.

김한식·김나정(2007)『번역의 원리: 異문화를 어떻게 번역할 것인가』, (원저:『翻訳の原理:異文化をどう訳すが』, 平子義雄(1999), 大修館書店), 한국외국어대학교 출판부.

김현권(1999a) 언어들 간의 공통점과 차이점,『외국인을 위한 한국어교육의 방법과실제』, 한국방송통신대학교 출판부.

김현권(1999b) 언어에 대한 이해,『외국인을 위한 한국어교육의 방법과 실제』, 한국방송통신대학교 출판부.

김현철(2006)『중국어학의 이해』, 학고방.

김현철·김시연(2011)『중국어학의 이해』, 학고방.

남기심·이상억·홍재성 외(1999)『외국인을 위한 한국어교육의 방법과 실제』, 한국방송통신대학교 출판부.

리란(2007)『현대 한국어 분류사와 중국어 양사의 대조 연구』, 경북대학교 석사학위논문.

문용(1999)『한국어의 발상·영어의 발상』, 서울대학교 출판부.

민선재(2003) 스페인어, 변광수 편『세계주요언어』, 역락.

박기덕(2003) 한국어, 변광수 편『세계주요언어』, 역락.

박기용(2003) 히브리어, 변광수 편『세계주요언어』, 역락.

박덕유(1998) 국어의 상 종류와 특성에 대해서: 문법적 동사상을 중심으로,『새국어교육』55-1, 한국국어교육학회, 131-163.

박수영(2003) 헝가리어, 변광수 편『세계주요언어』, 역락.

박창원·오미영·오은진(2006)『한·영·일 음운 대비』, 한국문화사.

배주채(2003)『한국어의 발음』, 삼경문화사.

배주채(2011)『국어음운론개설』, 신구문화사.

변광수 (1987) 중간언어 형성과 음운규칙의 역할: 스웨덴어 학습의 경우,『언어』12-1, 한국언어학회, 130-149.

변광수(2003) 스웨덴어, 변광수 편『세계주요언어』, 역락.

서상규(1999) 형태론과 어휘론,『외국인을 위한 한국어교육의 방법과 실제』, 한국방송 통신대학교 출판부.

서재만(2003) 터키어, 변광수 편『세계주요언어』, 역락.

서정목(2002) 대조분석이론에 관한 연구 –음성·음운측면을 중심으로-,『언어과학연구』23, 언어과학회, 67-89.

서정목·김동우(2009)『영어와 독일어의 역사비교언어학과 대조언어학』, 한국학술정보(주).

서정수(1994)『국어문법』, 뿌리깊은나무.

서정철(2003) 프랑스어, 변광수 편『세계주요언어』, 역락.

성낙일·박의재 역(2011)『현대영어학개론(제9판)』(원저: *(An) introduction to language*. Fromkin, V., R. Rodman & N. Hyams(2003), Michael Rosenberg). 센게이지러 닝코리아(주).

송경안·이기갑 외(2008a)『언어유형론 1』, 월인.

송경안·이기갑 외(2008b)『언어유형론 2』, 월인.

송경안·이기갑 외(2008c)『언어유형론 3』, 월인.

송재목(1999a) 용언과 활용 I,『외국인을 위한 한국어교육의 방법과 실제』, 한국방송 통신대학교 출판부.

송재목(1999b) 용언과 활용 II,『외국인을 위한 한국어교육의 방법과 실제』, 한국방송 통신대학교 출판부.

송향근(2003) 핀란드어, 변광수 편『세계주요언어』, 역락.

신지영(2011)『한국어의 말소리』, 지식과 교양.

안병곤(2009)『일본어 교수 학습을 위한 한일대조문법론』, 보고사.

안병권·최태욱(2000) 동사에서 유래한 파생명사(派生名詞)에 대한 일한 대조연구,『일본어교육』, 17-1, 139-175.

안병희·이광호(1990)『중세국어문법론』, 학연사.

안상철·최인철(2006)『영한 대조분석』, 한국문화사.

안수정(2006)『수 분류사(數分類詞)의 유형적 특성 연구: 한국어와 중국어, 일본어, 베트남어의 비교를 중심으로』, 경희대학교 석사학위논문

안영호·전태현(2003) 말레이어, 변광수 편『세계주요언어』, 역락.

양경모(1990) 日本語의 단어형성법에 대하여,『언어연구』2, 서울대언어연구회, 47-59.

엄익상·이옥주·손남호·이미경 역 (2010)『중국어 말소리』(원저: *The Sounds of Chinese*, Lin, Y. H.(2007), Cambridge University Press), 역락.

연재훈(2011)『한국어 구문 유형론』, 태학사.

오대환(2011) 한국어와 일본어 대조 분석,『대조분석과 학습자 오류 분석』, 제7회 한국어교육 학술대회 논문집, 연세대학교 언어연구교육원, 62-81.

오명근(2003) 아랍어, 변광수 편『세계주요언어』, 역락.

오미영 역(2007)『대조언어학』(원저:『對照言語學』, 石錦敏雄·高田誠(1990), おうふう社), 제이앤씨.

유원수(2003) 몽골어, 변광수 편『세계주요언어』, 역락.

유재원(2003) 그리스어, 변광수 편『세계주요언어』, 역락.

윤병달(2009)『언어와 의미: 문법 현상에 대한 해석과 설명』, 동인

윤상실·권승림·오미영(2012)『신 일본어학개설』, 제이앤씨.

이강국·성초림·김준한·곽재용(2008)『스페인어문법 기초다지기』, 한국외국어대학교 출판부.

이관규(2012)『학교문법론』, 월인.

이교충(2003) 타이어, 변광수 편『세계주요언어』, 역락.

이국희(2009)『중국어 학습자를 위한 중국어학기초』, 새문사.

이기동 외 역(1999)『언어와 언어학: 인지적 탐색』(원저: *(A) Cognitive exploration of language and linguistics*, Dirven. R. & M. Verspoor(1999), John Benjamins Publishing Company), 한국문화사.

이기문·이호권(2008)『국어사』, 한국방송통신대학교 출판부.

이기용(2001) 대조언어학: 그 위상과 새로운 응용,『언어과학연구』19, 언어과학회, 69-86.

이문수(2003a) 로망스어 개관, 변광수 편『세계주요언어』, 역락.

이문수(2003b) 루마니아어, 변광수 편『세계주요언어』, 역락.

이상억(1999) 한국어의 사회언어학적 특성: 경어법,『외국인을 위한 한국어교육의 방법과 실제』, 한국방송통신대학교 출판부.

이상직(1999) 한국어의 표준발음과 음운현상,『외국인을 위한 한국어교육의 방법과 실제』, 한국방송통신대학교 출판부.

이승연(2012)『한국어교육을 위한 응용언어학 개론』, 태학사.

이익섭·이상억·채완(1997)『한국의 언어』, 신구문화사.

이익환·안승신(2001)『영어학 개론』, 한국방송통신대학교 출판부.

이인영(2003) 일본어, 변광수 편『세계주요언어』, 역락.

이정희(2003)『한국어 학습자의 오류 연구』, 박이정.

이주화(2011) 중국어권 오류 사례,『대조분석과 학습자 오류 분석』, 제7회 한국어교육 학술대회 논문집, 연세대학교 언어연구교육원, 124-143.

이진호(2005)『국어음운론 강의』, 삼경문화사.

이철수·김준기(2000)『언어와 언어학의 이해』, 한국문화사.

이한우(2002)『요설 태국어 문법론』, 한국외국어대학교 출판부.

이향란(2010)『일본어학개론』, 어문학사.

이호영(1996)『국어음성학』, 태학사.

이근효(1997)『현대중국어어법』, 중문출판사.

임근동(2003) 산스크리트어, 변광수 편『세계주요언어』, 역락.

임영철(2008)『한국어와 일본어 그리고 일본인과의 커뮤니케이션』, 태학사.

임헌찬(2008)『새로운 일본어학의 세계: 한국어와의 비교 대조를 통해서』, 제이앤씨.

장부연(2011) 일본어권 오류 사례,『대조분석과 학습자 오류 분석』, 제7회 한국어교육 학술대회 논문집, 연세대학교 언어연구교육원, 145-159.

장용규(2003) 줄루어, 변광수 편『세계주요언어』, 역락.

장태상(2003) 하우사어, 변광수 편『세계주요언어』, 역락.

전미순(2001)『일본어 모어 학습자를 위한 한국어 발음 교육 방안 연구』, 경희대학교 교육대학원 석사학위 논문.

전재호·홍사만(2005)『한·일 언어문화 대조연구』, 역락.

정윤철(2008)『테마로 배우는 현대중국언어학 개론』, 소통.

정은이 역(2005)『대조언어학』(원저: *Einführung in die Kontrastive Linguistik*, K. Rein(1983), Darmstadt), 역락.

정현혁(2012)『일본어학의 이해』, 인문사.

조경숙(2005) 6개 언어 부정에 관한 통사 유형적 비교: 영어, 프랑스어, 러시아어, 한국어, 일본어, 중국어에 관하여,『언어학』41, 237-266, 한국언어학회.

조은숙(2012)『한국어와 일본어의 인지언어학적 대조 연구』, 인문사.

조이환(2003) 포르투갈어, 변광수 편『세계주요언어』, 역락.

천호재(2009)『중간구문의 개별언어 분석 및 범언어적 분석』, 한국문화사.

최경애 역(2003)『일본어의 음성』(원저:『日本語の音聲』, 窪薗晴夫(1999), 岩波書店), 목원대학교 출판부.

최영진(2007)『외국어 학습자의 오류 다루기』(원저: *Fehler und Fehlerkorrektur*, Kleppin, K.(1998), Goethe Institut), 한국문화사.

최유경(2011) 영어권 오류 사례,『대조분석과 학습자 오류 분석』, 제7회 한국어 교육 학술대회 논문집, 연세대학교 언어연구교육원, 107- 123.

최종찬(2003a)『힌디어 음운론』, 한국외국어대학교 출판부.

최종찬(2003b) 힌디어, 변광수 편『세계주요언어』, 역락.

최창성(2002) 태국어 관용어의 의미에 대한 연구,『한국태국학회논총』9, 한국태국학회, 1-34.

최한우(2003) 우랄· 알타이어 개관, 변광수 편『세계주요언어』, 역락.

편무진(2011)『일본어학 요론』, 인문사.

한국일본어학회(2005)『일본어학 중요용어 743』, 제이앤씨.

한국일본어학회(2012)『일본어학 연구의 최전선』, 책사랑.

허용(1999) 한국어 학습에 나타나는 오류 분석,『외국인을 위한 한국어교육의 방법과 실제』, 한국방송통신대학교 출판부.

허용(2001) 부사격 조사에 대한 한국어 교육학적 접근,『이중언어학』19, 이중언어학회, 365-390.

허용(2002) 한국어 교수 학습에 나타나는 오류에 대한 언어학적 연구,『언어와 언어학』30, 한국외국어대학교 언어연구소, 157-175.

허용(2003) 한국어교육을 위한 중간 언어 음운론 기초연구 : 지배음운론적 관점에 입각한 한국어 모음현상 분석,『언어과학연구』25, 언어과학회, 277-298.

허용(2004a) 중간언어 음운론에서의 간섭현상에 대한 대조언어학적 고찰,『한국어교육』15-1, 국제한국어교육학회, 233-257.

허용(2004b) 중간언어 음운론을 위한 모음 연구,『이중언어학』25, 이중언어학회, 309-330.

허용(2004c) 한국어 자음동화에 대한 지배음운론적 접근,『언어와 언어학』34, 한국 외국어대학교 언어연구소, 199-213.

허용(2005a) 한국어교육을 위한 음운론,『외국어로서의 한국어학』, 한국방송통신대학교 출판부.

허용(2005b) 대조언어학을 위한 기초 연구,『한국어문학연구』22, 한국어문학연구회, 33-58.

허용(2006) 모음 교체 현상의 보편성 연구: 영어, 아랍어, 한국어를 중심으로,『이중언어학』30, 이중언어학회, 413-435.

허용(2007) 음절구조제약의 조정현상에 대한 음운론적 유형 연구,『이중언어학』33, 이중언어학회, 297-315.

허용(2008a) 빈 음절핵의 음운 행위 유형 연구: 프랑스어, 타이어, 힌디어를 중심으로,『언어와 언어학』41, 한국외국어대학교 언어연구소, 303-328.

허용(2008b) 중간언어 음운론을 위한 자음 연구,『한국어교육』19-1, 국제한국어 교육학회, 1-18.

허용(2008c) 한국어교육에서의 대조언어학과 보편문법의 필요성 연구,『이중언어학』36, 이중언어학회, 1-24.

허용(2009a) 산스크리트어 모음 체계와 모음 산디 규칙에 대한 지배음운론적 해석,『이중언어학』39, 이중언어학회, 397-424.

허용(2009b) 산스크리트어 자음 산디에 대한 지배음운론적 해석,『언어와 언어학』44, 한국외국어대학교 언어연구소, 261-286.

허용(2010a) 외국어로서의 한국어교육에 대한 언어학적 접근,『언어와 문화』6-1, 한국언어 문화교육학회, 285-307.

허용(2010b) 음성적 유표성 위계와 보편적 모음과의 상관관계 연구,『이중언어학』42, 이중언어학회, 307-330.

허용(2010c). 자음 체계 대조 연구: 한국어, 영어, 일본어, 중국어를 대상으로,『언어과학 연구』55, 언어과학회, 305-332.

허용(2010d) 자음의 보편성과 음성적 유표성의 상관관계 연구: 장애음을 중심으로,『언어와 문화』6-3, 한국언어문화교육학회, 333-351.

허용(2011a) 모음체계 연구: 한국어, 영어, 일본어, 중국어를 대상으로,『비교문화연구』25, 경희대학교 비교문화연구소, 723-741.

허용(2011b) 연음화를 통해서 본 언어보편적 음절구조 연구: 한국어와 일본어를 대상으로,『언어연구』27-3, 한국현대언어학회, 525-545.

허용(2011c) 한국어 자음 체계의 유형적 보편성 연구,『이중언어학』45, 이중언어학회, 331-351.

허용(2012a) 외국인 학습자의 한국어 발음 오류에 대한 음운론적 분석: 음운현상을 중심으로,『한국학논집』46, 201-231, 계명대학교 한국학연구원.

허용(2012b) 아시아 언어의 지리적·계통적 연구,『언어와 문화』8-2, 한국언어문화 교육학회, 259-288.

허용(2012c) 베트남어와 크메르어의 자음체계 연구,『언어와 언어학』57, 한국외국어 대학교 언어연구소, 223-248.

허용(2012d) 동남아시아 언어의 자음체계 대조 연구: 말레이어, 타이어, 버마어를 중심으로,『언어과학연구』63, 언어과학회, 343-368.

허용·김선정(2005)『음운론 이해』(원저: *Understanding Phonology*, Gussenhoven, C. & H. Jacobs(1998), Arnold Publishers), 동인.

허용·김선정(2006)『외국어로서의 한국어발음교육론』, 박이정.

허용 외(2005)『외국어로서의 한국어교육학 개론』, 박이정.

허인(2003) 이탈리아어, 변광수 편『세계주요언어』, 역락.

홍사만(2002)『한일어 대조분석』, 도서출판 역락.

홍사만(2003) 한·일어 대조 연구의 어제와 오늘,『이중언어학』, 이중언어학회, 49-89.

홍사만 외(2009)『한국어와 외국어 대조분석론』, 역락.

홍승우(2003) 게르만어 개관, 변광수 편『세계주요언어』, 역락.

홍재성 외(1996)『불어학개론』, 한국방송통신대학교 출판부.

홍재성(1999a) 한국어 문장과 그 구조,『외국인을 위한 한국어교육의 방법과 실제』, 한국방송통신대학교 출판부.

홍재성(1999b) 한국어의 구조·유형론적 특성,『외국인을 위한 한국어교육의 방법과 실제』, 한국방송통신대학교 출판부.

홍재성 외(1996)『불어학개론』, 한국방송통신대학교 출판부.

홍종선 외(2009)『국어의 시제, 상, 서법』, 박문사.

황종인(2003) 독일어, 변광수 편『세계주요언어』, 역락.

国立国語研究所(1964)『現代雑誌九十種の用語用字』.

金龍(2008)『日本語と韓國語における語順の対照研究』, 역락.

金田一 京助他[編](2002)『新選国語辞典』第8版, 小学館.

房玉清(1992)『使用汉语语法』, 北京语言学院出版社.

服部四郎(1951)『音声学』, 岩波書店.

山田明穂·秋本守英(2001)『日本語文法大辞典』, 明治書院.

小泉 保(1993)『日本語教師のための言語学入門』, 大修館書店.

日本語教育学会 編(1982)『日本語教育事典』, 大修館書店.

Asher, R. E.(1994) *The Encyclopedia of Language and Linguistics*, Pergamon Press.

Atkinson, D.(1987) The mother tongue in the classroom: a neglected resource?, *ELT Journal* 41-4, 241-247.

Baucom, K. L.(1974) Proto-Central Khoisan. Third Annual Conference on African Linguistics (ed. E. Voeltz) *Indiana University Publications African Series 7*, Indiana University, Blomingtom: 3-38.

Benson, C.(2002) Transfer/Cross-linguistic influence, *ELT Journal* 56-1, Oxford University Press, 68-70.

Bock, J. K.(1982) Toward a cognitive psychology of syntax: Information processing contributions to sentence formulation, *Psychological Review* 89, 1-47.

Brown, H. D.(1994) *Principles of Language Learning and Teaching*(3rd ed.), Englewood Cliffs: Prentice-Hall.

Brown, H. D.(2007) *Teaching by Principles: An Interactive Approach to Language Pedagogy,* White Plain NY: Addison Wesley Longman.

Comrie, B.(1976) *Aspect,* Cambridge University Press.

Comrie, B.(1990) *The World Major Languages*, Oxford University Press.

Corder, S. P.(1967) The Significance of Learners' Errors, *International Review of Applied Linguistics* 5, 161-169.

Corder, S. P.(1971) Idiosyncratic dialects and error analysis, *International Review of Applied Linguistics* 9-2, 147-160.

Crothers, J.(1978) Typology and Universals of Vowel System, in Greenberg, J. H., C A. Ferguson & E. Moravcsik(eds.), *Universals of human language 2: Phonology*. Stanford University Press.

Crystal, D.(2008) *A dictionary of linguistics and phonetics*, Blackwell.

Crystal, D.(2010) *The Cambridge Encyclopedia of Language*, Cambridge University Press.

Disner, F.(1980) Insights on vowel spacing: Results of a language survey, *UCLA Working Paper in Phonetics* 50, 70-92.

Dryer, M. S. & M. Haspelmath(eds.)(2011) *The World Atlas of Language Structures Online*. Munich: Max Planck Digital Library. Available online at http://wals.info/ Accessed on 2012-11-5.

Duanmu, S.(2007) *The Phonology of Standard Chinese* (2nd edition), Oxford University Press.

Ellis, R.(1985) *Understanding Second Language Acquisition*, Oxford: Oxford University Press.

Ellis, R.(1994) *The Study of Second Language Acquisition*, Oxford: Oxford University Press.

Fromkin, V. R. Rodman & N. Hyams(2011) *An Introduction to Language* (9th edition), Wadsworth, Cengage Learning.

Gass, S. M. & L. Selinker(1994) *Second Language Acquisition-An Introductory Course.* (『제2언어 습득론』, 박의재·이정원 역(1999), 한신문화사.)

Gimson, A. C.(1970) *An Introduction to the Pronunciation of English*, Edward Arnold.

Givón, T.(1979) *On Understanding Grammar*. New York: Academic Press.

Goddard, C.(2005) *The Languages of East and Southeast Asia*, Oxford University Press.

Greenberg, J. H.(1966) *Universals of Language: Report*, MIT Press.

Greenberg, J. H., C. A. Ferguson & E. A. Moravcsik(eds.)(1978) *Universals of human language*, Stanford University Press.

Gussenhoven, C. & H. Jacobs(2005) *Understanding Phonology*(2nd edition), Trans-Atlantic Publications.

Harris, J. & J. Kaye(1990) A Tale of Two Cities: London Glottaling and New York City Tapping, *The Linguistic Review* 7-2, 251-274.

Harris, J.(1990) Segmental Complexity and Phonological Government, *Phonology* 7-2, 255-300.

Haspelmath, M., M. S Dryer, D. Gil & B. Comrie(2005) *The World Atlas of Language Structures*, Oxford University Press.

Helliwell, M.(1989) *Can I become a beefsteak?* Trügerische Wörter zum Nachschlagen und Üben, Deutsch-Englisch, Berlín.

Heo, Y.(1995) *Empty Categories and Korean Phonology,* Ph.D. Dissertation, SOAS, University of London.

Heo, Y.(2003) Unlicensed domain-final empty nuclei in Korean, in S. Ploch(ed.) *Living on the Edge (Studies in Generative Grammar)*, 481-496.

Hofmann, T. R.(1993) *Realms of Meaning.* Longman.

James, C.(1980) *Contrastive Analysis.* Harlow: Longman Group Limited.

Koessler, M. & J. Derocquigny(1928) *Les faux amis: ou, Les trahisons du vocabulaire anglais* (conseils aux traducteurs), Vuibert.

Kim, S. J.(1996a) *The Representations of Korean Phonological Expressions and Their Consequences,* Ph.D. Dissertation, SOAS, University of London.

Kim, S. J.(1996b) Umlaut in Korean, *SOAS Working Papers in Linguistics and Phonetics* 6, 20-40.

Kim, S. J.(2003) Unreleasing: the case of neutralisation of Korean, in S. Ploch(ed.) *Living on the Edge (Studies in Generative Grammar)*, 497-510.

Krashen, S. D.(1982) *Principles and Practice in Second Language Acquisition,* Pergamon Press.

Labrune, L.(2012) *The Phonology of Japanese*, Oxford University Press.

Lacy, P.(2006) *Markedness: reduction and preservation in phonology*, Cambridge University Press.

Ladefoged, P.(2001) *Vowels and Consonants*, Blackwell.

Ladefoged, P. & I. Maddieson(1990) Vowels of the World's Languages, *Journal of Phonetics 73,* UCLA.

Ladefoged, P. & I. Maddieson(1996) *The Sounds of World's Languages,* Blackwell.

Lado, R.(1957) *Linguistics across Cultures: Applied Linguistics for Language Teachers,* Ann Arbor: University of Michigan Press.

Lass, R.(1984) *Phonology: An introduction to basic concepts*, Cambridge University Press.

Le Tuan Son(2009) 『한국어와 베트남어 한자어의 대조 연구』, 영남대학교 박사학위논문.

Liljencrants, J. & B. Lindblom(1972) Numerical Simulation of Vowel Quality Systems: the Role of Perceptual Contrast, *Language* 48, 839-62.

Lin. Y. H.(2007) *The Sound Chinese*, Cambridge University Press.

Lindblom, B.(1986) Phonetic Universals in Vowel Systems, In Ohala, J. J. & J. J. Jaeger, *Experimental Phonology,* Academic Press, 13-44.

Lindblom, B. & I. Maddieson(1988) Phonetic Universals in Consonant Systems, in Hyman, L. 1988. *Language, Speech, and Mind: Studies in Honour of Victoria A. Fromkin*, Routledge Kegan & Paul, 62-78.

Locke, J. L.(1983) *Phonological acquisition* and change, Academic Press.

Maddieson, I.(1977) Tone loans: a question concerning tone spacing and a method of answering it, *UCLA Working Papers in Phonetics* 36, 49-83.

Maddieson, I.(1980) Phonological Generalizations from the UCLA Phonological Segment Inventory Database *UCLA Working Papers in Phonetics* 50, 57-68.

Maddieson, I.(1984) *Patterns of Sounds*, Cambridge University Press.

Maddieson, I.(1986) The Size and Structure of Phonological Inventories: Analysis of UPSID. In Ohala, J. J. & J. J. Jaeger(eds.) *Experimental Phonology*, Academic Press, INC 105-124.

Maddieson, I.(2007) Issues of Phonological Complexity: Statistical Analysis of the Relationship between Syllable Structures, Segment Inventories, and Tone Contrasts In Solé, M. J., Beddor, P. S. & M. Ohala(eds.), *Experimental Approaches to Phonology*, Oxford University Press, 93-103.

Maddieson, I.(2011) Typology of Phonological Systems, In J. J. Song(ed.), *The Oxford Handbook of Linguistic Typology*, Oxford University Press, 534-550.

Miestamo, M.(2005) *Standard Negation: The Negation of Declarative Verbal Main Clauses in a Typological Perspective*, Mouton de Gruyter.

Ohala, J. J.(1980) Chairman's introduction to symposium on phonetic universals in *phonological systems and their explanation, in Proceedings of the 9th International Congress of Phonetic Sciences,* Institute of Phonetics, University of Copenhagen.

Ohala, J. J.(1983) The Origin of Sound Patterns in Vocal Tract Constraints, in P. F. MacNeilage(ed.). *The Production of Speech*, Springer Verlag, 189-216.

Ohala, J. J.(2008) Phonological acquisition in a first language, in Edwards, J. G. Hansen & M. L. Zampini(eds.), *Phonology and Second Language Acquisition,* John Benjamins Publishing Company, 19-40.

Payne, J. R.(1985) "Negation" in T. Shopen(ed.), *Language Typology and Syntactic Description*, Cambridge University Press.

Prator, C.(1967) *Hierarchy of Difficulty, Unpublished classroom lecture,* University of California, Los Angeles.

Pukui, M. K. & S. H. Elbert(1965) *Hawaiian-English Dictionary*. (3rd ed) University of Hawaii Press, Honolulu.

Richards, J.(1974) A Non-Contrastive Approach to Error Analysis, In J. C. Richards(ed.), *Error analysis: Perspectives on Second Language Acquisition,* 172-188.

Ruhlen, M.(1975) *A guide to the languages of the world*, Stanford.

Schane, S.(1973) *Generative Phonology,* Prentice-Hall.

Schwartz, J. L., L. J. Boë, N. Vallée & C. Abry(1997) Major trends in vowel system inventories, *Journal of Phonetics* 25, 233-253.

Selinker, L.(1972) Interlanguage, *International Review of Applied Linguistics* 10(3), 209-231.

Selinker, L.(1974) Interlanguage. in J. C. Richards (ed.), *Error Analysis: perspectives on second language acquisition,* 31-54.

Selinker, L.(1992) *Rediscovering Interlanguage,* London: Longman.

Selinker, L., M. Swain & G. Dumas(1975) The interlanguage hypothesis extended to children, *Language Learning* 25-1, 139-152.

Smith, C. S.(1991) *The Parameter of Aspect.* Dordrecht: Kluwer Academic Publishers.

Sohn, H. M.(2001) *The Korean Language, Cambridge Language Surveys,* Cambridge University Press.

Song, J. J.(2011) *The Oxford Handbook of Linguistic Typology*, Oxford University Press.

Stockwell, R. P., J. D. Bowen & J. W. Martin(1965) *The Grammatical Structures of English and Spanish,* Chicago: University of Chicago Press.

Taylor, B. P.(1975) The use of overgeneralization and transfer learning strategies by elementary and intermediate students of ESL. *Language Learning* 25, 73-107.

Terbeek, D.(1977) Some constraints on the principle of maximum perceptual contrast between vowels, *Proceedings of the 13th Regional Meeting of the Chicago Linguistic Society,* 640-650.

Traill, A.(1978) Research on the Non-Bantu African Language, *Language and Communication Studies in South Africa* (ed. L. W. Lanham & K. P. Prinsloo) Oxford University Press, Cape Town.

Vance, T.(2008) *The Sounds of Japanese,* Cambridge University Press.

Vendler, Z.(1967) *Verbs and Times, Linguistics in Philosophy,* Ithaca, Cornell University Press.

Whaley, L. J.(1997) *Introduction to typology*: *The unity and diversity of language*. Sage Publication: Thousand Oaks.

Williamson, K.(1989) Niger-Congo overview, in J. B. Samuel & R, L. Hartell (eds.) *The Niger-Congo Languages: a classification and description of Africa's largest language family,* 3-45.

Yip, M.(2002) Tone, Cambridge University Press.

Zee, E. & W. S. Lee(2007) Vowel typology in Chinese, Paper presented at *the 16th on International Conference of Phonetic Science*, Saarbrucken, German.

<Website>

The World Atlas of Language Structures Online, http://wals.info/

Wikipedia, http://www.wikipedia.org/

Ethnologue: Languages of the world, http://www.ethnologue.com/home.asp

重要词汇表

（注："章数"指该词汇首次出现或主要论述的章节数）

原文重要词汇	英语（原文附加）	汉语	章数
!Xũ		!Xũ语	3
/ㄹ/ 제약		[ㄹ]限制	5
[ŋ] 제약		[ŋ]限制	5
<표준발음법>		《标准发音法》	5
1 인칭 복수		第一人称复数	11
1.5음절	sesquisyllable	一个半音节	2
10진법		十进制	12
12진법		十二进制	12
1성		一声	5
1음절		单音节	5
1인칭		第一人称	7
1차 파생		一次派生	8
1차원		一维	7
20 진법		二十进制	12
2성		二声	5
2음절		双音节	5
2인칭		第二人称	7
2진법		二进制	12
2차 파생		二次派生	8
2차원		二维	7
3모음(a, i, u) 체계 언어		三元音（a,i,u）语言	3
3성		三声	5
3시간 이내 과거		3小时以内的过去	10
3시간 이내 미래		3小时以内的将来	10
3음절		三音节	5
3인칭		第三人称	7
4성		四声	5
50음도		五十音图	6
5음절		五音节	5
60진법		六十进制	12
6개 주요 어족		六大语系	2
Amerindian		美洲印第安语	4
Catalan어		加泰罗尼亚语	2
Chukchee		楚科奇语	8
elope		逃婚	12

객관적		客观的	10
거의 고정된 어순	**rigid order**	语序几乎完全固定	9
거친 명령		直接的命令	11
게르만 어군	**Germanic Languages**	日耳曼语族	2
게르만어	**Germanic Languages**	日耳曼语	10
격	**case**	格	7
격음		送气音	4
격표지	**case marker**	格标识	2
결과상		结果体	10
결합강도		结合强度	8
결합형		结合形式	11
겸양적 표현		谦辞	2
겸양칭		谦称	7
겹받침		双收音	5
경구개 접근음		硬腭近音	4
경구개 치조음		腭龈音	4
경구개 파찰 평음		硬腭塞擦松音	4
경구개음		硬腭音	4
경음		紧音（辅音）	4
경험상		经历体	10
계사	**copula**	系词	7
계열	**series**	系列	4
계통적 관점		谱系学视角	2
고	**high**	高	5
고대 이집트 어군	**Egyptian Languages**	古埃及语族	2
고립어	**isolating language**	孤立语	8
고립적		孤立性	8
고모음		高元音	3
고저		高低	5
고저 악센트	**pitch accent**	音高重音	5
고정된 강세	**fixed stress**	固定重音	5
고정된 것		固定的	10
고정어순		固定语序	9
곡용	**declension**	体词性变形	8
곡용어		体词性变形	8
곱하다		乘	12
공명도	**sonority**	响度	3
공명음		响音	4
공시적	**synchronic**	共时	1
공식어	**official language**	官方语言	2
공통점	**similarities**	相同点	1

다리어		达利语	2
다스	dozen	一打	12
다중분할 체계		多重划分系统	10
단계적		阶段性	10
단모음	monophthong	单元音	3
단모음		短元音	5
단문		单句	11
단수		单数	13
단순구조		简单结构	8
단순형 성조 언어	simple tone system	简单型声调语言	5
단순형 음절구조	simple syllable structure	简单音节结构	5
단어 경계	word edge	词边界	5
단어형성법	word formation	构词法	1
단위		单位	1
단위명사		单位名词	7
단음절어		单音节词	2
단일어	simple word	单纯词	8
단일형태소어		单语素词	8
단정		断定	7
단형 부정		短形否定	11
단호한 명령		强烈的命令	11
닫힌 부류	closed class	封闭性词类	7
닫힌 의문문	closed interrogative	封闭式疑问句	11
닫힌음절	closed syllable	闭音节	5
닫힌음절 언어		闭音节语言	5
달성	Accomplishments	结束	10
담화		话语	13
대격		宾格	7
대등 합성어		联合式合成词	8
대립쌍		对立对	4
대립어 범례	paradigm of opposites	对立式形态变化	8
대명사	pronoun	代词	7
대사		代词	7
대용사		代用词	7
대용어	pro-form	替代形式	7
대조 분석	Contrastive Analysis, CA	对比分析	1
대조언어학	contrastive linguistics	对比语言学	1
대화자		对话者	2
더하다		加	12
連体形		连体形	7
連用形		连用形	7

벵골어		孟加拉语	2
변별적 자질		区别性特征	6
변이성조	**allotone**	音位变体	2
변이음	**allophone**	音位变体	4
변형생성문법	**transformational generative grammar**	转换生成语法	1
변화성	**permeability**	渗透性	1
변화의 가능성이 있는 것		可变的	10
별개		单独	8
終止形		终止形	7
보상	**compensation**	补偿	3
보스니아어		波斯尼亚语	2
보조동사		助动词	10
보조용언		补助谓词	10
보조용언 구성		补助谓词结构	10
보편 문법	**language universals**	语言共性	1
보편성	**principles**	普遍性	1
보편성	**universals**	共性	3
보편적인 특성	**universality**	共性	1
복문		复句	11
복수		复数	7
복수형태소어		多语素词	8
복잡 구성 원리	**heavy construction principle**	结构重度原理	9
복잡형 성조 언어	**complex tone system**	复杂型声调语言	5
복잡형 음절구조	**complex syllable structure**	复杂音节结构	5
복합구조		复合结构	8
복합어		合成词	6
본동사		主动词（相对于补助动词）	9
부가의문문		附加疑问句	11
부가적 정보		附加信息	8
부동사	**converb**	副动词	2
부드러운 명령		缓和的命令	11
부분 기술 언어		局部表达语言	13
부사	**adverb**	副词	7
부사 부정	**negation of adverbials**	副词否定	11
부사어		状语	9
부사형 어미		状语形词尾	8
부수적		附属的	10
부정		否定	7
부정 동사	**negative verb**	否定动词	11
부정 명령문		否定命令句	11
부정 접사	**negative affix**	否定词缀	11

비통사적 합성어	asyntactic compound	非句法性合成词	8
비활성접사	dead affix	僵化词缀	8
사건		事件	10
사동		使动	8
사역		使役	7
사하라 사막		撒哈拉沙漠	2
산스크리트어		梵语	2
삼분법 체계		三分系统	10
삼중모음	triphthong	三合元音	3
삽입사		插缀	8
상	aspect	体	7
상승조		升调	11
상 중심 언어		体突显语言	10
상대경어법		相对敬语法	7
상대시제	relative tense	相对时	10
상성사		象声词	7
상위 범주		上位范畴	10
상위어		上位词	12
상태	States	状态	10
상태동사	state verb	状态动词	7
상한선	upper limit	上限，最大值	3
상향이중모음	rising diphthong	上升二合元音	3
상호 간의 정보 교환인지		双向信息交换	11
상호배타적		相互排斥的	8
상호이해성	mutual intelligibility	相互可知性	1
상황	situation	情状，状态	10
상황 중심 언어		情景突显语言	13
상황(사건) 내부의 시간적 구성	internal temporal constituency of a situation	情状（事件）的内部时间构成	10
상황시	point of event	事件时间	10
상황유형	situation type	情状类型	10
상황의 흐름	flow of time	情状的发展	10
생득적	innate	与生俱来的	6
생산적		能产性	8
서법	mood	句式	7
서법조동사		句式助动词	10
서법표지	mood marker	句式标记	7
서술격조사		叙述格助词	7
선어말어미		非词末词尾	8
선택의문문	alternative interrogative	选择疑问句	11
선행 자음		前辅音	5

어휘적 의미		词汇意义	8
어휘적 접사		词汇性词缀	8
어휘형태소	lexical morpheme	词汇语素	8
억양	intonation	语调	5
언어간 간섭	interlingual interference	语际干扰	1
언어내 간섭	intralingual interference	语内干扰	1
언어 내적		语言内部的	10
언어 외적		语言外部的	10
언어유형론	linguistic typology	语言类型学	1
언어 전이	language transfer	语言迁移	1
언어보편성		语言共性	8
에티오피아		埃塞俄比亚	2
여격		与格	7
여성		阴性	7
여성 명사		阴性名词	13
역		反向	9
역동성	dynamic	动态性	1
연결사		连接词	7
연결소		连接成分	8
연구개 마찰음		软腭擦音	4
연구개 비음		软腭鼻音	4
연구개음		软腭音	4
연사		连词	7
연쇄동사	serial verb	连动	2
연음	liaison	连音	6
연체사		连体词	7
연탁		连浊	8
열린 부류	open class	开放性词类	7
열린 의문문	open interrogative	开放式疑问句	11
열린음절	open syllable	开音节	5
영분법 체계		零分系统	10
영어		英语	2
에벤키어		鄂温克语	2
예-아니오 의문문	yes-no question	是非疑问句	11
예정		预计	10
예정상		展望体	10
예측	prediction	预测	1
오늘 중 과거		今天以内的过去	10
오늘 중 미래		今天以内的将来	10
오류		偏误，错误	13
오류 분석	Error Analysis：EA	偏误分析	1

의문문		疑问句	11
의문문 표지		疑问句标记	11
의문사		疑问词	11
의문사 의문문	wh-question	WH-疑问句	11
의문첨사	Question Particle	疑问助词	11
의문형 동사 형태	interrogative verb form	动词的疑问形式	11
의문형 종결어미		疑问形终结词尾	11
의미를 가진 최소 단위	minimal units of meaning	最小的语义单位	8
의미범주		语义范畴	10
의미변화		语义变化	8
의미장	semantic field	语义场	1
의미적 특성		语义特征	7
의사소통		沟通	2
의사소통 전략		交际策略	1
의성어		拟声词	7
의존어	dependant	附属成分	9
의존형태소	bound morpheme	黏着语素	8
의지		意志	10
의태어		拟态词	7
이 미 지난 것으로 확정된 것		确定为已过去的	10
이동	displacement	转移	11
이론언어학	theoretical linguistics	理论语言学	1
이모저모		概览	2
이보어	Igbo	伊博语	2
이분법 체계		二分系统	10
이영보래		以影补来	6
이완모음		松元音	3
이접구조		选言结构	11
이접구조의문문		选言结构疑问句	11
이중모음	diphthong	双元音，二合元音	3
이중부정	Double Negation	双重否定	9
이탈리아 어군	Italic Languages	意大利语族	2
이탈리아어		意大利语	2
인간 언어		人类语言	11
인간 중심 언어		人物突显语言	13
인도·이란 어군	Indo-Iranian Languages	印度-伊朗语族	2
인도네시아어		印度尼西亚语度	2
인두음		咽音	4
인위적		人为的	10
인지		认知	9
일관성		一致性	1

일반 동사		普通动词	13
일반언어학		普通语言学	8
일방적 통보		单向告知	11
일방적인 사고		片面	10
일방향적	unidirectional	单向的	9
일분법 체계		一分系统	10
일정 기간	duration	时间段	10
일치 체계		一致体系	8
일치 현상	agreement	一致现象	7
입성		入声	6
입술 모양		唇形	3
잉글랜드		英格兰	12
자동사		自动词	9
자립성		独立性	8
자립형태소	free morpheme	自由语素	8
자발		自发	7
자연적		自然的	10
자유 강세 악센트 언어		自由加重重读语言	5
자유어순	free order	自由语序	9
자음 약화 현상	consonant lenition	辅音弱化现象	6
자음 제약		终声规则	6
자음교체		辅音交替	2
자음군	consonant cluster	辅音丛	5
자음군 제약		辅音丛限制	5
자음동화	consonant assimilation	辅音同化	6
자음성		辅音性	5
자음연쇄	consonant cluster	辅音连缀	6
작은 단위	member	小单位	13
잠재적인 것		潜在的	10
장·단 모음		长短元音	2
장단		音长	5
장모음		长元音	5
장애음		阻音	4
장형부정		长形否定	11
재		剂	12
재귀대명사		反身代词	7
재해석	reinterpretation	再解释	1
저	low	低型	3
저	low	低	5
저모음		低元音	3
저지	blocking	阻遏	1

한국어	영어	中文	章
전 그리스어		古希腊语	2
전망 시제	prospective	预期时	10
전설		前舌	2
전설모음		前元音	3
전음		转音	8
전이	transfer	迁移	1
전체 기술 언어		整体表达语言	13
전치사		前置词	2
전치사		介词	8
전형적 표준 부정소		典型标准否定素	11
절		分句	11
절대경어법		绝对敬语法	7
절대시제	absolute tense	绝对时	10
절의 종류	clause type	从句类型	11
점진적		逐渐地	10
접근음		近音	4
접두사	prefix	前缀	8
접미사	suffix	后缀	8
접사	affix	词缀	8
접사화		词缀化	8
접속사	conjunction	连词	2
접요사	infix	中缀	8
접환사	circumfix	环缀	8
정관사	definite article	定冠词	13
정도어	degree words	程度词	9
정반의문문		正反疑问句	11
정보 문장	informative sentence	信息句类	11
정중한 표현		正式的表达	11
정중함		庄重	11
제1강세		主重音	8
제2언어		第二语言	6
제2언어 의사소통 전략	strategies of second language learning communication	第二语言交际策略	1
제2언어 학습 전략	strategies of second language learning	第二语言习得策略	1
제2외국어		第二外语	6
조동사	auxiliary verb	助动词	7
조동사 구성	auxiliary construction	助动词结构	10
조사		助词	7
조음 방법		发音方式，调音方式	4
조음 방법 동화	manner assimilation	发音方法同化	6
조음 위치		发音部位，调音部位	4

조음 위치 동화	place assimilation	发音部位同化	6
존경		尊敬	7
존재 중심 언어		存在突显语言	13
존재사	existential marker	存在词	7
존칭		尊称	7
종결상		终结体	10
종결성	telic	终结性	10
종말 무게 원리	end weight	尾重原则	9
종성		终声	5
종속 접속어	subordinator	从属连词	9
종속 합성어		偏正式合成词	8
종조사		终助词	11
종카어	Dzongkha	宗喀语	2
주격		主格	7
주관적		主观的	10
주관적 의도		主观意图	11
주변적 부정소		边缘性否定素	11
주술 술어문		主谓谓语句	11
주어	Ju/Zhu	Ju/Zhu语	3
주어		主语	9
주어 우선성	subject-before-object	主语优先	9
주어 중심 언어	subject prominent language	主语突显语言	13
주어·운용소 도치	subject-operator inversion	主语-功能词倒装	11
주어·조동사 도치	subject-auxiliary inversion	主语-助动词倒装	11
주절		主句	10
주제		主题	9
주제 중심 언어	topic prominent language	主题突显语言	13
주체높임		主体尊敬	7
줄루어	Zulu	祖鲁语	2
중	average	中型	3
중간		过程	10
중간언어	Interlanguage	中介语	1
중간언어 가설	Interlanguage Hypothesis	中介语假说	1
중간형 음절구조	moderately complex syllable structure	中等音节结构	5
중고	moderately high	中高型	3
중국 어군	Sinitic Languages/ Chinese Languages	汉语语族	2
중국·티베트어족		汉藏语系	10
중국어		汉语	2
중대형		中大型	4
중동		中东	2
중립적		中立性的	11

청유	hortative	共动	11
청유문		共动句	11
청자 중심 언어		听者突显语言	13
청자 중심 원칙	addressee-oriented principle	听者突显原则	9
체계성	systematicity	系统性	1
체코어		捷克语	2
초분절음소	suprasegmental phoneme	超音段音位	4
초성		初声	4
초성 제약		初声限制	5
초점		焦点	13
축음		促音	5
총칭		类指	11
총칭 명사 기반 부정 대명사	generic-noun-based indefinites	以类指名词为基础的不定代词	11
최대초성원리	Maximum Onset Principle	最大韵首原则，最大节首原则	6
최빈치		众数	4
최소성		最小性	8
최소자립형식	minimal free form	最小自由形式	8
최소형		最简形式	2
추정		推量	7
추측		推测	10
축		捆	12
축약형 부정소		缩略型否定素	11
출현빈도		出现频率	10
치간음		齿间音	4
치음		齿音	4
치음/치조음		齿音/齿龈音	4
치조음		齿龈音，龈音	4
침입적	intrusive	介入性	1
캄보디아어		柬埔寨语	2
캄차카 반도		勘察加半岛	2
켈트 어군	Celtic Languages	凯尔特语族	2
코카서스		高加索	11
코카서스 지역		高加索地区	2
코카서스어족		高加索语系	2
콩고어족	Niger-Congo Languages	尼日尔-刚果语系	2
쿠르드어		库尔德语	2
쿠시 어군	Cushitic Languages	库希特语族	2
쿵	Kung	Kung语	3
크로아티아어		克罗地亚语	2
큰 단위	set	大单位	13
키르기스어		吉尔吉斯语	2
타갈로그어		他加禄语	2

파푸아 뉴기니아		巴布亚新几内亚	3
판정의문문		一般疑问句	11
팔라웅어	Palaung	巴郎语	7
팔리어		巴利语	2
펀자브어		旁遮普语	2
페르시아어		波斯语	2
평균	mean	平均	3
평균값		平均值	4
평서문		陈述句	11
평순모음		不圆唇元音	3
평음		松音（辅音）	4
평칭		平称	7
폐쇄음		塞音	4
포르투갈어		葡萄牙语	2
포합적	polysynthetic	多式综合性	8
폴란드어		波兰语	2
폴리네시아 지역		波利尼西亚地区	2
표상		表征	10
표시 방법		标记法	8
표준 부정	standard negation	标准否定	11
표준어		标准语	6
표현		表达方式，表达法	13
표현 및 담화 대조		话语表达对比	1
풀라어	Fula	富拉语	2
품사		词性	8
프랑스어		法语	2
피동		被动	7
피수식어		被修饰语	2
피지		斐济	7
하와이		夏威夷	2
하강조		降调	11
하와이어		夏威夷语	5
하우사어	Hausa	豪萨语	2
하위 부류		下位分类	11
하위범주		下位范畴	10
하위어		下位词	12
하이다어	Haida	海达语	3
하이픈	hyphen	连字符	8
하한선	lower limit	下限，最小值	3
하향이중모음	falling diphthong	下降二合元音	3
학습 대상 언어		所学语言	1

한 단어 내에 여러 형태소들 이 많은	high morpheme-per-word ratio	单词内语素多	8
한국어식		韩语模式	10
한글맞춤법		韩文标记法	6
한정사	determiner	限定词	9
함·셈어족	Hamito-Semitic Languages	闪含语系	2
함의관계		蕴涵关系	9
함의되다		蕴涵	4
합성감탄사		合成感叹词	8
합성구조		合成结构	8
합성대명사		合成代词	8
합성동사		合成动词	8
합성명사		合成名词	8
합성부사		合成副词	8
합성어	compound word	合成词	8
합성형용사		合成形容词	8
핵어	head	核心	9
핵어 선행	head-initial	中心语居前	11
핵어 선행 언어		核心前置语言	9
핵어 후행	head-final	中心语居后	11
핵어 후행 언어		核心后置语言	9
행동주의 심리학		行为主义心理学	1
행위	Activities	行为	10
행위를 하나의 덩어리 또는 묶음	situation as bounded and unitary	将动作看作是一个块或整体单位	10
행위의 양상	Aktionsart	行为的状态	10
허락		允许	11
허사		虚词	7
혀의 높낮이		舌位高低	3
혀의 위치		舌位	3
현실 : 비현실		现实：非现实	10
현재		现在	10
형식형태소	empty morpheme	形式语素	8
형용동사		形容动词	7
형용사	adjective	形容词	2
형용사 술어문		形容词谓语句	11
형태 대조		形态对比	1
형태·통사적 조건		形态和句法条件	11
형태소	morpheme	语素	8
형태적 특성		形态特征	7
혼합		混合	9
화석화	fossilization	石化现象	1